言語人類学への招待

ディスコースから文化を読む

井出里咲子
砂川千穂
山口征孝

ひつじ書房

はじめに

　本書はアメリカ合衆国を発祥の地とし、社会の変容とともに発展してきた言語人類学という学問を、学部生、大学院生、また言語人類学という分野にあまり馴染みのない研究者に向けて紹介する概説書です。社会言語学に隣接する分野として、また人類学の一分野としての言語人類学について、その一端を解説した書籍はあるものの、言語人類学という学問の全体像となると、なかなか見えにくいのが現状です。こうした中で、言語人類学が辿ってきた潮流を説明するとともに、副題にあるように、「ディスコースから文化を読む」方法としての言語人類学を紹介するのが本書のねらいです。

　本書を執筆するにあたり心がけたことが 2 つあります。第 1 に、古典から最新の研究までを含め、ことばのエスノグラフィーを中心としたケーススタディを盛り込むことです。特に欧米の言語人類学系の教科書に取り上げられ、色褪せることなく読み継がれてきた珠玉のエスノグラフィーの数々を、その魅力が伝わるように解題し、エッセンスを描くことに努めました。第 2 に、こうしたことばのエスノグラフィーの中でも、特にことばの実践から浮かび上がる言語と文化の密接かつ不可分な関係性について解説し、言語人類学が問い続けてきた開放的、かつ解放的なことば観を論じることです。つまり自律的で閉ざされた体系としての言語ではなく、さまざまに変容する文化社会とともにあることばを捉える視点を提供することです。話者や共同体といった概念すら解体、再考されていく現代社会において、言語人類学のもつことばと文化への身構えが、新しい研究への視点や糸口になってくれればと思います。

　本書の構成について説明します。3 部構成の第 I 部は「言語人類学の出発点」として、言語人類学発祥の背景とその哲学形成の土壌について論じた上で、言語相対論の流れを受けた「ディスコース中心の文化へのアプローチ」

とその方法論について概説します。第II部は「『ことば』を問い直す」とし、言語人類学創成期としての70年代から90年代までの流れを概観します。特にデル・ハイムズによるコミュニケーションの民族誌を構築する諸概念、言語人類学からみた発話の解釈、さらに言語社会化の概念をもとに、ことばという概念が、文化によってどれほどの異なりを内包し、またそれぞれの文化社会を形成するかを論じます。第III部は、「拡大するフィールド」と題して、90年代から現在までの研究を紹介しつつ、フィールドや共同体の多様化、他者の表象、ディアスポラ、アイデンティティ、テクノロジーの変容など、今日の社会を言語人類学的な視点で研究していく上で不可欠な問題意識を提示し、気づきを促す章を編みました。

　本書の執筆は共著者3名で以下のように分担して行いました。執筆内容の最終責任はそれぞれの担当者にありますが、執筆の過程ではスカイプ会議を幾度となく重ね、共著者として互いの章に目を通し、意見やコメントを出しあって本書を完成させました。

第I部		第II部		第III部	
第1章	井出	第4章	井出	第7章	井出
第2章	井出・砂川・山口	第5章	井出・山口	第8章	山口
第3章	井出・砂川・山口	第6章	砂川	第9章	砂川

当然のことながら、本書の間違いや扱えなかった内容についての責任はわれわれ筆者にあります。言語学、人類学、その他の関連分野の研究者の方々から、忌憚のないご批判やご意見を賜ることができれば幸いです。

　本書は数多くの方々のお力添えなくしては刊行できませんでした。愛知大学の片岡邦好氏、早稲田大学の武黒麻紀子氏には、本書の草稿に丁寧に目を通していただき、筆者らの間違いを指摘いただき、また多くの励まし、そして建設的なコメントを頂戴しました。ここに記して感謝いたします。スペイン語の表記に関しては荒井貴大氏、アラビア語表記については筑波大学大学院のNada Fusseini氏、ウォロフ語表記に関しては同大学院のAmadou Fall

氏にお世話になりました。筑波大学「ことばと文化」研究室の学類、大学院のゼミ生達、筑波大学大学院「コミュニケーションの人類学」受講生とは草稿をもとに討議を行い、貴重なコメントや指摘をもらいました。特に狩野裕子氏、比内晃介氏、ドリュー・スペイン氏、楊留氏のコメントからは多くを学びました。またコメントや指摘に加えて、井濃内歩氏と青山俊之氏には編集や作図を助けて頂きました。記して感謝します。さらに神戸市外国語大学山口ゼミの学生各位、特に山田智世氏及び鹿嶽志帆氏に謝意を表します。

　エスノグラフィーを紹介する言語人類学の本を書きたいとお願いに上がった際、言語人類学について「生きている学問です」と称してくださり、全面的にサポートしてくださったひつじ書房の松本功氏に感謝申し上げます。また企画段階から編集のプロセスまで辛抱強くサポートし続けてくださった兼山あずさ氏と相川奈緒氏にも感謝申し上げます。最後になりますが、筆者たちを言語人類学の道へと導いてくれた日本と米国の恩師たちに、本書を捧げたいと思います。

　言語人類学とその関連分野は社会の変化と連動して、大きなうねりをもって成長しています。その知的潮流の一側面を理解する上で、本書が少しでも読者のお役に立てるのであれば望外の喜びです。

2019 年 5 月 5 日
井出里咲子
砂川千穂
山口征孝

目次

はじめに　　iii

第I部　言語人類学の出発点

第1章　言語人類学とはどのような学問か　　3

1.1　文化的システムとしてのことば　　3
1.2　進化論的思考から相対論的思考へ　　5
1.3　言語能力とは何か―コンピテンスを巡って　　8
1.4　社会言語学との違い　　12
1.5　言語人類学のキーワード　　16
　　1.5.1　スピーチ・コミュニティー　　16
　　1.5.2　ことばの多機能性　　18
　　1.5.3　ことばの指標性　　21
1.6　おわりに　　22

第2章　言語相対論とその後の潮流　　27

2.1　言語・認知・世界観　　28
2.2　認知とカテゴリー化　　30
2.3　メタファーの創る世界観　　33
2.4　空間認知　　36
2.5　言語人類学の2つの潮流　　40
　　2.5.1　相互行為能力への関心　　41
　　2.5.2　ディスコース中心の文化へのアプローチ　　43
2.6　おわりに　　48

第3章　言語人類学の調査方法　　51

3.1　フィールドワーク・参与観察　　52
3.2　インタビュー　　55
3.3　自然会話の記録―録音録画データの利用　　56
3.4　多様な方法を用いる　　59
3.5　倫理的問題　　61
3.6　問いを立て、調査する―わたしたちのフィールドから　　63
　3.6.1　アメリカ社会のスモールトーク　　63
　3.6.2　メディアを介したコミュニケーション研究　　66
　3.6.3　アメリカの日本語学習者というフィールドの設定　　69
3.7　おわりに　　71

第Ⅱ部　「ことば」を問い直す

第4章　文化としてのことば
　　　―コミュニケーションの民族誌　　75

4.1　デル・ハイムズとその仕事　　75
　4.1.1　ことばの多様性としての "Ways of Speaking"　　77
　4.1.2　スピーチ・イベントと SPEAKING モデル　　78
4.2　コミュニケーションの民族誌―事例概説　　81
　4.2.1　ウォロフの「あいさつ」　　82
　4.2.2　西アパッチが「沈黙する時」　　86
4.3　「ことば」を問い直す―コミュニケーションの民族誌の貢献　　88
　4.3.1　聞こえない「声」を描く　　89
　4.3.2　「当たり前」を問う　　92
4.4　民族詩学とバーバル・アート　　94
　4.4.1　ことばの詩的機能　　94
　4.4.2　"In vain I tried to tell you"―民族詩学とパフォーマンス　　96
4.5　おわりに―民族誌から先の展開へ　　99

第5章　言語人類学からみる発話
　　　　―日英語比較の視点から　　105

5.1　語用としての発話　　105
  5.1.1　オースティンの発話行為理論　　106
  5.1.2　サールの理論と話し手中心の発話観　　108
  5.1.3　発話行為理論の限界　　110
5.2　民族誌の視点からの発話と社会行為―「すみません」の事例　　111
5.3　事態把握の多様性―日本語と英語の比較より　　115
  5.3.1　「ナル」の日本語と「スル」の英語　　116
  5.3.2　日本語の非対話性―映画の字幕・吹替訳から　　117
5.4　言語人類学からみる発話―パフォーマンスの枠組みから　　120
5.5　おわりに　　123

第6章　ことばを身につける―言語社会化　　129

6.1　言語社会化の2つの側面―文法の知識と文化の知識　　130
6.2　養育者のふるまい―ことば、身体動作の習得　　131
  6.2.1　いつから誰が子供と会話するのか　　132
  6.2.2　2人対話か多人数会話か　　135
  6.2.3　子供に合わせるか、子供が合わせるか　　138
6.3　書きことばの言語社会化　　139
  6.3.1　黒人労働者階級コミュニティーにおける識字体験
  　　　（トラクトン）　　140
  6.3.2　白人労働者階級コミュニティーにおける識字体験
  　　　（ロードビル）　　142
6.4　大人の言語社会化　　143
6.5　言語社会化の応用と可能性　　144
6.6　おわりに　　145

目次　ix

第III部　拡大するフィールド

第7章　変容する社会を捉える　151

7.1　他者を理解するということ　152
7.2　誰をいかに表象するか　153
　7.2.1　「カズン・ジョーを書く」　154
　7.2.2　表記すること・表象すること　156
7.3　流動するアイデンティティ　157
　7.3.1　ドミニカ系アメリカ人2世の言語実践と
　　　　複合アイデンティティ　158
　7.3.2　日本の中学生の人称詞とジェンダーイデオロギー　163
7.4　場所のエスノグラフィー　167
　7.4.1　『知は場所に宿る』　167
　7.4.2　場所・ことば・感情　171
7.5　おわりに―変わりゆく社会を捉える　173

第8章　指標性から読み解く対立・差別・不調和　177

8.1　なぜ「指標性」なのか　179
8.2　言語イデオロギーとは　181
8.3　アイデンティティの対立―事例紹介　184
　8.3.1　学校でのアイデンティティの対立と排除　184
8.4　ディスコースが創る差別―事例紹介　189
　8.4.1　白人人種主義の日常言語　189
　8.4.2　「図書館のアジア人」　192
8.5　ディスコーダンスの視点　198
8.6　おわりに―今後の展望と未発展分野　199

第9章　メディアとコミュニケーション　205

9.1　言語人類学の研究対象としてのメディア研究　205

9.1.1　文化的産物（cultural product）としてのメディア　206

9.1.2　目的達成のための道具　208

9.1.3　電話文化のエスノグラフィー　210

9.2　インターネット「革命」がコミュニケーションに
　　　もたらす影響　212

9.2.1　コンピューターを介したコミュニケーション　212

9.2.2　ウェブカメラを介した手話話者の会話　217

9.3　メディアやインターネットコミュニケーションの研究方法　221

9.3.1　コミュニケーションはどこで起きるのか
　　　　―フィールドの設定　221

9.3.2　コミュニケーションはどこで起きるのか
　　　　―理論的枠組みへの挑戦　223

9.4　おわりに―学際的アプローチをめざして　227

参考文献　231

索引　249

執筆者紹介　253

第 I 部

言語人類学の出発点

第1章　言語人類学とはどのような学問か

　言語人類学とは、ことばの使われ方やその状況の研究から、人間の社会文化について読み解く人類学の1分野である。学問分野としての人類学の範疇は国によって異なるが、アメリカ人類学会（American Anthropological Association、通称 ${AAA}$）は自然人類学、考古学、社会文化人類学に加え、言語人類学を人類学の伝統的4分野の1つに数えている。これに対し日本の人類学は、主に自然（形質）人類学、文化人類学、霊長類学、民族学などを中心的な分野としており、言語人類学という名称はそれほど耳馴染みがないだろう。こうした言語人類学について、本章ではまず人類学分野における言語人類学の重要性を述べるとともに、分野の成り立ちについてアメリカ言語人類学の創成期から素描することにする。さらに分野の中核を成す広義での「言語能力観」について論じるとともに、近接分野としての社会言語学との相違点を明らかにし、学問分野としての言語人類学の輪郭を捉えたい。

1.1　文化的システムとしてのことば

　人類学とは過去から現在に至る人間の営みのすべてについて、その特徴と複雑性を解き明かし、人類が抱える諸問題への解決の糸口としようとする学問である。その人類の営みの中枢に位置するのが人間社会と文化であり、その社会文化のインフラ体系を成しているのが、主にことばを用いたコミュニケーションである。近年の霊長類研究はボノボやチンパンジーなどの人間に最も近いヒト科の動物が、記号を使って一定のコミュニケーションを行える

こと、また模倣や伝播を通した文化的行動を行っていることを明らかにして
きた。しかし人間だけが急速に高度な文化的発展を遂げたその背景には、
「自らをとりまく環境の一定の認識に基づいた経験の固定化と累積を可能」
にすることばの存在があることは疑う余地がなく、それゆえ言語は「人間の
集団的な所産」であり、「文化以外のなにものでもない」と言語人類学者の
宮岡は明言する(宮岡 1996: 4)。さらに言語と人類学の関係性について、ア
メリカの言語人類学者であるデュランティ(A. Duranti)は、言語学者のエド
ワード・サピア(E. Sapir)のことばを引きながら、次のように述べている。

> …language is the most sophisticated cultural system available to human so-
> cieties and to their members, and, therefore, there can be no anthropology
> without the study of language.
> 言語とは人間社会とその構成員が利用しうる最も洗練された文化的シス
> テムであり、それゆえに言語の研究のない人類学はあり得ない。
>
> (Duranti 2009: 10、筆者訳)

　あるコミュニティーの構成員が話すことばを理解することなしに、そのコ
ミュニティーについて人類学的な研究をすることは難しいだろう。当然、人
類学者は研究を行うにあたって、当該社会やコミュニティーで用いられるこ
とばを学び、それを使って生活をし、研究をすることになる。しかし言語人
類学におけることばは、人類学的な研究のための手段や道具ではない。むし
ろことばはそれそのものが文化であり、よって言語が人類学研究の要である
とするのが言語人類学の考え方である。後述するように、この考えはことば
を閉じた自律的記号体系として捉える言語観と異なり、ことばを通時的・共
時的な文脈としてのコンテクストの中で理解し、絶えず変動する極めて動的
な体系として捉える広義の言語観に根差した考え方である。
　さらに人類学、とりわけ文化人類学という分野は、人間の社会文化のみな
らず身体、感情、観念、環境との関係までを総合的に理解しようとする包括
的かつ全体的な学問である。このことの真意について竹沢尚一郎は『人類学

的思考の歴史』の中で、それが哲学、文学、歴史、神学といった近代西洋の知の分類体系や、世界の分割方法に抗う営みであるとしている。つまりそれは「世界を分割することで明瞭な意識を獲得し、それによって世界を統治・操作することをめざしてきた近代西洋の知のあり方に対する意義申し立て」である。よって西洋から見て異質な「未開」社会を研究対象とすることが人類学の目的ではない（竹沢 2007: 1）。人間を総合的に理解しようとする営みとしての人類学において、言語人類学は古今東西のあらゆる社会文化をその対象に、言語的実践を写し鏡として、社会構築や文化表象においてことばが果たす中心的役割を描き出そうとしてきた。その上で言語人類学は、言語学と人類学をその基盤に置きつつも、哲学から政治学までの人文学、社会科学の知見を融合させ、学際的な分野としても発展してきた。

　本書でも概説するように、言語人類学の研究対象は日常的なことばの使用から、ことばを通した社会化、儀礼、ことばの芸術的技法としてのバーバルアート、メディアを介したことばなど多岐に渡る。こうした多様な研究に通底するのは、ことばを包括的かつ相対的に捉えながら、単に思考の道具としてだけではなく、文化的実践としての「ことば観」そのものを問い直そうとする超近代的な姿勢だといえる。その言語人類学の出発点は、開拓時代の北アメリカにおける先住民のことばの研究に始まっている。

1.2　進化論的思考から相対論的思考へ

　人文社会科学の歴史において、人類学の系譜はそれほど長くないが、その潮流の主な源はヨーロッパにある。竹沢（2007）やプラサド（2018）に詳しいように、1920年代のイギリスではマリノフスキーやラドクリフ＝ブラウンらの仕事による機能主義、そして1950年代のフランスではレヴィ＝ストロースを中心人物とする構造主義が興っている。親族体系や儀礼の象徴的意味の研究などを通して、「社会」の解明をその支柱とした社会人類学の確立である。こうしたヨーロッパの流れに対し、北米先住民としてのネイティブ・アメリカン[1]や移民が多数存在するアメリカ合衆国では、さまざまに異なる文

化の記述を目指した文化人類学が発展してきた。ここでアメリカの人類学史の系譜から、言語人類学的な志向性がどのように生まれてきたのかを確認したい。

19世紀のヨーロッパにおいては印欧諸語の起源や系統を探る歴史言語学が盛んであった。その中でも音韻研究は言語学の方法論として最初に精緻化された領域で、その先駆けとなったのが、『グリム童話集』編纂でも知られるドイツの文献学者、言語学者のグリム兄弟 (Jacob Grimm 1785–1863, Wilhelm Grimm 1786–1859) による「グリムの法則」(Grimm's Law) の発見である。1822年に出版された『ドイツ文法』に掲載されたこの法則は、印欧祖語がゲルマン語派へと分岐していく際に生じた子音変化の法則を明らかにし、印欧諸語間の比較研究の始まりを作ったといわれる[2]。

当時の印欧語族の体系をめぐる言語学研究では、比較言語学の発展に伴い、ラテン語のような屈折言語を最終体系と考える、進化論に影響された言語観が覇権的であった。こうした進化論的な風潮の中、北米先住民語を含む印欧諸語以外の民族語は「原始文化」(primitive culture) と位置づけられ、歪曲した理解がされていた。たとえば印欧語族体系と比較すると、先住民の言語話者は明確な音韻体系をもたず、それゆえ音の区別ができない「音盲」だとされていた。また印欧諸語のように論理的な文法体系をもたないとされ、よって複雑な思考や哲学的な思考もできないと考えられていた。

一方、アメリカ合衆国における言語人類学の創成は北米先住民の言語文化の記録に端を発する。1880年代以降「明白な使命」(Manifest Destiny)[3] の標語のもとに西方への領土拡大を行っていたアメリカ政府は、1848年にスミソニアン協会 (Smithsonian Institution)、またその後アメリカ民族局 (Bureau of American Ethnology) を設立し、これらの機関を母体に人類学者を各地に派遣する。そしてインディアン管理などの政策上の資料収集を目的に、チヌーク (Chinook)、カタウバ (Katawba) といった先住民の言語の記述を行わせた。通訳者やピジン[4] などの共通語 (lingua franca) の利用を通して先住民言語を収集、整理することにより、各部族の民族的系譜の分類が目指されたのだが、こうした調査も集団間の優劣をもとに進化の序列を決める当時の進

化論的社会観から自由ではなかった。

　その潮流に一石を投じたのが、人類学の父とも呼ばれるフランツ・ボアズ（F. Boas, 1858–1942）である。ボアズはドイツ生まれのユダヤ人で、19 世紀末当時、新天地を求めてヨーロッパを出た多くの人々と同様に、20 代でアメリカへ移住している。そして物理学と地理学を素地に 1888 年より 8 年をかけて、アメリカ北西海岸地域で民族分布調査を実施している。その方法は、現地で有能なインフォーマントを見つけ、そのインフォーマントによる詩歌や口頭伝承、神話などの語りの記述を行い、それを経験主義的な姿勢で体系的に描き出そうとするものであった。またボアズはそれまでの研究者が主に名詞の収集とその分類に専念していたところ、文法こそが人間のもつ習慣的な「思考への窓」だとして、先住民言語の文法体系を理論的に明らかにすることを目指した。その上で、異なる人々が異なる話し方をするのは、思考方法が異なるからだという理念のもと、欧米の言語文化を最も優れた絶対的な物差しとする当時の学問的兆候を否定し、「相対性」と「多様性」を前提とした言語人類学の共通姿勢を打ち立てている。

　ボアズのこの姿勢は、ダーウィンの進化論を曲解した優生主義が支配的な20 世紀初頭、「原始・未開」（primitive）というカテゴリー化を通して差別、抑圧されていた先住民や非欧米系の民族を、個別の言語体系として「現地の人々の目線」、つまりイミック（emic）な視点で体系的に記述する言語人類学の基礎を構築することとなった。印欧諸語との比較を批判したこの姿勢は、欧米社会をその完成形として進化の頂点に置く「文化進化論」を却下し、あらゆる文化形態を非自己中心的に記述し捉えようとする「文化相対主義」（のちの多文化主義）への出発点となっている[5]。第 2 章で詳述するように、ボアズの文化相対論的思考はその後、弟子のサピアや、サピアの弟子のウォーフらの研究に引き継がれ、言語相対論（Linguistic relativity theory）の誕生へと繋がる。

　同時代、社会人類学の礎を築いたポーランド出身のイギリス人、ブラジノフ・マリノフスキー（B. Malinowski, 1884–1942）は、現在のパプアニューギニア北東に位置するトロブリアンド諸島に赴いていた。マリノフスキーは、

島の人々と文字通り寝食を共にし、直接人々からことばを学びながら、主に「クラ」と呼ばれる互酬としての贈与儀礼の意味と重要性を記述していた。その価値体系について記述する過程で、マリノフスキーはことばに対していくつかの大切な発見をしている。その1つは、ことばの本質的な理解が「現実において主体的な経験から常に導き出される」というエスノグラフィーの基本的な姿勢である (Malinowski 1935: 58)。さらに、ことばが共同体の繋がりを生み出す上でもつ「交感的機能」(phatic communion) という普遍的概念について最初に言及したのもマリノフスキーだった (ことばの「交感的機能」については 1.5.2 を参照)。さらにフィールドワークをその主要な方法としたマリノフスキーは、意味を解釈する上で状況的コンテクストがもつ重要性についてもいち早く論じていた。

　19 世紀、20 世紀初頭の研究が宣教師や探検家らによる旅行記や報告書などの資料を用いて論文をまとめる「肘掛け椅子人類学者」によるものであったのに対し、マリノフスキーは自らが研究対象の地に出かけ、観察・収集したデータをもとにエスノグラフィーとしての民族誌を書いた最初のフィールドワーカーとされている (エスノグラフィーについては第 3 章と第 4 章を参照)。こうしてこの時期、ボアズ主導による言語相対主義的なまなざしと、方法としてのフィールドワークを基盤にした社会人類学が融合する形で、言語人類学の民族誌的スタンスが出来上がってくる。その姿勢は後に、ローマン・ヤコブソンらによるプラハ言語学派の影響を受けつつ、神話や口承伝統の分析に従事したデル・ハイムズ (D. Hymes) に引き継がれ、「他者」の記述方法としてのコミュニケーションの民族誌 (ethnography of communication) が誕生するに至る。

1.3　言語能力とは何か―コンピテンスを巡って

　ハイムズらによる言語人類学分野の創成について論じる前に、ここで言語人類学のとる言語観について「コンピテンス」(competence) という概念を中心に概説したい。その上で、比較材料となるのが、ハイムズと同時代にアメ

リカ言語学会を席巻した言語学者・哲学者のノーム・チョムスキー（N. Chomsky, 1928–）による生成文法（generative grammar）の言語観である。

　チョムスキーは人間の言語間に共通する普遍的な文法獲得能力を明らかにするため、表面的には異なるさまざまな言語のもつ同一の深層構造と、それが生成される仕組みを明示的に定式化しようと試みた（Chomsky 1965）。生成文法理論はあくまでも抽象的な理論だが、その前提として完全なる単一言語コミュニティーに属する、理想的な話し手と聞き手とを想定する。そしてその理想的な話し手と聞き手とが、有限の言語要素と有限の規則を用いて無限の文章を作り出し、かつそれを理解する能力をコンピテンスだとした。この完全なる言語コミュニティーと理想的な言語話者という概念そのものは、チョムスキー以前の、ソシュールの言語学に代表される 20 世紀前半の構造主義的な言語観に基づいている。

　『一般言語学講義』（1916）で知られるスイスの言語学者フェルディナン・ド・ソシュール（F. de Saussure）は、近代の言語学の基礎となる言語観を構築した人物である。ソシュールは言語学が研究対象とする言語とは何かを規定する上で、まず言語が「記号のシステム」であると提案する。ここでの記号は、音のパターンとしてのシニフィアン（signifiant、英語では signifier）と、事象や概念としてのシニフィエ（signifié、英語では signified）の 2 つの要素からなり、その関係性はあくまでも恣意的なものである。ソシュールはさらにその記号としての言語を、形式上の規則体系としての「ラング」（langue）と、実際の日常的発話としての「パロール」（parole）に区別し、前者のラングこそが研究対象であるべきとする形式言語学の基礎を築いた。ラングとは記号システムを司る不動、かつ自律的な音韻や文法の体系としての概念で、その意味は社会集団としてのコミュニティー内において契約によって決められる。一方、人々が実際に発話する内容としてのパロールは、ラングの個人的な使用であり、変化しやすいものと考えられた。そしてパロールではなくラングの理解こそが、言語の内的理論や意味的な分類への理解に繋がるとし、それまでの言語の歴史的進化をみようとする「通時的見方」から、いま現在の言語の形態を考察する「共時的見方」へと言語学の視点を変えさせた（プ

ラサド 2018: 106)。

ソシュールが言語をラングとパロールに区別し、歴史社会的な文脈を捨象したラングのみを研究対象の言語と規定したように、チョムスキーも人間の言語能力について、それを「言語能力」（competence）と「言語運用」（performance）とに分けて捉えた。そしてソシュール的ラングをさらに狭く規定し、「文法的に適合した文を無限に生成する能力」としての言語能力を科学的研究の対象とした。生成文法の見方からの言語能力は人に内的に、先天的に備わった言語知識の体系のことで、同一・同質的（homogeneous）な概念である。これに対し実際に人が「話す行為」である言語運用としてのパフォーマンスは、「文」としては不完全だったり、言い間違えたり、言いよどみなどを含む異種・異質的（heterogeneous）な概念である。チョムスキーは、こうした言語運用を言語能力の「運用上のミス」（performative error）と呼び、言語学の研究対象から除外した。つまり科学としての言語学は、「深層」にある抽象的な言語能力を探求すべきであるのに対し、パフォーマンスとしての言語運用はあくまでも「表層」的で取るに足らない現象であるという考え方である（Chomsky 1965）[6]。生成文法理論の想定する理想的な言語話者は、完成された体系としての言語能力を生まれもって身につけていることが前提となっている。その上でチョムスキーは、言語能力の解明なしに言語運用の理解はできないとし、言語能力の解明を言語学の命題だとした。

生成文法が言語学に革命を起こす直前の 1950 年代は、同時に構造主義人類学隆盛の時期でもあった。構造主義人類学の第一人者は、『悲しき熱帯』（1955）や『構造人類学』（1958）などの著作で知られるクロード・レヴィ＝ストロース（C. Lévi-Strauss）である。フランス生まれのユダヤ人のレヴィ＝ストロースは、第二次世界大戦を機に 1941 年にニューヨークへと亡命しているが、そこで同じく亡命者であったローマン・ヤコブソン（R. Jacobson）に出会い、構造主義的思考に目を開かれている（竹沢 2007: 138–139）。そして、親族の基本構造や神話などの研究を通して、さまざまな文化事象に隠された構造を明らかにする構造主義を打ち立て、人文社会学の世界に大きな影響を与えていた。

第1章　言語人類学とはどのような学問か　11

　当時の構造主義の覇権的勢いのもと、生成文法に代表される形式言語学
(formal linguistics) が流行っていたその時代に、ことばの多様性を描くこと
を目的としたコミュニケーションの民族誌研究の必要性を提唱したのが、前
述の言語学者・民俗学者のデル・ハイムズ (D. Hymes, 1927–2009) である。
ハイムズは、単一言語コミュニティーや完全なる話者はそもそも存在しない
という考えに基づき、チョムスキーの言語能力概念を否定し、それを置換す
る新たな概念としての「コミュニカティブ・コンピテンス」(communicative
competence、日本語ではコミュニケーション能力とも呼ばれる) を提唱する
(Hymes 1972b)。ハイムズのいうコンピテンスとしてのコミュニケーション
能力とは、「いつ、どこで、誰に対して、どのように、何を言うのか」、総じ
て「特定の社会・文化的状況で適切に話す」上での暗黙知や文法使用能力を
指している。このように形式言語学が人間に普遍的な内的能力としての言語
能力の解明に邁進する中、ハイムズが提唱するコミュニケーションの民族誌
的研究は、逆にソシュールにとってのパロール、チョムスキーにとってのパ
フォーマンスの側面を発展させる方向へと動いていく。そしてエスノグラ
フィーという手法を中心に、人間社会が実践される上での多様性と異質性の
解明を通じて、人間社会と文化にとってのことばとは何かを解き明かそうと
した。その言語観は、個人によって叙述される命題内容としての発話という
狭義のものではなく、語りや詩歌、沈黙やジェスチャー (非言語)、身体や
物、環境を通じた意味の創出を含め、対話的 (dialogic) に、相互行為的にコ
ミュニティーの中に構築、共有され、交渉されるコンピテンスである。こう
したことからも、ハイムズのことばの民族誌 (ethnography of speaking) やコ
ミュニケーションの民族誌 (ethnography of communication) という概念のも
とになるものは、「言葉」ではなく平仮名の「ことば」であり、そこには広
義での言語観が指標されている。この広義でのことば観の発見こそが、言語
人類学を言語学や文化人類学といった近接分野から区別する中心的概念だと
もいえるだろう。この内容については、第2章の言語人類学の潮流、また
デル・ハイムズ主導によるコミュニケーションの民族誌について概説した第
4章で詳しく述べることにする。

1.4 社会言語学との違い

　前節では形式主義的、構造主義的な言語学の言語能力と、言語人類学の扱う言語能力観の違いを「コンピテンス」と「コミュニカティブ・コンピテンス」の相違から概説した。本節では、言語人類学と研究対象や理論・方法論が重複する社会言語学との分野的な繋がりを中心に、言語人類学と社会言語学の関連とその異なりについて網羅的に確認したい。

　社会言語学（Sociolinguistics）は、言語人類学と同様に、言語を社会との関わりの中に捉えようとする言語学の1分野である。社会言語学の研究分野は多岐に渡るが、主に70〜80年代の社会言語学は次の3分野に大別できる。ウィリアム・ラボフ（W. Labov）による「言語変種理論」、ジョン・ガンパーズ（J. J. Gumperz）創始の「インタラクションの社会言語学」、そしてオースティン、サールの発話行為理論に端を発し、1983年にスティーブン・レビンソン（S. Levinson）が出版した *Pragmatics* を契機に展開をみせた「語用論」である。言語人類学との相違点について論じる前に、これらの社会言語学の3つの研究分野について概説する。

　ことばの「変異理論」（Variation theory）として知られるラボフ流の社会言語学は、アメリカの言語学者ラボフ、またイギリスのトラッドギル（P. Trudgill）などにより、1970年代に確立されたが、階層、性別、年代、世代といった社会的位相と言語使用の関わりあいを、特定の言語変種（linguistic variation）とその変異形のあらわれ方を通して調査するものである。言語変種とは、意味や機能が同じ、複数の異なる言語形式のことを指す。たとえばラボフが60、70年代に実施したニューヨーク市の大規模調査（Labov 2006）では、"park" や "car" といった［r］の音を含む単語について、母音の後で［r］を発音するか否かを調査した結果、ニューヨークの都市方言としての［r］の変異が、下層階級、労働者階級、下層中流階級、上層中流階級といった社会階層により異なってあらわれることが明らかになった。ラボフはこの調査で主にインタビューやアンケートを通した量的調査を実施しているが、その調査結果に映し出されたのは、音韻や単語といった言語要素が、人々の抱く

社会的帰属意識や社会観、言語観に伴って変容していく、言語のマクロな動態であった。ラボフによる一連の調査は、特定の社会階層に属する人々が無意識に社会的に威信のある変種を利用する「過剰矯正」(hypercorrection)や、社会的に権威のない低変種としての言語が、ある特定の階層にとって「隠れた威信」(covert prestige)をもつことなどを明らかにしている。このように変異理論は、言語の通時的・共時的変化が、話者の言語観や階級意識にも裏打ちされていることを明らかにしてきた。

　次に、インタラクションの社会言語学 (interactional sociolinguistics) は、ジョン・ガンパーズの研究に端を発する。ラボフの社会言語学が、量的にことばのマクロ的変容を捉えようとするのに対し、ガンパーズはより質的に、ミクロな発話の状況や、文脈としてのコンテクスト (context) に注目して研究を行った。彼は主にイギリスの社会生活において、白人とインド・パキスタン系、白人と西インド諸島出身者といった異民族間で生じるコミュニケーション上の誤解や摩擦について、その実際のやりとりを録音して分析している。たとえば *Discourse Strategies* と題された代表作 (Gumperz 1982) では、イギリスのある従業員食堂で起きた白人とインド・パキスタン系のミスコミュニケーションについて、同じ英語で話していても、そのイントネーションの違いについての解釈の仕方が異なることから、誤解が生じる様子を考察している[7]。岩田ほか (2013: 197–204) に詳しいように、ガンパーズはこうした具体的な文脈としてのやりとりの現場に生じるコミュニケーション上の齟齬について、それを理解し回避するための策としてのストラテジーを解明しようとした。そしてその中で「コンテクスト化の合図」(contextualization cue)、解釈の「フレーム」(frame) といった談話理解の上での理論的概念を提唱している。これらの概念は、会話者がほとんど意識しないちょっとしたためらいや、笑い声、息の吸い込み、目線などが聞き手の発話意図の解釈に影響を与えるその過程を可視化し、相互行為としての日常的やりとりがいかに膨大な暗黙知に支えられ、協働で実践されているかを明らかにした (cf. Keating and Egbert 2004)。さらにこうしたミクロなやりとりを、それが起こる社会文化的コンテクストの中に関連づけて研究する流れを構築した。ガンパーズ

14　第 I 部　言語人類学の出発点

によるインタラクションの社会言語学のスタンスは、異民族間コミュニケーションの主流となっただけでなく、男女を主軸としたジェンダーの異文化コミュニケーション研究などで知られるタネン (D. Tannen) らによる研究へと引き継がれ[8]、さらにコード・スイッチなどを含めた広義の「会話スタイル」の研究へと広がっていく。

　3つ目の「語用論」は、主に特定の言語形式や言語表現と、その使用者や社会的文脈との関連について研究する分野である。語用論分野の主だった研究としては、グライス (P. Grice) の「協調の原理」(Cooperative principles)、オースティン (J. Austin)、サール (J. Searle) による「発話行為理論」(Speech act theory)、ウィルソンとスペルバー (D. Wilson and D. Sperber) による「関連性理論」(Relevance theory)、ブラウンとレビンソン (P. Brown and S. Levinson) の研究を皮切りとする一連の「ポライトネス」(Politeness) 及び「インポライトネス」(Impoliteness)研究などが挙げられる。

　以上にみてきた社会言語学の 3 分野はいずれも 1970 年代に興っている。では改めて言語人類学と社会言語学とはどこが違うのだろうか。まだ言語人類学という用語が市民権を得ていなかった当時、今日のフィールドワークに軸を据えたことばの民族誌的な研究は、社会言語学に内包される 1 分野とみなされていた。たとえば 1972 年にガンパーズとハイムズが編集した *Directions in Sociolinguistics: The Ethnography of Communication* は、その主題・副題からも明らかなように、社会言語学の目指すべき方向性として、コミュニケーションの民族誌を紹介している。この本には、ラボフ (W. Labov)、バーンスタイン (B. Bernstein)、フィッシュマン (J. Fishman) といった社会言語学者、サックス (H. Sacks)、シェグロフ (E. A. Schegloff) らのエスノメソドロジーの会話分析者、ダンダス (A. Dundes) などの民俗学者らの論文が収められており、今日では異なる専門分野として袂を分かつ研究者の論文が、同じ社会言語学の傘下に収められている。さらにハイムズが 1974 年に著した *Foundations in Sociolinguistics: An Ethnographic Approach* においては、従来の言語学が社会学や社会人類学、民俗学や詩学の成果を組み込みつつ成長する必要性が謳われている。そしてそこでも「社会言語学」と「コミュニケーショ

ンの民族誌」はほぼ同義で使われている。

　言語人類学者デュランティによれば、学術雑誌 *Language in Society* の初代
編集者でもあったハイムズは、社会言語学と言語人類学を分岐させず、1つ
の分野として位置づけようとしてきたものの、1980年代から主にその理論
と方法論を巡って、分野の分岐が生じてきた。デュランティが挙げる言語人
類学と社会言語学の方法論的異なりは、主に次の3点にまとめられる。第1
に、社会言語学がアメリカやイギリス社会のみをその研究対象とし、ほかの
言語文化地域に目を向けていないのに対し、言語人類学者はありとあらゆる
世界の地域を研究の対象にしていること。第2に、主にラボフ流の変異理
論研究の伝統において、階級、ジェンダー、エスニシティといった諸概念が
普遍性をもつものとして一律に扱われていることへの懐疑を言語人類学者が
抱いていること。第3に、社会言語学研究が、刻々と変容するコンテクス
トへの関心を基本的に欠いていると思われることである (Duranti 2009: 7)。
80年代以降そして90年代に入ると、アンケート調査やインタビューを主に
用いた社会言語学の方法論と一線を画す形で、フィールドワークに足場を置
く言語人類学の書物が出版されるようになる。ハンクスによる *Language and
Communicative Practices* (Hanks 1996)、デュランティの *Linguistic Anthropology*
(Duranti 1997a)、フォーリーの *Anthropological Linguistics* (Foley 1997) といっ
た概説書に加え、事例研究をふんだんに紹介したリーダー(読本)も数多く出
版されるに至る[9]。

　ハイムズが提唱したコミュニケーションの民族誌研究を基盤とし、さらに
社会言語学との方法論的分岐を経て、言語人類学という名称は市民権を得る
に至る。しかし、特にガンパーズの研究に端を発するインタラクションの社
会言語学研究の最近の動向は、その方法論や概念とともに、言語人類学と極
めて近い言語観、コミュニケーション観を主体としており、言語人類学と同
義ともみなされている。こうしたことから言語人類学、社会言語学、そして
近接分野の関係性は図1.1のように示すことができるだろう。

　図1.1からもわかるように、言語人類学は主に文化人類学、言語学、社会
学、さらに社会言語学と最も重複した分野である。一方で、個々の研究者の

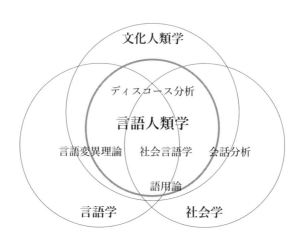

図 1.1　言語人類学と関連分野の位置づけ

研究対象やフィールドによっては、「教育」、「法学」、「翻訳・通訳学」などといった専門分野とも関連して、多様に広がりをもちうる分野だといえる。

1.5　言語人類学のキーワード

本節では言語人類学の基本的な概念として、「スピーチ・コミュニティー」、「ことばの多機能性」、「ことばの指標性」の3つのキーワードについて概説したい。

1.5.1　スピーチ・コミュニティー

チョムスキーによる理想的な話し手と聞き手を前提としたコンピテンスと異なり、ハイムズが打ち立てたコミュニカティブ・コンピテンスの概念は、コミュニケーションの行為と解釈に関するルールとしての知識を意味する。よって言語人類学では、コミュニカティブ・コンピテンスを共有する話者が集まる共同体をスピーチ・コミュニティーとし、その中で社会文化規範や価値観が調整され、表象され、再生産される (Morgan 2001: 31)。こうしたスピーチ・コミュニティー内では、同一言語の話者でも話し方のバリエーショ

ンによりさまざまなサブコミュニティーに所属しており、社会生活における共成員性を達成するために、創造的に、そして協働してことばが使われている (Duranti 1988: 217)。その一方で、Briggs (1988) や Bauman (1977, 1986) などの言語人類学者は、特定のスピーチ・コミュニティーにおいて何が適切なふるまいなのかをその場の参与者が交渉し、解釈する「パフォーマンス」(performance) の概念を打ち立て、その過程に切り込んだ（詳しくは第5章を参照)。またイギリスの社会言語学者 Milroy (1980) は、個人を基点に人々がどのように他者と関係性を結んでいるかを明らかにする「社会ネットワーク理論」(Social network theory) を導入し、こうした研究からもスピーチ・コミュニティーが生まれ、変容していく具体的な過程が明らかになっていった[10]。

　一方、同じ話し方の知識やルールを共有するというスピーチ・コミュニティー観は80年代後半より批判を受けることにもなる。たとえば Pratt (1987) はベネディクト・アンダーソン (B. Anderson) による『想像の共同体』(*Imagined Communities*, 1983) の概念を引きながら、言語学者があくまでも「国民国家」の抱く理想郷^{ユートピア}としての抽象的コミュニティー観から自由でないとし、言語概念が過剰に一般化されていることを指摘する。そこには奴隷制、植民地化、また移民による力関係の不均衡といったコミュニティー形成上での歴史的視点、また覇権的力を行使する他のスピーチ・コミュニティーとの軋轢に、絶えず居場所や立ち位置を問い続けなければならないコミュニティーへの視点が脱落している。こうした環境に居する人々にとって、スピーチ・コミュニティーとはアイデンティティの拠り所ではなく、アイデンティティを巡る苦闘の現場であり、また社会的関係性産出の場でもある (Pratt 1987: 56)。さらに言語人類学者の Irvine (1989) や Gal (1989) は、言語の「コミュニケーション的経済」(communicative economy) という概念とともに、あるコミュニティーにおいて人々が用いる言語の政治経済的な価値がコミュニティーに与える影響について論じている。

　加えて社会人類学者のフーコー (Foucault 1972) による「覇権」(power) の概念、ブルデュー (Bourdieu 1977) の「実践」(practice) 概念などに強く影響

を受けながら、言語人類学では常にスピーチ・コミュニティー概念そのもの
が問い直されるようになる。デュランティが指摘するように、その概念は急
激な移民の流入などによる接触と混交、サブカルチャーの影響、またメディ
アやテクノロジーの発展などに多大な影響を受けている (Duranti 2009: 20–
21)。

　こうした流れから言語人類学におけるスピーチ・コミュニティーは、研究
者の視点や方法論によって「言語共同体」、「スピーチネットワーク」、「実践
コミュニティー」(community of practice)などといった用語に置きかえられて
きた。これらのコミュニティー観に通底するのは、言語とコミュニティーが
一対一の相対関係にある既存のコミュニティーなどはどこにもなく、コミュ
ニティーは常に新しく創出され、流動的、そして重複的な実体であるという
視点である(Ahearn 2017: 119)。

1.5.2　ことばの多機能性

　人間のコミュニケーションの普遍的な方法とそのさまざまな機能につい
て、最初にそれを整理して提示したのは、プラハ言語学派の中心人物であっ
たローマン・ヤコブソン(R. Jakobson, 1896–1983)である。ヤコブソンはコ
ミュニケーション概念について、シャノンの情報・通信理論の影響を受けつ
つ[11]、コミュニケーション行為が構成される内容として、図 1.2 の四角に囲
まれた 6 つの要素を挙げている(Jakobson 1960)。

　図 1.2 の四角に示されるように、コミュニケーションが成立するには次の
6 つの要素が必要である。(1)「話し手」もしくは「情報の送り手」(address-
er)、(2)「接触」(contact)、(3)「聞き手」もしくは「情報の受け手」(address-
ee)、(4)「メッセージ」または「記号としてのことば」(message)、(5)「コー
ド」または「言語体系」(code)、そして(6)「文脈」「コンテクスト」(context)
である。たとえば話し手と聞き手とがメッセージを送り合う場合、その両者
が「接触」不可能だった場合、コミュニケーションは成り立たない。またド
イツ語であれ日本手話であれ、共通の「言語体系」や記号としての「コード
体系」を共有していなければコミュニケーションは成立しない。ギアーツの

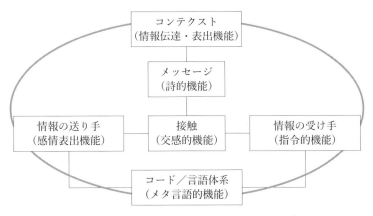

図 1.2　ヤコブソンのコミュニケーションモデル

有名なウインクの例のように（Geertz 1973）、ある人がメッセージとしてウインクをしているのか、もしくは単に目にゴミが入っただけなのかは、その意味を読み解く背景としてのコンテクストがあって、初めて理解が可能になる。

　コミュニケーション成立のための 6 要素に併せて、ヤコブソンはそれに付随するコミュニケーションの 6 機能を挙げている。図 1.2 の括弧内にある内容が、コミュニケーション上の機能である。まず話し手の「感情表出」（emotive/expressive）機能は、喜びや驚きの声などを通した心情表出機能で、たとえば標準語から方言（またはその逆）への切り替え（コード・スイッチ、スタイル・スイッチと呼ばれる）が特定の感情表出の役割を果たす。次に聞き手にまつわる「指令的・他動的」（conative/directive）機能は、コミュニケーションを通して聞き手に何らかの働きかけがなされる機能を指す。依頼、命令、禁止表現などがそれに当たるが、たとえば誰かに「窓を開けて」と言って窓が開いた場合、「他動的」機能が発揮されたことになる。「情報伝達・表出」（referential）機能は、実際にことばでもって叙述、指示されている対象を明らかにする。たとえばテレビやラジオのアナウンサーなどによる「7 時になりました」という発話は情報伝達機能をもつ。「詩的」（poetic）機能はメッセージ内容そのものに対する意識の比重が高く、言語のリズムやレトリック

などの美的価値を生む機能を指す。コミュニケーションの回路や接触においては、ことばの「交感的」(phatic) 機能が発揮されるが、あいさつやあいづちは、典型的に相手とのコミュニケーションの回路が開いていることを儀礼的、形式的に示す方法である。最後に、「日本語は難しい言語だ」や「仰る意味がわかりません」といった発話は、コミュニケーションそのものについて言及し、発話の焦点がコードそのものにある「メタ言語的・再帰的」(metalinguistic/reflexive)機能をもつ。

　1910 年代にフッサールの現象学の影響を受けたヤコブソンは、単に構造主義的な志向からコミュニケーションの図式化を目指していたのではなく、むしろ話し手と聞き手によるコード解明のプロセスの違いなどに着目していた。またメッセージという概念についても、それが予め用意された所与のものではなく、コミュニケーションを通して構成され、その場で「テクスト」となっていくことが意識されたモデルでもあった (小山・綾部 2009: 14)。加えてヤコブソンは、コミュニケーションの機能は常に 6 つのうちの 1 つだけが働いているのではなく、ある機能が支配的に作用している場合も、ほかの機能がある程度作用しているとした。さらには 1 つに数えられる言語にも、地域や性別、社会階級などによって異なるコードが数多く存在し、話し手もそれがおかれた状況や心情などによって多様なコードを使い分けていることにも着目した。そのため話し手と聞き手とのコードが完全に一致することは稀で、むしろ話し手は聞き手のコードを推測し、相手に順応して相互理解をしようとしているのであると考えた (朝妻 2009: 198–201)。

　こうしたヤコブソンのことばの多機能性モデルは、ハイムズのコミュニカティブ・コンピテンスに内包されることばの基本的特質である。しかし言語人類学者の小山亘が指摘するように、ヤコブソンの 6 機能モデルは、あくまで情報伝達モデルを中心にした「個人主義的社会観」に基づいたものである (小山 2012: 137)。これに対し本書では「ディスコース」という、ことばが実践される場そのものを研究の中心に据え、個人でも社会でもなく、ディスコースが社会や文化を創り出してゆくプロセスを明らかにする。

1.5.3　ことばの指標性

ソシュールが記号学 (semiology) を構想していた同時代に、より緻密にことばの記号の特性について講じ、記号論 (semiotics) の分野を開いたのがアメリカ生まれの哲学者・数学者・物理学者のチャールズ・パース (C. S. Peirce, 1839–1914) である。記号を「それ自体とは別のものを指すもの」と定義したパースは、意味の体系を指標される記号内容 (object) とその記号表現 (sign) という二項のみでなく、それに解釈項 (interpretant) を含めた三項関係として理解した (図 1.3 参照)。たとえば「火」という記号内容と記号表現があるところには、「危険」や「熱い」といった解釈的な意味が想起される。ソシュールのシニフィアンとシニフィエの概念が、あくまでも言語をモデルとした記号論であるのに対し、パースは身体や感情をもち、社会空間に身を置く個人個人が、自然環境から歴史までのすべてを、記号に基づいて認知し推論しているとする普遍性の高い記号論を展開した。

図 1.3　パースの記号体系

さらにパースは記号を次の 3 つの異なる種類に分けて考えた。記号内容（対象）と記号表現の類似性に基づく「類像」(icon)、記号内容と表現とが恣意的な契約によって決められる「象徴」(symbol)、そして記号内容と記号表現間に何らかの因果関係のある「指標」(index) である。

類像 (icon) とは、写真やイラスト、似顔絵のように、その対象物に類似させ、対象の特徴を取り込んだ記号表現である。記号内容と記号表現の関係は

類似性に基づいており、よって「✂」(はさみ)や「✈」(飛行機)などは類像としての記号である。ソシュールはシニフィアンがあくまでも社会的取り決めによる恣意的なものであるとした。しかしながら、たとえば「ワンワン」、「ニャーニャー」、「ドンドン」といった擬音語は、実際の犬猫の鳴き声や太鼓を叩く音に類似していることから類像的な特性をもち、恣意的な記号表現とはいい難い。一方、パースのいう象徴(symbol)とは記号内容と記号表現の関係が完全に恣意的な取り決めに従って成立しているもので、記号内容と記号表現の間には何の因果関係もない。文字としての記号表現(音素)とその記号内容がその最もわかりやすいケースだろう。「？」(疑問符)や「¥」(円)などはその記号内容と表現の間に一切の因果関係はないものの、習慣的に使われ約定化した記号である。これに対し、指標(index)はその記号的意味内容が、それが使われる文脈から解釈されるもので、論理的な因果関係や時間的、空間的繋がりから意味が理解される。「動物の足跡」は、そこに動物がいたことを因果づけ、また「火のないところに煙は立たぬ」における「煙」は「火」の指標として因果関係をもつ。「屋根の上の風見鶏」は、「風の方向性」という空間的繋がりから意味が読み取られる。さらに先にみた「✂」(はさみ)の類像は、それが菓子袋の上部に描かれていれば、「ここを切れ」という指標的意味として理解されるだろう。

　さらに同じ指標の中でも、代名詞(「彼」、「私」等)、指示詞(「これ」、「あれ」等)、空間指示詞(「ここ」、「そちら」等)や時間指示詞(「今」、「明日」等)などはその文脈によって指示内容が変化する。言語人類学者のシルバースタイン(M. Silverstein)はこれらを同じ指標の中でも、意味が文脈でシフトする「シフター」(shifter)と呼んで区別している(Silverstein 1976)。

1.6　おわりに

　本章では、アメリカ合衆国における学問分野としての言語人類学の出発点を確認し、また言語人類学が隣接分野の文化人類学、言語学、社会言語学とどのような関係性をもちながら展開してきたかを、主に 70 年代までの流れ

を中心に振り返った。同時に「相対性」と「多様性」を軸とした言語人類学のことば観を形作り、その参照枠ともなるスピーチ・コミュニティー、ことばの多機能性、そしてことばの指標性の概念について概略的に述べた。

　次章では、言語人類学の基盤となる相対的視点を産み出した言語相対的思考の誕生について概説する。まず紹介するのはボアズの文化相対主義的思考を継承した言語相対論で、認知言語学との繋がりにおける言語・思考・文化の関係性を探求する学問分野の誕生である。さらにその流れに影響を受けて1970年代以降に発展してきた2つの分野を素描する。これらの2分野とは、人の相互行為能力が人間の社会性の根源を成すと考え、社会文化とは独立した能力として研究する「相互行為研究」、そしてディスコースを中心に社会文化に迫ろうとする「ディスコース中心の文化へのアプローチ」である。

【この章に出てくるキーワード】
コミュニカティブ・コンピテンス（communicative competence）
スピーチ・コミュニティー（speech community）
ことばの多機能性（multifunctionality of language）
類像、象徴、指標（icon, symbol, index）
ことばの指標性（indexicality of language）

【思考のエクササイズ】
①次の3つの記号はどれが類像、象徴、指標といえるでしょうか。それぞれに2つ以上の記号的意味を読み取ってみましょう。さらにこれらの記号からは、どのような社会文化的な意味や価値観が読み取れるか話し合ってみましょう。

24 第 I 部　言語人類学の出発点

②自分自身はどのようなスピーチ・コミュニティーに属していると考えます
　か。説明してみましょう。

注

1　北米先住民にはネイティブ・アメリカン (Native American) のほかにも、アメリカ
　　ン・インディアン (American Indian)、ファースト・ピープル (First People) などの
　　呼称がある。ネイティブ・アメリカンという呼称は、アラスカ先住民やハワイ先
　　住民を含めたアメリカ合衆国先住民の総称であるという見方がある。

2　グリムの法則は、インド＝ヨーロッパ語族のプロトタイプとしての印欧祖語がゲ
　　ルマン祖語に分岐する際に、ある体系的な音韻変化を起したことを明らかにし
　　た。(1) /p, t, k/ → /f, θ, h/ はその例だが、たとえば無声閉鎖音の /p/ は、無
　　声摩擦音の /f/ へと変化している（例：ラテン語の /pedem/ から英語の /foot/ やド
　　イツ語の /fuss/ への変化）。(2) /b, d, g/ → /p, t, k/ もその例で、たとえば有声
　　破裂音の /b/ は無声破裂音の /p/ へと変化している。

3　1840 年代、合衆国の西方進出を「天命」とするためにアメリカ合衆国政府が用い
　　た政治スローガン。西部開拓における北米先住民の大量虐殺や、その後の帝国主
　　義的領土拡大を正当化するためにも使われた。

4　ピジン (pidgin) とは、異なる言語話者の接触場面で意思疎通のために自然に誕生
　　した混合言語のことで、植民地政策、奴隷制敢行、また通商の場面などを通して
　　世界各地で誕生した。

5　ボアズの提唱した文化相対主義の一方で、代表作『サモアの思春期』(1928) のミー
　　ド (M. Mead) や、『文化の型』(1934)、『菊と刀』(1946) などで知られるベネディク
　　ト (R. Benedict) といった文化人類学者による「他者」研究も当時、注目を集めて
　　いた。しかしこれらはサモアや日本といった「他者」をアメリカ社会と比較した
　　上で自己肯定を導き出しており、結果的に研究者の属する「主体的な」文化を頂
　　点に「別の秩序と排除のシステムの中に「他者」を書き直しただけ」だと竹沢は
　　論じている（竹沢 2007: 238）。なお、日本人の行動パターンとしての情緒や思考の
　　統合的形態について論じた『菊と刀』は、第二次世界大戦開戦に当たり、アメリ
　　カ戦時情報局から多額の支援を得て書かれたもので、終戦後の日本占領政策に大
　　きな影響を与えたことで知られている。

6　近年の形式言語学においては、前者は内在化された (internalized) 言語という意味
　　での I-language、後者は外在化された (externalized) 言語としての E-language とも
　　呼ばれている。

第 1 章　言語人類学とはどのような学問か　25

7　ガンパーズの観察によると、食堂に勤めるイギリス人従業員は、肉料理の上にグ
　　レービーソースをかけるかどうかを尋ねる際に、上昇イントネーションを使って
　　"Gravy?"と尋ねる。これに対し、インド・パキスタン系従業員は下降イントネー
　　ションで "Gravy↓" と発音していた。この発音を録音して従業員に聞かせ、意味
　　を解釈してもらったところ、下降調の "Gravy↓" という発音は「これはグレー
　　ビーです」という説明文に聞こえ、「グレービーはいかがですか？」("Gravy?") と
　　いう申し出調の発話に比べ、ぞんざいで丁寧さに欠ける印象をイギリス人に与え
　　ていることが明らかになった。

8　男女のコミュニケーションがそのスタイルの違いから生じることを解明したタネ
　　ンによる 1990 年に出版された *You Just Don't Understand*（邦訳『わかりあえない理
　　由』）は、ニューヨークタイムズ紙のベストセラーリストで 8 ヶ月連続の 1 位を獲
　　得し、その後世界 30 カ国語に翻訳されるなどして、社会言語学という学問分野
　　を一般に知らしめた。

9　主要研究論文をまとめたリーダーとしては、A. Duranti による *Linguistic Anthro-
　　pology: A Reader*（2001, 2009）、L. Monaghan and J. E. Goodman 編の *A Cultural Ap-
　　proach to Interpersonal Communication*（2007）、S. D. Blum の *Making Sense of Lan-
　　guage: Readings in Culture and Communication*（2016）などが挙げられる。一方で主に
　　学部レベルで使われる教科書としては、「社会言語学」と銘打ったテキスト群と
　　は別に、「言語・文化・コミュニケーション」の 3 つのキーワードを収めた教科
　　書として *Language, Culture, and Communication*（Bonvillian 2013）や、Stanlow らに
　　よる *Language, Culture, and Society: An Introduction to Linguistic Anthropology*（J. Stan-
　　law et al. 2017）、*Culture and Communication: An Introduction*（J. M. Wilce 2017）など
　　が出版されている。

10　社会ネットワーク理論を生かした社会言語学研究の代表作として、アメリカ、デ
　　トロイト近郊の高校でのエスノグラフィーをもとにした Eckert（1989）の *Jocks and
　　Burnout* がある。ここでは生徒の友人関係や行動パターンにより学級の中でのグ
　　ループを "jocks"（体育会系、学校生活肯定派）、"burnouts"（サブカルチャー系、
　　学校生活否定派）、"in-betweens"（どちらにも属さない派）の 3 つに分け、彼らの
　　発話の音韻的特徴（特に非標準的発音）との関連を分析している。

11　アメリカの数学者、電気工学者のシャノンとウィーバーの提示したコミュニケー
　　ションの伝達モデル。コミュニケーションのプロセスを大きく、「伝えたい情報
　　を符号化（encode）する過程」と「受信した記号をもとの情報に復元（decode）する
　　過程」とに分け、その間に「接触回路（media）」があって、メッセージのやりと
　　りが可能だとする。また「送信」と「受信」との間に何らかの「ノイズ」が入る
　　ことで意味の理解の速度や正確性に差が生じるとした。

第 2 章　言語相対論とその後の潮流

　第 1 章でも述べたように、アメリカ人類学の父とされるフランツ・ボアズは、当時の欧米諸語を頂点としたヒエラルキー的言語文化観を否定し、すべての文化と言語の実践は、同等に複雑かつ論理的だとする「文化相対主義」を打ち立てた。また北米先住民の諸言語についての調査が進む中、言語を欧米諸語の文法体系を基準とした「型」にはめ込み「比較」するのではなく、先住民語そのものの研究から、そのロジックや世界観を提示する必要性を訴えた。こうしたヨーロッパ中心主義的な偏見を排した研究への姿勢は、あらたな「ことば観」の創出へと繋がっていく。さらにボアズは、あらゆる文化形態を非自己中心的かつ包括的・体系的に捉えようとすることは、自他の文化的相違を認識することでもあり、それが「自分たちの文化が相対的なものでしかないことを理解させ」、また「それから自由になること」を可能にするとした (竹沢 2007: 218)[1]。この見方は今も続く、言語人類学の重要なまなざしだといえるだろう。

　ボアズを契機とする北米先住民の言語研究から、言語が実に多様であり、またその多様な言語に異なる思考様式と世界観が反映されているという考え方が生まれてきた。その流れを説明するために本章では、まず 2.1 節で、ボアズ以降の流れとしてエドワード・サピアとベンジャミン・リー・ウォーフの研究を中心に、言語人類学史上最初の理論的関心となった言語相対論について概観する。またその派生的な研究として、2.2 節で認知とカテゴリー化、2.3 節でメタファーと空間認知の研究を紹介する。2.4 節では、主に 1970 年代以降に言語人類学分野に生まれた 2 つの潮流として、「相互行為能

28 第 I 部 言語人類学の出発点

力への関心」と「ディスコース中心の文化へのアプローチ」を紹介する。

2.1 言語・認知・世界観

　言語を思考への基盤と捉える文化相対主義の思想の萌芽はドイツの言語学・言語哲学者のヴィルヘルム・フンボルト（Wilhelm von Humboldt, 1767–1835）の時代に遡る。その頃の文化相対主義は、まだ西洋語を基点とした視点の上に成り立っていた。それに対し、ボアズは北米先住民語の研究を通して、相対性の源としての言語の役割に着目した。そのボアズの後に、森羅万象そして人々の経験世界をコード化する言語の多様性に目を向けたのが、ボアズに師事していた学生の 1 人、エドワード・サピア（Edward Sapir 1884–1939）だった。

　「異なる社会が生きる世界は、単に同じ世界に異なるラベルが付けられているのではなく、まったく別箇の世界である」とはサピアのことばである（Sapir 1921: 162）。このことばにあらわされるように、言語相対論（Linguistic relativity theory）とは、人の思考が言語を介して行われることから、異なる言語を使えば、認識する世界観が異なるという主張である。つまり世界の見方（世界観）や経験などについて、言語を通してコード化するその方法が、言語によって相対的に異なることを実証的に検証するのである。言語相対論は「サピア＝ウォーフの仮説」（Sapir-Whorf hypothesis）としても知られているが、言語と思考のより強い関係性を主張したのはサピアの学徒であったベンジャミン・リー・ウォーフ（Benjamin Lee Whorf 1897–1941）である[2]。

　言語と思考の結びつきを理解する上で、よく引き合いに出されるウォーフの逸話がある。ウォーフはもともと MIT で化学を専攻しており、一時期火災保険会社で働いていたのだが、ある日ガソリンの発火原因を調べていて、それが満タンのドラム缶よりも、むしろ空のドラム缶付近で発火する率が高いことに気づいた。空のドラム缶が発火した原因は、気化したガソリンに引火したことによるのだが、ウォーフはこうした火災事故を引き起こす原因の 1 つをことばに見出す。「ガソリン缶」（gasoline drums）と記された缶の周り

で、人は通常火の取り扱いに注意を払う。一方「空のガソリン缶」(empty gasoline drums）と書かれた缶の周りでは煙草を吸ったり、中には火のついた吸殻を缶に投げ入れるものもいた。当然揮発性のガスを含む空のガソリン缶は発火する。しかし、英語の "empty" ということばには、「空」という意味だけでなく、「ゼロ」(null)、「不活性」(inert)、つまり「無害」というニュアンスがある。そのために "empty" という用語が、空のドラム缶を「無害」と解釈する思考を産み出し、ガソリン缶の危険性を逆に見えにくくしてしまっているのである (Whorf [1956] 2001: 364)。

　ことばが世界観に影響を及ぼすとするこのサピア＝ウォーフの仮説には、強い仮説としての「言語決定論」と、弱い仮説としての「言語相対論」とがある。前者はウォーフ主導と言われる一方、後者はサピアの考えであるとされる。強い仮説としての「言語決定論」の考えでは、言語は認知過程に先行し、決定的な影響を及ぼす。つまり現実の知覚は言語によって行われるとする立場である。一方、「言語相対論」では「言語のパターンとそれを母語とする人々の認知と文化のパターンとは、密接な対応関係にあり」、「言語が違えば認知のパターンも異なる」とされる（光延 1996: 203、井上 1998: 142）。

　しかし強い弱いに関係なく、ここでいう言語がつくる認知の違いとは、各言語では何をどう表現するかという問題よりも、むしろ何を表現しなくてはならないかという制約性の問題だといえよう。たとえば英語と日本語を比べた際、英語では、名詞の単数と複数を区別することが文法的に義務化される。そのため日本語では「リンゴがある」と言うところを、英語では "I have an apple" や "I have some apples" といったように、リンゴが 1 つあるのか、それとも 2 つ以上あるのかを選択的に表現しなくてはならない。つまり文法の制約上、単数か複数かを曖昧にすることは不可能なのだ。また英語のジェンダー代名詞という文法上の規定は、"I was with a friend last night" などと友達のことに言及する際、"a friend" として導入した対象を、次に指標する際には性別を明示する "he" か "she" を不可避的に選んで指標しなくてはならない[3]。

　サピアとウォーフの仕事がきっかけとなった言語相対論について、その強

い仮説は長く批判されてきたが、同時にさまざまな言語で仮説の検証が行われている。たとえばジョン・ルーシー(J. Lucy)は、メキシコのユカタン半島で話されるユカテク・マヤ語とシカゴ在住者の英語の比較を行い、文法範疇が人間の日常生活にいかに影響しているかを調査している。ルーシーは無生物名詞でも複数形をとる英語と、無生物名詞では複数形をもたないユカテク語とでは、話者の無生物名詞の数に対する関心の度合いが異なることを実験から明らかにした(Lucy 1992)。さらに別の実験では、ユカテク語の話者は英語話者に比べて、物の形よりもその材質への認知が高くなることを証明している(Lucy 1996)。ルーシーは、この2つの実験結果を更に発展させ、名詞を数えられない塊として扱うユカテク・マヤ語のような言語では、話し手は「材質」に注意を払う傾向にあるという仮説を立てた。それに対し、名詞を数えるものとして扱う英語のような言語では、話し手は境界線が明確な名詞の指示物の「形」に注意をするという仮説を導き出した。これらの仮説は言語発達段階の7歳から9歳のユカテク語話者と英語話者の子供を対象にした実験でも概ね実証されている(Ahearn 2017: 109–110)。

　こうした習慣的なことばの使い方が、習慣的な思考のパターンを形づくるという仮説は、その後も特に認知言語学者によるさまざまな研究から検証されている(ドイッチャー 2012、今井 2010 など)。これらの研究は、人それぞれの「現実観」にことばが深く関与していることを明らかにすると同時に、近年では MRI などを活用して、言語使用が認知に与える影響がさらに具体的に明らかにされている。

2.2　認知とカテゴリー化

　言語相対論を下敷きに、ここでことばによる事物のカテゴリー化がいかに言語体系内で組織的に関連し、多元的なネットワークを構築しているかを藤井の研究からみてみたい(藤井 2005)。藤井は「破壊」という概念について英語では "break" という基本動詞で言いあらわすことができるところ、日本語では次のように異なる動詞が使われることに着目する。

(1) 骨をおる.　　　　　　'break a bone'
(2) 窓ガラスをわる.　　　　'break a window'
(3) バリケードをやぶる.　　'break a barricade'
(4) 砂山をくずす.　　　　　'break a sandhill'
(5) おもちゃをこわす.　　　'break a toy'

(藤井 2005: 158)

　英語では "break" で表現しうる「破壊」としての行為が、日本語ではなぜこのように動詞が異なるのだろうか。この謎を解く上での鍵となるのが、日本語における「分類辞」(classifier) の存在である。分類辞とは事物に共通した特質によって名詞を分類するために用いられる語や接辞であるが、日本語には物の形状によってその数え方を変える分類辞(助数詞ともいう)がある。
　表 2.1 にあるように、たとえば「おる(折る)」という動詞が破壊の意味で使われる際、その対象物は骨、枝、鉛筆、野球のバット、(茹でる前の)スパゲティなど、細く、長く、かつ固いものである。これらの対象物は 1 次元的で、柔軟性がないが、こうした事物は日本語で「鉛筆 1 本、2 本」と

表 2.1　破壊をあらわす動詞・分類辞・ものの関係

(藤井 2005: 162 より一部変更して掲載)

次元 / 形		もの	分類辞	動詞
1D	柔軟性(−)	鉛筆、バット、傘、骨、棒、木の枝、など	本	おる
	柔軟性(＋)	ひも、糸、縄、など	本	(きる)
2D	柔軟性(−)	ガラス、皿、花瓶、カップ、めがね、タイル、瓦、など	枚	わる
	柔軟性(＋)	紙、本、布、ビニール袋、網、など	枚	やぶる
3D	積み上げられた形	山、砂山、山のように積み上げられたもの、など	山	くずす
	機能性に焦点があるもの	ラジオ、テレビ、箱、椅子、時計、おもちゃ、建物、車、など	台、件、個、つ、など	こわす

「本」という分類辞を付けてカテゴリー化される。これに対し同じ細く、長い対象物でも、柔軟性があるひもや糸などは、「折る」のではなく「切る」のである。

　このように日本語の「破壊」という概念は、対象物の柔軟性、次元性、機能性によって使われる動詞が異なる。つまり、ものの物理的な側面や機能性に着目して、人間との関わりからそれを分類辞という形でカテゴリー化する言語は、その認識を保ちながら、破壊という行為の仕方をそのカテゴリーに関連させているのである(藤井 2005: 163)。

　藤井はさらにこのことを証明するために、分類辞をもたない言語として、英語、ヒンディー語、ポルトガル語、チベット語、ペルシャ語、そして分類辞をもつ言語として中国語、韓国語、インドネシア語、そして日本語の比較調査をしている。その結果、分類辞をもつ言語は、破壊の動詞が6種類から7種類あったところ、分類辞をもたない言語は破壊の動詞を2種類から4種類までしか持たないことが明らかになっている(ibid.: 164–165)。

　我々はことばをもって世界を分類するが、その前段階として、生まれた頃から目に見えるものを何らかの方法で分類し、整理している。その上で、言語は事物や経験を切り取り、分類するカテゴリー化の道具となる。藤井の研究は言語と思考の関係性を理論化する認知言語学の立場を取り、「破壊」という経験の言語化に、こうした類型論的アプローチから接近している。そしてカテゴリー化を通して世界を「分ける」ことは、すなわち世界を「分かる」ことだとする(ibid.: 156)。この研究のポイントは分類辞で名詞を分類する日本語のような言語の使用者は、そのような名詞分類を行わない言語話者と比較して、より多くの種類の動詞を使って「破壊」という経験のドメインを言語化している点である。しかし、上記のルーシー(Lucy 1992)の実験が、義務的に可算名詞を文法範疇で言語化する英語と、そのような範疇がないユカテック・マヤ語の言語類型論的違いが、外界の認識の違い(「材質」か「形状」か)に影響を及ぼすかまでみているのに対し、藤井はその点に言及していない。つまり、言語相対論の検証までを藤井は行っていないという点に注意すべきである。

2.3　メタファーの創る世界観

　言語相対論は、言語がその話者を取り囲む世界に境界線やカテゴリーを作り出し、その異なる概念システムがそれぞれの言語使用者の世界の切り取り方や、思考法を方向づける可能性を明らかにした。「ことばが特定の世界観」を創り出すという言語相対論への関心は、言語学、認知言語学の分野で多くの学者を刺激することとなったが、ここでは、その具体的事例としてメタファーの概念が明らかにする言語と世界観の構築について説明する。

　人は日常的にことばで抽象的、論理的な思考を行っているが、直接的に知覚しえない思考も言語化のプロセスにおいてカテゴリー化されている。認知言語学者の今井むつみは、抽象的な論理操作の中でも、特にモノとモノの関係性や事象と事象の関係性を、高次の抽象的レベルで操作する能力が人間に特有であり、生物学的に人と最も近い人間以外の類人猿と人とを大きく質的に隔てると述べる（今井 2000: 415）。その能力の1つに、比喩表現がある。

　ごく簡単に言えば、メタファーなどの比喩表現とは、ある物や事象などを他の言い方で言い換えることだが、同時にこれは説明しにくい事象を、わかりやすい事象を通して理解する普遍的な認知プロセスである。「人形のようにかわいい」、「鬼のような形相」の「〜のような」の部分は、対象を何か別のものに喩える直喩（simile）を創り出す。これに対して「あの先生は鬼だ」などと暗示的にものを説明することを隠喩（metaphor）と呼ぶ。さらにメタファーとしての隠喩とは別に換喩（metonymy）がある。「今夜は鍋を食べよう」の「鍋」が、鍋に入った料理を指すように、これは対象への隣接性に基づいて事象を説明するものである。「パトカーに捕まった」や「村上春樹を愛読している」といった表現は、ある特定の文化社会の文脈の中で、事物と事物の関係性をわかって初めて理解される表現だろう。

　言語学者のジョージ・レイコフ（G. Lakoff）は、こうした比喩としてのメタファーが文学やレトリックの世界に限られたものではなく、日常的に使われる上に、ある特定の言語話者の思考や認知構造、ひいては世界観を解き明かすとする（レイコフ＆ジョンソン 1986、レイコフ 1993）。たとえば英語で

の "understand"（わかる）という概念は、"I see what you are saying"、"I got the picture"、"It's clear"、"That is insightful" といった慣用表現に明らかなように、「見る」もしくは「光が射す」というメタファーを通して理解される。また次に挙げる恋愛や恋愛関係に関する英語表現を見ると、英語では恋愛が「旅」そして「道程・行程」であり、恋人やパートナーがその道程の旅人、連れ合いとして理解されていることがわかる。

Look how far we've come. ごらんぼくらの愛が乗り越えてきた幾山河を。
We're at a crossroad. 二人は岐路に立っている。
We'll just have to go separate ways.
別々の道を行かなければならなくなるだろう。
We can't turn back now. 僕らはもう引き返せない。
It's been a long, bumpy road. 長いでこぼこ道だった。
This relationship is a dead-end street. この関係は袋小路だ。
We're just spinning our wheels. ぼくらは車輪を空回りさせているだけだ。
Our marriage is on the rocks. ぼくらの結婚は暗礁に乗りあげている。
（レイコフ＆ジョンソン著、渡部・楠瀬・下谷訳 1986: 68）

このほかにも「時は金なり」（time is money）、「時間を無駄にする」（waste of time）というような隠喩表現は、「時間」の概念を「金」という経済価値との関係で理解する英語や日本語の世界観を明らかにする。このようにメタファーの研究は、ある文化に内在する基本的な価値の構造を映し出す言語装置として注目されるようになる。

『レトリックと人生』（1986）や『認知意味論―言語から見た人間の心』（1993）など多くの著作で知られるレイコフの隠れた仕事の1つに、1990年に勃発した湾岸戦争においていかにメタファーが戦争を正当化したかを論じた論文がある[4]。"Metaphors can kill"（メタファーは人を殺しうる）という衝撃的な1文を含むこの論文で、レイコフはもともとクウェートとイラクの間で生じた戦争に、アメリカが参戦することをアメリカ国民に説得するため

に巧みにメタファーが使われていたとし、当時のブッシュ大統領、ベイカー国務長官、シュワルツコフ司令官ら政治家のスピーチ、声明やメディア報道のことばを分析している。たとえば、戦争のアクターとしてのクウェート、イラク、そしてアメリカを含む連合軍が、「クウェートという弱き姫」、「悪事を働くイラク」、そしてそれを「助け出す国際連合軍」として擬人化され、報道において物語の役割的図式があてがわれている。またイラクによるクウェート侵攻は「レイプ」("rape")と表現され、イラクの大統領であったサダム・フセインが、「我々の経済的ライフラインの上に座っている」("sitting on our economic lifeline")という表現が用いられる。ここでいうライフラインとは暗に原油供給システムのことを指しているが、その「ライフライン」というパイプの上に、悪党のフセイン(イラクの換喩)がまるで怪物のように座り込んでいるイメージを想起させる。

　さらにイラクに侵攻する際の軍事作戦には「砂の嵐作戦」("Operation Desert Storm")や「砂漠の盾作戦」("Operation Desert Shield")という名前が付けられていた。「砂漠」("desert")ということばは人の住まない荒野を連想させる。また軍事作戦を意味する「オペレーション」("operation")ということばも、医療手術のように悪い箇所を除去するイメージが想起され、戦火の人々の暮らしや戦争のむごたらしさが隠蔽され、クリーンなイメージだけが想起されるわけである。

　レイコフの一連のメタファー研究は、一方で批判も受けてきた。まず、メタファーが言語使用のコンテクストを無視し、語彙の意味の立場だけから言語と思考の関係を論じている点である。つまり、ことばには「固定された意味」があり、「いつ、どこで、誰が、どのような目的で使用するのか」という状況を捨象したデータからの理論化であるというものである。このような抽象化された言語データはタイプ・レベル(type level)と呼ばれる一方で、言語人類学者は、特定の状況下で生起するトークン・レベル(token level)でのことばの意味の分析を主に行う(Silverstein 1976)。さらに、レイコフのメタファー論は、人間の身体性に根差した経験(「視覚」)をあらわす語句の集合が、別の種類のより抽象的な経験(「理解」)をあらわすのに使われると考える

が、人間の経験はすべて言語で言いあらわされるものではない[5]。こうした限界を認めつつも、メタファーにはある程度、人間の経験を創造する力がある。またメタファーによる感情表現(怒り、悲しみ、喜び等)には、言語・文化的差異があることも分析されている(Kövecses 2005)。

2.4 空間認知

　次にことばによって世界が切り取られる様式について、空間認知の研究から考えてみたい。オランダのマックス・プランク心理言語学研究所にてスティーブン・レビンソン(S. Levinson)が率いた言語と認知班では、大規模な国際比較調査が行われている。その代表格に人間の空間認知表現の調査がある。

　レビンソンによれば、人間の言語には空間をあらわす「指示枠」(frames of reference)のシステムがあり、絶対的な空間認識としての指示枠と相対的な指示枠とがある。絶対的指示枠は場所の位置を伝達する際、空間を東西南北のいわば絶対的な位置情報に関連させることで達成される。これに対して相対的空間認知は、話し手を中心として、話し手からみた上下や左右などの方向に場所を位置づけることで表現される。この枠組みからみると、英語や日本語は「相対的参照枠」(relative frame of reference)を用いる言語とされる(Pederson et al. 1998)。たとえば、"to the left of the chair(椅子の左側に)"、"behind me(ぼくの後ろに)"、"to Sam's right(サムの右側に)"のように、物体の空間的位置関係を話し手の視点から「相対的」に表現する。

　これに対し、オーストラリア先住アボリジニの1民族の言語であるグーグ・イミディル語や、南米マヤ族の言語の1つであるツェルタル語は、日本語や英語のような相対的空間描写が「許されない」。このような言語では羅針方位(コンパス方位)である「東西南北」か、特定の丘や海、川などの固定された地理的特徴に言及して「(特定の)丘を登って」、「(特定の)川の方に降りて」などのような「絶対的」表現で空間内の位置関係を描写しなければならない。このような「絶対的参照枠」(absolute frame of reference)を用いる

言語話者は、常に自らの地理的位置を意識することから、「脳内方位磁石」を恒常的に働かせていると考えられる。その証拠として、ある洞窟内で方角に迷い、帰る方向がわからなくなったレビンソンに対し、グーグ・イミディル語話者のダンは、方位磁石を見ずとも方位磁石と全く同じ方向を指して、帰り道の方向を示している（Levinson 2003）。

　このような絶対的参照枠を用いる言語は決して例外的ではなく、類型論的には世界の言語約7,000語のうちの3分の1程度であると言われている（ibid.: 48）。しかし興味深いのは「相対的」参照枠を用いる言語でも「絶対的参照枠」の観点から地理的方向関係を表現することがあることである。マックス・プランク研究所でレビンソンらと一緒に調査を行った言語人類学者の井上京子は、高知県でのエスノグラフィーの結果、高知市には絶対的空間認知システムを用いる話者が多く存在することを明らかにしている（井上 2002、2005）。井上の詳細な調査によれば、絶対的、相対的空間認知の区別は、ある場所を指標する際の社会的状況や、何を伝達するかによって異なってくる。たとえば歯医者の診察室などで自身の身体部位を指標する際には、「東の奥歯が痛い」といった表現で問題箇所が指摘される。あるいは学校で「北の人からプリント集めて」と先生が言うと、教室で北側にある椅子に座っている生徒が立ち上がってプリントを回収するという（井上 2005: 123）。

　井上の研究で重要な点は、絶対的あるいは相対的参照枠の区別は言語によって異なるものの、「日本語＝相対的空間認知をする言語」というような単純なものではなく、2つの参照枠をコミュニケーションの状況によって使い分けていることを、フィールドワークを通じて明らかにしたところである。井上はこれを指示枠の「コード・スイッチ」と呼び、その切り替えを誘発する要素を明らかにした。その際井上は高知市の小学生4年生を対象に調査を行い、どうやって相対、絶対の指示枠を使い分けているかをアンケート形式の聞き取りから調べている。その結果、発話者はまわりの空間の規模によって表現を使い分けていることがわかった。

38　第 I 部　言語人類学の出発点

表 2.2　空間の規模ごとの絶対表現（高知市の小学生対象）

（井上 2005: 125）

	場所	特徴	例	絶対的指示枠使用者 43 人中における割合
(1)	大野外	東西南北表現の多用がみられる	南のほうに坂がある、北へ 30 秒、東にまっすぐ、家の前の北、山側じゃないほう、北へそれから西へ、東進 etc.	70%
(2)	仕切りのある屋外	ランドマークとして東西南北表現を用いる傾向が強い	南門、西の校舎、東階段、北の校門、校舎の南 etc.	60%
(3)	屋内	左右、東西南北の 2 つの指示枠を混合する傾向が強い	右側の一番東、南側の左、真南の窓横 etc.	35%
(4)	手の届く範囲の水平面	東西南北はめったに使われない	左からすこし西、机の北西側、机の南方向 etc.	9%

　すなわち、大野外であればあるほど絶対的表現を使い、空間が狭くなるほど相対的支持枠の使用が増えてくる傾向にある。また、話し手の住んでいる場所に大きな山などのランドマークがある場合、絶対的参照枠の使用が増える。こうしたローカルな自然環境の知識による絶対的参照枠の表現は、学校などの地域社会で社会参加し、そこでのコミュニケーションを通じて共有されると考えられよう。

　こうした相対的空間認知と絶対的空間認知の混合は、高知市だけでなく兵庫県神戸市でもみられる。神戸では「海側（南）」と「山側（北）」という絶対的参照枠を用いて道案内をするのが一般的である。しかし、このような絶対的空間表現は「山側（北）」が上り坂であり、「海側（南）」が下り坂になっていることが比較的容易に知覚できるエリアに限られていると思われ、グーグ・イミディル語話者のような「脳内方位磁石」を神戸市民が用いていると

は考えにくい。つまり、神戸市の例も高知市の例と同様、自然環境にわかりやすい特徴があることで誘発され、またそのような環境において形成され、コミュニティー内で共有されるのだ。

　コミュニティー内の社会文化実践を通じて共有される空間表現は、言語表現だけでなく身体動作にもおよぶ。同じくマックス・プランク研究所のプロジェクトに参加した喜多壮太郎、ジェームズ・エセグベイは、ガーナ人が左手を使う際に禁忌としてのタブーが存在する点に着目し、こうしたタブーの知識が実際の発話にどのように影響を与えるのかを調査した（喜多・エセグベイ 2005）。調査方法は井上のアンケートによる聞き取り調査とは異なり、道をたずねるという実験的なタスクで自然発話を誘発し、その様子をすべて録画・録音するというものである。まず調査者が無線マイクを身につけて協力者に声をかけ、道をたずねる。道を教えてもらったあとに、研究調査であることを伝え、協力者の許可を得て、左手のタブーに関するインタビューをその場で行う。その全ての工程を少し離れた場所に設置したビデオカメラで撮影した。撮影した映像に観察できる身体動作の特徴を発話の書き起こしとともに詳細に分析した結果、やはりガーナ人は左手による指差しをあまり行わないことがわかった。左の方向を表現するのに、体の前で右手を交差するようにしたり、左手を腰の後ろ側にあてて調査者に対する礼儀としてのポライトネスを表現することが明らかになった。しかし、左手のタブーを認識していても、左手をまったく使わないわけではなかったことが興味深い。左手は絶対的に不動なのではなく、小さい規模で動かされ、喜多らのいう「半指差し」によって目立たないジェスチャーとしてあらわれる。また、道案内の発話のなかで「左」という語彙を使用すると左手を使った方向指示が誘発されやすくなっており、左という概念における身体性が認められたといえる。左手を動かしてしまうこと、すなわち喜多らのいう左手の「認知的衝動」は、左手はタブーであるという文化的なルールに対する知識とぶつかりあい、コミュニケーションを通じて抑制される。したがって、ガーナ人は左手を動かさないわけではないが、その動かし方は、コミュニティー内の文化的規範で許容される範囲内におさめられているといえる。

本節で紹介した事例からは、空間を把握するという人間のみならず生き物に共通する認知的活動のやり方が、言語によって、あるいは文化によって多様であることが明らかになっている。注目すべき点は、こうした相違が言語の種によってはっきりとした区分や分断があるわけではなく、話し手がコンテクストや社会的状況によってたくみに認知表現の方法を選択し、その状況に適したやり方を表出している点である。すなわち、相互行為の現場で話し手がどのようにその選択を行っているかが重要となるわけだが、こうした話し手特定の選択や、その選択がされる社会的状況そのものへの関心は、次節にみる言語人類学の2つの潮流と関連する。

2.5 言語人類学の2つの潮流

ここまで主に言語人類学の創成期からの関心事項であった言語、文化、思考(認知)の関係性について、ボアズの文化相対主義からサピアとウォーフの言語相対論までの流れをもとに概観した。本節では言語相対論以降、北米を中心とした言語人類学分野に生じた2つの理論的・方法論的潮流について紹介する。1つは、人間の社会性の根源を成すインタラクション(interaction)の起源や仕組みの解明を目指した「相互行為能力への関心」であり、もう1つは社会実践の場としてのディスコース(discourse)の記述から文化を読み解くことを目指した「ディスコース中心の文化へのアプローチ」である。

図 2.1 に示されるように、この2つの潮流は文化相対主義、言語相対論の流れの先に並行する形で生じているが、対立する主義や理念ではなく、今日に至るまで互いに影響を及ぼし合い、補完し合う形で言語人類学分野の発展に貢献してきた。左下の「相互行為能力への関心」は、人のコミュニケーション能力としての「相互行為」の起源や仕組みの解明を主な目的とし、普遍性への志向が高い。一方、右下の「ディスコース中心の文化へのアプローチ」は、個々の社会文化をフィールドに、そこでの相互行為実践としてのディスコースを通して文化にアプローチする方法で、第4章で紹介するハイムズのコミュニケーションの民族誌の影響を多大に受けている。

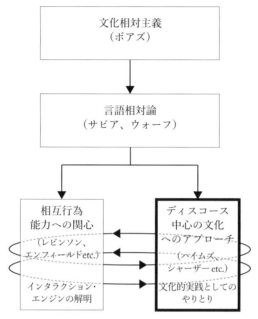

図 2.1　言語人類学研究の潮流

　なお、本書第 4 章以降における言語人類学研究の紹介は、主に「ディスコース中心の文化へのアプローチ」を下敷きに発展してきた研究が中心であり、さまざまなフィールドにおける固有のディスコースに焦点を当てる中から、ことばを用いた「実践」そのものが文化であるとする立場をとっている。

2.5.1　相互行為能力への関心

　言語相対論以降の研究の 1 つの流れとして、人間の社会性の根源を成す相互行為能力への関心がある。たとえば生まれたばかりの新生児や乳児は、ことばを獲得するはるか前から養育者の働きかけに対して何らかの反応を返す。微笑みに微笑み返すような反応は、社会的儀礼以前の、人が生まれながらにしてもつ生命体の相互作用性（entrainment と呼ばれる）によるものとい

われる。レビンソンは人間のもつ相互行為への志向について、「言語が相互行為的な能力（知）を可能にしたのではなく、相互行為的な能力（知）がコミュニケーションの媒体としての言語を可能にしたのだ」(Levinson 1995: 232)とし、人間の原始的な相互行為能力を「インタラクション・エンジン」(the human interaction engine)と名づけている (Levinson 2006: 44)。

　インタラクション・エンジン仮説は、「生得対文化」(nature vs. nurture)の厳密な2分法を退けつつ、人間の脳には本来他者と相互行為する本性が備わっているとする仮説である。この仮説をさらに発展させた枠組みがインタラクションの「生物学的文化論」(Bio-cultural framework)である。これに関してレビンソンは、2018年3月の来日に際して行われた東京と京都の2度の講演で、進化論的立場から人間の空間認知と言語進化には相関関係があると主張した。たとえば、他の動物と比べて人間の方向感覚が極めて劣っているのは、空間認知に関して言語を発達させることで対応した事実が大きく関与していると彼は仮説を立てている。

　言語構造だけでなく、ことばはその実践に、ある種の普遍的な構造をもつという仮説は社会学でも発展した考え方であり、言語人類学の分野にも大きな影響を与えてきた。人と人との間で行われる協同行為を「社会性の原点」とみなし、その行為を達成させるための微細なやりとりには法則がある。特に対面での相互行為は連鎖(sequences)という特徴に統率され、それが規則(rule)によって統率されるのではなく、推測(expectation)によって統率されることに着目したのは、1960年代からカルフォルニアを中心に活躍した社会学のエスノメソドロジーとしての会話分析(Conversation analysis、通称CA)研究者たちだった[6]。たとえば「質問」には「回答」が連鎖的に続くということは容易に推測できるが、これは規則ではない。「何食べる？」（質問）に対する「何でも」（回答）という連鎖と同様に、「何食べる？」（質問）－「何ある？」（質問）というやりとりも行為連鎖として成立するからだ。会話分析者たちは、こうした相互行為には言語の異なりを超えた普遍的特徴があると考え、その解明に従事した。これらは話者交代システム(turn-taking)、隣接ペア(adjacency pair)、修正(repair)などのシステムを明らかにし、社会的行

為の基本的単位としての相互行為を緻密にみていく理論・方法論としての会話分析を発展させた。

さらに近年の相互行為研究は、会話分析の方法論を援用しながら、コミュニケーションがマルチモーダルに達成される仕組みを明らかにしてきた。その代表的な研究の1つに、エンフィールドの『やりとりの言語学』が挙げられる（エンフィールド 2015）。個人ではなく、複数の主体の間で認知や意味が共有されるプロセスを探求する相互行為研究の方法は、「社会的に分散化された認知」(socially distributed cognition) の考え方へとその裾野を広げている。たとえばアメリカ海軍でフィールドワークを行った人類学者のハッチンスは、航空母艦の操舵室で複数の乗組員が協働でナビゲーションする過程を分析し、計算図表という道具と人とが混然一体となって意思決定をする過程の分析から、人がことばだけでなく、身体、道具などを総合的に用いて認知を行っていることを明らかにしている (Hutchins 1995, 2006)。こうした相互行為能力を中心に構える研究は、人間社会のコミュニケーションの緻密な成り立ちと実践の解明を推し進め、人工知能をはじめとする新しいコミュニケーション形態の開発にも寄与している。

2.5.2　ディスコース中心の文化へのアプローチ

言語相対論以降の言語人類学のもう1つの流れに、文法範疇としての言語だけではなく、包括的な相互行為の場としての「ディスコース」を文化実践、社会実践の場と捉える流れがある。「ディスコース中心の文化へのアプローチ」(Discourse-oriented approach to culture、通称 DCAC または DAC) と呼ばれるこの文化論は、第4章で詳述するハイムズの「コミュニケーションの民族誌」の系譜を引き継ぎ、フィールドにおいて収集された1つ1つのエスノグラフィーの事例にみられる実際のやりとりとしてのディスコースを、文化実践の中心的な場に据える考え方を打ち立てた。

ここでいう「ディスコース」(discourse) という用語は、社会行為者間で対話的にくり広げられる「社会的実践行為」として捉えられる。言語がすでに存在している現実をそのまま描写するのではなく、言語を使うこと（ディス

コース)によって新しく現実が築かれるという考え方である。つまり単に言語を文化の映し鏡とするのではなく、言語が文化、そして社会の実践そのものだとみる立場である。従来「談話」という言葉で理解される「ディスコース」は、音素を最小単位として、形態素、句、節、文という単位で構成される「閉じられた階層モデル」を前提とする、近代言語学の構造的言語観の上に成り立ってきた(松木 2004: 214–215)。これに対し、言語人類学での「ディスコース」は、社会行為として実践される記号的なコミュニケーション活動のすべてを包括的に含み、その主体も個人から学校、メディア、政府といった制度的組織までを含む。こうした DAC の流れは、相対主義の立場から人間社会の「ことば観」そのものを問い直すパラダイムシフトを生じさせ、現在続いている言語人類学的研究へのまなざしを創り出している。

　第 4 章に詳述されるように、ハイムズはあいさつ、謝罪、ゴシップ、儀礼といったさまざまなスピーチ・イベントという単位でコミュニケーションを切り取り、分析することで、人々が実践するさまざまな「話し方」に反映される世界観やことば観の解釈的記述を目指した。このコミュニケーションの民族誌の流れを継承する DAC は、ハイムズの弟子であったジョエル・シャーザー(J. Sherzer)を中心に、80 年代に彼のテキサス大学の同僚だったグレッグ・アーバン(G. Urban)、リチャード・バウマン(R. Bauman)、アンソニー・ウッドベリー(A. Woodbury)、スティーブン・フェルド(S. Feld)らによって討議され、生み出された概念である(Urban 1991: 193)。

　言語相対論が「文法」を文化の中心に据えたのに対し、DAC はディスコースという実際の「場所性」を備えた社会的出来事(主に対面のインタラクション)を中心に文化を捉えた。ここでいうディスコースとは、言ったこと、書いたことなどを制度的・権力的構造と関連づける「言説」としてのディスコースとは異なり、フィールドワークの形成過程に起こる(調査者を含めた)文化社会的実践としてのやりとり全てを指す。ボアズやサピアは主に北米先住民語の言語研究を「文法―テクスト―辞書」の三つ巴で行っていた。文法は文法構造の理解、辞書は語彙収集と編修、そしてテクストは誰かに何かを語らせて、それを文字化したことばのことを指す。そこには産物と

しての「テクスト」しかなく、調査者を含む語りの場面や実践としての「ディスコース」は含まれていなかった。これに対してDACでは、ディスコースそのものが文化と言語、そしてその両者が交わるところを構築し、言語文化の関係性が顕在化する場所として捉える（Sherzer 1987: 296）。

　シャーザーはパナマのクナ族の研究者であったが、アーバンも南米先住民のフィールドワーカーであり、ブラジルのショークレン族の伝統的詩歌や政治的レトリックを研究していた。彼は『ディスコース中心の文化へのアプローチ』と題された著書の中で、「文化」について、それが「公にアクセス可能な記号として具現化されていて、その最も重要なものが実際に起きているディスコースである」（"culture is localized in concrete, publicly accessible signs, the most important of which are actually occurring instances of discourse"）と定義している（Urban 1991: 1）。つまり文化は人の頭の中に抽象的な体系として存在するのではなく、具体的な時空間としての場所性をもって、人と人との間に共有され、継承されてゆく記号体系だとする立場である。その記号体系が実践され、「共有」、「継承」されるプロセスこそが文化だとみなせば、ディスコースは文化そのものの実践である。このように考えれば、人類学者が観察的なスタンスで抜き出し、独立して対象化できるようなディスコースは存在しない。むしろディスコースは歴史性という通時的・共時的な時間軸の中にあり、それぞれの場所（in situ）の中で、さまざまな音韻、形態素、イントネーション、声色、間合いといった質感をもって展開する。意味もまた独立した言語の中にあるのではなく、その瞬間に展開するディスコースの中に構築され、解釈され、再生産されていく[7]。

　言語人類学者の松木は、こうした社会行為としてのディスコース研究が、言語を文化的、社会的コンテクストから切り離して考えることを不可能にし、非指示的レベルの意味が指示的、命題的レベルの意味に優先することを指摘する（松木 2001: 4）。たとえば、DACの見地からの語りとしてのナラティブは、語りの場という「今、ここ」において構築される、意味生成の過程そのものと捉えられる。その中では、「何があったのか」という指示的内容だけでなく、「どう語るのか」という非指示的レベルでの意味構築のプロ

セスが重視される。

　たとえばジェーン・ヒル (Hill 1995, 2005) は DAC の立場から、メキシコの先住民語の１つであるメヒカノ語（ナワトル語としても知られる）の最後の話者であるドン・ガブリエルが語ったインタビュー・ナラティブを分析している。そこでは老年のドン・ガブリエルが 7、8 年前に息子を殺害された体験を語る比較的長いナラティブが分析されているのだが、ヒルはその殺害の経緯などといった指示内容については分析の焦点を当てない。彼女が注目したのは、ドン・ガブリエルが語りの中で行ったメヒカノ語からスペイン語のコード・スイッチ、言いよどみや言い間違え、引用、時制の変化やイントネーションの変化といった「非指示的レベル」での現象であった。たとえばメヒカノ語は、ドン・ガブリエルの第１言語であり、彼が暮らす伝統的農村社会としての地元のことばである。語りはメヒカノ語で進行するのだが、息子が都市部に出てゆき、そこで商売人の世界に入りトラブルに巻き込まれるくだりになると、スペイン語へのコード・スイッチが起きてくる。ヒルはスペイン語が、都市部や資本主義社会をコードとして象徴しており、ドン・ガブリエル自身が道徳的に距離を置きたい人物や現象についての語りの箇所でコード・スイッチが生じることを分析する。ヒルの研究は、ことばが必ずしも語り手が意識しない規範意識や文化的前提を指標するとともに、１人の人の中にさまざまな声が「対話的」(dialogic) に立ちあらわれることを明らかにしている。

　さらに DAC において、ディスコースはミクロな言語事象とマクロな社会構造や歴史性を繋ぐ接点としても重要である。その代名詞ともいえるのが、言語人類学の中で重要視されてきた「言語イデオロギー」の概念である。言語イデオロギーは言語とその使用者の社会観や人間観を映し出す価値体系であるが、第７章や第８章でも論じられるように、DAC はイデオロギー実践の場としてもディスコースを捉える。

　このように DAC におけるディスコースの研究では、言語構造、社会的実践、イデオロギーの関係を分析の段階で包括的に考察する。この３つの側面を「実践アプローチ」(a practice approach) として発展させたのが、ウィリ

アム・ハンクス(W. F. Hanks)である。言語学、人類学の両方でトレーニングを受けたハンクスは、言語の構造的な分析の必要性を重要視しつつ、コミュニケーションの実践の場で観察可能な文化的規範、またその複雑性を包括的に考える枠組みを提供している。ハンクスの実践アプローチでは、話し手が「コミュニケーションがとれる」という状況に必要なのは、通じることばとしての文法構造を共有することではなく、話し手同士がお互いに「志向しあっている」という状況である。これは、旅先などでことばが通じなくてもある程度のコミュニケーションがとれたり、あるいは同じ母語話者同士でも時によっては誤解しあうことからも裏づけられるだろう。このように実践アプローチは、人と人とがコミュニケーションする前提にある「共有すること」を基盤とし、言語構造、社会活動の実践、イデオロギーの関係を考察していく。その関係は次の図のようにあらわされる(Hanks 1996: 230)。

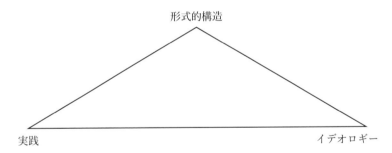

図 2.2　コミュニケーションの実践の 3 つの側面
（Hanks 1996: 230 より、筆者砂川訳）

　言語は、文法構造の側面からは「ある程度」形式的構造をもち、社会活動も順番をおって実践されるという意味では形式的である。ある特定の社会実践に実際に参加する時、参加者たちがそれぞれ社会活動の構造と、言語の形式的構造を解釈し、言語行動として発信する。この発信の際には、話者は何かしらの方法で自らのスタンスを表示する。このスタンスは、イデオロギーの解釈や、ことがらに対する評価(evaluations)など、メタレベルでの個人の志向を反映させている。注意すべきは、実践アプローチが言語構造をマクロ

な社会的・文化的規範やイデオロギーを直接的に結びつけるものではない点である。図2.2の三角形のそれぞれの項目はコミュニケーションの異なる側面に光を当てており、それらを包括的に考察する必要を促している。

　総括すればDACのディスコースは、現在の言語人類学の基本的な理念である「言語を文化的資源」（language as a cultural resource）、そして「発話を文化的実践」（speaking as a cultural practice）と捉える土台を構築したといえる（Duranti 1997a: xv）。つまり、ことばが使用される場を文化社会実践の場と捉えることで、言語を単なる思考の表出としてのみ捉えるのでなく、我々が生きる上で前提とする意味世界、そしてその世界における人々の在り方（ways of being in the world）を通して、人間理解に迫ろうとする方法である（ibid.: 1）。この概念と方法論的アプローチについては、第4章の「コミュニケーションの民族誌」においてその理念的な土台を説明する。

2.6　おわりに

　本章でみてきたように、言語人類学という学問分野において最初の理論的関心は、言語が思考に与える影響について考える言語相対論であった。「ことばが違えば世界も違って見える」という言語相対論の基本的な考えは、人がことばを「レンズ」のような道具にし、それを通して世界をカテゴリー化し、「分かり」、認知しているという立場である。しかしながら、実際に我々が生きる意味としての世界は、特定の歴史的、社会的な場の中において、身体を通した他者とのやりとりを通して、瞬間瞬間に創られてゆく。その原点ともいえる相互行為能力そのものの解明を目指したレビンソンらに対し、ディスコース中心の文化へのアプローチは、フィールドの中で起きるミクロからマクロまでのやりとりを社会文化的実践そのものとして捉えようとする。第4章ではこの「ディスコース＝文化」という言語人類学のテーゼを作るきっかけとなった「コミュニケーションの民族誌」研究とその意義について、創始者のデル・ハイムズの仕事と具体的なエスノグラフィーを交えながら紹介する。その前に次章では、言語人類学の調査方法について考える。

第 2 章　言語相対論とその後の潮流　49

【この章に出てくるキーワード】

言語相対論（Linguistic relativity theory）

サピア＝ウォーフの仮説（Sapir-Whorf hypothesis）

直喩（simile）・隠喩（metaphor）・換喩（metonymy）

インタラクション・エンジン（interaction engine）

ディスコース中心の文化へのアプローチ（Discourse-centered approach to cul-
　　ture、DAC）

【思考のエクササイズ】

① 「先生が生徒にお菓子を<u>あげた</u>」という文と「先生が生徒にお菓子を<u>くれ</u>
<u>た</u>」という文には、どのような意味的・認知的な違いがあるでしょうか。
わかりやすく説明できるようにグループで討議してみましょう。

② 日本語には「愚妻」、「愚息」という言葉があるのに対し、「愚夫」、「愚
娘」という言葉はなぜないのでしょうか。またこうした用語の有無は、差
別の構造として理解できるのでしょうか。ディスカッションしてみましょ
う。

③ 日本語や他の言語で怒りの感情をあらわすさまざまな表現（むかつく、頭
にくる等）を挙げてみて、怒りがどのような経験として理解されているか
考えてみましょう。

注

1　こうした自他の違いの認識をもたらす他文化の研究は、人間の精神を自由にする
　　上で最もよい教育手段だとボアズの学生のひとりであったベネディクト（R. Bene-
　　dict）は述べている（竹沢 2007: 218）。

2　しかしこの名称は後世に彼らの業績を併せて作られた用語であり、サピアと
　　ウォーフが共にこの理論を名づけたわけではない。またこの理論は、完全に証明
　　されようがないことから「仮説」と呼ばれているが、ルーシーは検証・反証可能
　　な仮説とした。一方、DAC の観点からは、ジェーン・ヒルのように、言語相対
　　性は検証すべき「仮説」ではなく「公理」（axiom）とされている（Hill and

Mannheim 1992: 386)。

3 これに対し、最近の英語話者の中では、言及している対象の性別を明らかにしたくない場合、"he" や "she" ではなく "they" を用いるという。単数・複数の選択を犠牲にして、ジェンダー選択を避けるというストラテジーである。

4 「メタファーと戦争：湾岸での戦争を正当化するために使われたメタファーのシステム」("Metaphor and war: The metaphor system used to justify war in the Gulf")と題されたこの論文は、1991年にネット上で公開されたがその政権批判的な内容から大手の出版社が出版を躊躇したとも言われている (Lakoff 1991)。

5 身体化された認知については『メタファーと身体性』(鍋島 2016)に詳しい。

6 エマニュエル・シェグロフ (E. Schegloff)、ハービー・サックス (H. Sacks)、ゲイル・ジェファソン (G. Jefferson) などが創始者とされる。

7 なお、社会記号系言語人類学の立場から言語人類学の系譜をまとめたものとして、小山の『記号の系譜』(2008)がある。

第3章　言語人類学の調査方法

　どのような研究をするにあたっても、調査の上で最も大切なものはリサーチ・クエスチョン（research questions）としての「問い」を立てることだろう。仮説をたてて実証するといった理系分野の研究に広く共通するプロセスと異なり、言語人類学者の問いの立て方は、フィールドとの対話の中に生まれる。フィールドに初めて出向く時、フィールドワーカーはある程度の憶測や推測、疑問をもってフィールドに向かう。しかし研究協力者との対話やフィールド先でのさまざまな社会的イベントへの参加を通じて、当初の問いはその多くの場合再考され、問い直され、予測しなかった問いがフィールドにおいて生まれるといった経験をする。

　研究における問いは、常に変わり続ける進行形（work in progress）にあるが、エイハーンはこれを社会学がいうところのグラウンディット・セオリー（grounded theory）と似たプロセスであるという（Ahearn 2017: 54–55）。こうして立てられた問いとしてのリサーチ・クエスチョンに取り組む方法、その答え、そしてその解釈方法は1つではない。本章では Duranti（1997a）、Ahearn（2017）、Wilce（2017）などを参考に、言語人類学者が用いるさまざまな調査方法について概説する。さらに 3.6 節では筆者3人の博士論文研究を事例に、我々がフィールドでどのように問いを立て研究を行ったかを紹介する。

3.1 フィールドワーク・参与観察

　言語人類学の方法は基本的に質的調査だが、その中心にあるのがフィールドワークである。一口にフィールドワークといっても、何カ月、何年もの期間を調査地としてのフィールドに住み込んで調査するもの、一度きりの単発的な調査、またフィールドを定期的にくり返し訪れるやり方など、その方法は多岐に渡る。こうしたフィールドワークはエスノグラフィーという形で結実する。エスノグラフィー（ethnography）とは文字通り「人々」（ethno-）のことを記述（-graphy）する行為で、「データ収集の手法」と「記述の成果」の双方のことを指す。エスノグラフィーについて野村は、「ある人々の行為や考え方を理解する目的で、人々の中に、あるいは人々の近くに身を置いて調査し、論文や研究成果報告書等を作成する手法」（野村 2017: 183）と定義している。

　言語人類学におけるエスノグラフィーでは、フィールドワークという経験的研究に根差して、ことばの類型、分類やその機能的分析を行うとともに、あるスピーチ・コミュニティーにとって、その表現行為にどのような意味や価値があるのかを包括的に記述・解釈することが目指される。エスノグラフィーを通したことばの研究は、社会的状況としてのコンテクストに依存した実践として、言語使用に文化的意味を見出そうとする。この姿勢は、現実は実体として外界に存在するのではなく、解釈という行為によって社会的に達成されるとする立場をとる「解釈的アプローチ」として、フッサールの現象学にそのルーツを認めることができる。つまりエスノグラフィーは、調査者と調査対象者（本稿では協力者もしくはインフォーマントと呼ぶ）との相互作用の過程で解釈を行っていく共同作業であり、「主観的でも客観的でもな・・・く解釈的」であるのだ（Agar 1986: 19、傍点は筆者による）。その意味でもエスノグラフィーは、誰が誰と、いつどこで、どのようにという固有の文脈が生み出す違いを重視する解釈主義者にとって、極めて適切な手法である（野村 2017: 191）。

　エスノグラフィーの中心的作業に参与観察（participant observation）があ

る。「参与」しての「観察」ではあるが、調査者は必ずしもその場で行われている活動に直接的に参加している必要はない。デュランティは参与観察における「参与」の度合いを消極的参与（passive participation）と積極的参与（complete participation）に分けて説明している。消極的参与の側面からみると、研究者は当該コミュニティーのことばの日常的な使われ方をありのままに記録するため、調査者たちの日常のルーティーンをなるべく阻害しないように努めなければならない。一方、積極的参与の観点からは、フィールド先で許されるすべての社会的活動に積極的に参加するという捉え方がされる（Duranti 1997a）。

　ブリッグスによれば調査者はあくまで観察し、聞く（尋ねる）立場にあるが、すべての調査には観察が先立つ（Briggs 1984）。一方でフィールドワーク中の調査者は、その多くが消極的参与と積極的参与のバランス調整に悩むものである。デュランティはその難しさを次のように説明している（Duranti 1997a）。たとえば、フィールドワーク中に調査者が現地の家庭にホームステイするような場合、観察が目的だからと家族と会話をしないわけにはいかない。とはいえ家族がテレビを見ているというような何気ない場面で、隣にならんで座って一緒にテレビを見てしまっては、家族の目線の動きは観察できない。また家の中で、誰のどの活動に焦点を当てて観察するのかも判断しなければならない。調査者が観察のフォーカスを絞れば、必然的に観察の対象から外れる現象もあるというわけである（Leichter 1984）。

　参与観察の成果として目指されるのがフィールドノート、またはフィールドメモの記録である。豊かなフィールドノートを作成するには、フィールドワークのなるべく早い段階（基本的にはその日のうち）で、記憶が鮮明なうちにメモやノートをまとめることが重要だろう。その時々の具体的な状況、一連の出来事とその内容、想定していなかった出会い、また実際に生じたやりとりについても、相手のことばや表情など、覚えている限りを書き出してみる。記録はメモ帳でのメモ書きやスケッチ、また写真を撮ることでの記録も有効だろう。具体的なノートの取り方などについてはフィールドワークの指南書（箕浦 1999、佐藤 2002、小田 2010、谷・山本 2010 など）に詳しいが、

こうした文献を参考に、調査内容に合った方法でフィールドノートを作成していく[1]。また参与観察に限らず、インタビューなどの録音録画を行った直後に、その時の気づきを書き記すことも非常に有効で、これを行うことによって後に文字化したデータを分析する際、焦点化したい現象がわかりやすくなるメリットがある。

　フィールドワークを実践するにあたり、もう1つ意識したいことに「縁を紡ぐ」ということがある。フィールドワークは調査者を受け入れ、話を聞き、また問いかけに答えてくれる相手がいて初めて成立する。フィールド先の協力者たちは、現地の文化に溶け込むための先生であり、アドバイザーとなりうる (Duranti 1997a: 100)。とはいえ、いきなりやってきたよそ者の調査者が、コミュニティーに受け入られることはそう簡単なことではない。ユカタン半島のマヤのコミュニティーで長期にわたってフィールドワークを行ったウィリアム・ハンクス (W. F. Hanks) は、フィールドに入った当初、誰とも口をきいてもらえなかった。そこで3か月間ただひたすらにマヤのインフォーマントたちと畑仕事をしているうちに、口をきいてもらえるようになったという。また文化人類学者・音楽学者 (musicologist) のスティーブン・フェルド (S. Feld) は、パプアニューギニアのカルリ族の部落で長期間のフィールドワークを行うに際し、彼がフィールドに入る以前に同じ部落で調査を行っていたバンビ・シフリン (B. Schiefflin) の「弟」という立場で、カルリの人々に理解され、コミュニティーに受け入れられた。

　クリフォード・ギアーツ (C. Geertz) の有名なことばに「現地人の理解」(native's point of view) を獲得するというものがあるが、これを達成することが人類学者の重要な仕事である (Geertz 1974)。それと同時に、システマティックなフィールドワークにより人類学者は「プロとしての他者」(professional stranger) の観点から現地のインフォーマントにはない客観的視点で当該文化を描くことが可能であり、それがミッションともされる (Geertz 1974, Agar 1996)。第4章以降に詳述されるように、フィールドワークの産物としてのエスノグラフィーは、それらを列挙・比較する中から文化の規格化や標準化を目指すものではない。むしろフィールドという場、そして出来

事の連続性のただ中において、他者の世界を描き出し、またフィールドを固定化したシステムとしてではなく、絶え間なく変動し続けるシステムとして捉えようとするものである。

3.2 インタビュー

　フィールドワーカーにとって、インタビューは1つの確立した方法というよりは、参与観察に並ぶフィールドワークの具体的な実践方法である。なぜなら、「聞く／聴く／訊く」という姿勢はフィールドとしての異文化を知る上での最初の一歩であり、知らないことを知っている側や当事者から「聞き出す」以外に、得られないことが多いからである。

　言語学者や方言学者は消滅言語として残り少なくなった話者から「聞き取り」を行ってきたし、ラボフ式の社会言語学でも、音韻・文法レベルでの言語変種や言語使用についてのコーパスを作成する上で、インタビュー調査が重要な方法論となっている (Labov 1966, 1972)。一方、言語人類学のインタビューでは、ライフストーリーの収集などのほかに、文化的規範や社会的慣行、ことばの使い方としてのメタ語用意識などが尋ねられることも多い。またインタビューは、何を言ったのかだけでなく、どう言ったのかを分析対象とできる点もその大きなメリットである。

　インタビュー方法には、同じ質問項目を同じ順番で協力者全員に尋ねる「構造化」(structured) されたインタビュー、大まかな質問項目のみを相手や状況によって臨機応変に尋ねる「半構造化」(semi-structured) インタビュー、そしてインフォーマルな形で協力者の考えを聞く「構造なし」(open-ended) インタビューがある[2]。これらは調査目的や、調査相手、状況などによって適宜、時に複数を組み合わせて実践される。

　ここで注意したいのは、インタビューを単に「事実」が取り出せる「透明な」箱のように扱うことの危険性である (Ahearn 2017: 57)。聞き手としての調査者もやりとりの場としてのインタビューへの参与者であり、コンテクスト、そしてインタビューの成果としてのテクスト産出者として「意味」の創

56　第 I 部　言語人類学の出発点

出に関与しているからである[3]。"Learning how to ask"（尋ね方を学ぶ）と題
された Briggs (1984) の論文には、「ネイティブのメタコミュニカティブ能力
とフィールドワーカーの無能さ」という辛辣な副題が付いているが、その中
でブリックスは「文化的に適切な」方法でインタビューを実施することの重
要性を指摘している。このことは、「インタビュー」という方法そのもの
が、ある特定文化のジャンルであり、すべての社会文化に共通する話し方で
ないことを意味している (Briggs 1984, 1986)。たとえばバングラデシュを
フィールドとするジェームズ・ウィルス (J. Wilce) は、男性研究者として女
性のインフォーマントと一対一でインタビューをすることはできなかった。
このことから女性のインフォーマントと話す際には必ず第三者に介入しても
らっていたが、逆にこれが功を奏し、一対一の欧米的インタビューよりも、
よりローカルなやり方に近い自由なおしゃべりに発展したことを報告してい
る (Wilce 2017: 149–150)。

　インタビュー終了後には協力者であるインフォーマントにお礼のメールや
手紙などを書くと同時に、状況に応じてフォローアップ・インタビューを行
うことも有効だろう。調査者が時間内に聞き損ねたことや、録音を聞き直し
てから尋ねたくなった事項が生じることもあるが、同時に協力者の方も、イ
ンタビューが終了してから、尋ねられた質問や自分の回答について思い返
し、考え続けることが多々ある。礼状と共に、協力者がその場で伝えきれな
かった部分、撤回・修正したい部分について尋ねることで、より深い解釈的
アプローチが可能になる。

3.3　自然会話の記録―録音録画データの利用

　言語人類学者の多くが利用するもう 1 つの方法に自然会話 (naturally oc-
curring speech) を収集・集積し、分析するやり方がある。一口に自然会話と
いっても、その内容は友人同士のおしゃべり、教室談話、医者と患者とのや
りとり、法廷談話から落語の一席までさまざまである。さらにある程度の原
稿や発話の役割が準備された講演会や結婚式でのスピーチ、テレビやラジオ

放送、YouTube ビデオ、ポッドキャストなども自然な言語使用とみなされる。

　言語人類学における自然言語データの収集方法は、録音・録画機材の開発と深い関係がある。かつての人類学では、参与観察中に協力者同士の会話をフィールドノートとして手書きで記録していた。それがテープレコーダーやビデオカメラなどの録音・録画機材の普及により、小型の機器を手軽にフィールドで持ち歩けるようになり、見聞きした会話をその場で記憶しなくても、録音して記録することが可能になった。こうした記録媒体の普及は、それまでの手書きでの記録では見えてこなかった、ジェスチャーやイントネーションの変化といった小さな会話のシグナルを観察することを可能にしてきた (Duranti 1997a: 116)。また携帯電話やインターネットの急速な普及により、会話の形態も絵文字や写真を含むテキストメッセージとして多様化している。

　ここでしばしば討議されるのが、何をもって「自然」(natural) な会話と捉えるかという問題である。たとえば、目の前にビデオカメラを手にした調査者がいる状況での会話やインタビューは「自然な」会話といえるのだろうか。人類学や社会言語学でも知られる「観察者のパラドックス」(observer's paradox) の問題である。言語人類学的に分析可能なデータを収集するためには、協力者の相互行為を観察しなければならないが、相互行為を観察するためには、何らかの形で調査者がその場に存在しなければならない。これについてエイハーンは、そのコンテクストのあらゆる状況に注意が払われ、それが分析に組み込まれているのであれば、「全ての状況が〈自然〉」(every context is "natural") だとする (Ahearn 2017: 58–59)。実際に会話が始まって 5 分くらいすると、一般に人は録音機器の存在が気にならなくなるとされる。調査者や録音機器の存在も含めたコンテクスト全てを、いかに包括的に協力者が解釈し、それに対峙しているのかを記述することがエスノグラフィーにおいては重要になってくる。

　一方で、協力者による新しい録音（録画機材）との関わり方から、調査者が予想をしていなかった新しいコミュニケーションの実践が観察される可能性

もある。若者のことばとエスニック・アイデンティティについて研究している
サウスカロライナ大学のエレーン・チャン（E. Chun）は博士論文研究で、
アメリカ南部の高等学校にボイスレコーダーを持ち込んでフィールドワーク
を行った。チャンは「自然」な高校生のありのままの話し方を記録するた
め、生徒にボイスレコーダーの存在を忘れるようお願いし、レコーダーを
テーブルの隅の方に置き、延長マイクをさして、なるべく録音機材の存在が
目立たないようにつとめた。ところが生徒たちは、最新の小型ボイスレコー
ダーに接続された小型マイクをめずらしがり、順番でマイクを手に取って、
ラジオの DJ の真似をし、歌を歌うなどして興じたという。マイクの存在が
前景化されたことで、結果としてことば遊びというパフォーマンスでの若者
の言葉遣いを観察することができたという（Chun 2006）[4]。

　録音・録画されたデータは、分析のために文字化されトランスクリプト資
料となる。文字化の上で「何を」話すかでなく「いかに」話すかを精緻にみ
るにあたり、会話分析（Conversation analysis, 略称 CA）の理論と方法を援用
する言語人類学者も多い。会話分析はカルフォルニア発祥の社会学の 1 分
野だが、エスノメソドロジーとして人々が日常的に行う相互作用を克明に記
述する過程で、社会的現実がいかに構築されるかを明らかにする[5]。データ
の文字化は調査者が注視したい事柄によって何が文字化されるかが決まる。
またオークスに指摘されるように、何を文字として表記し、何を表記しない
か、何を強調するかといった書き起こしの方法そのものが解釈であり、理論
となる（Ochs 1979）。文字化資料としてのトランスクリプト作成は書き起こ
しに膨大な時間がかかり[6]、また分析しきれないほどのデータが集まりかね
ないという欠点もある。しかし発話の交替や笑いといった現象をミクロレベ
ルで分析する上で、会話分析の手法は非常に有効で、多くの言語人類学者が
援用する方法となっている。

　録音・録画データについては、収録後にその内容を協力者自身に聞いても
らい、特定の発話の意図などについて質問する「プレイバック・インタ
ビュー」を行う方法もある。プレイバック・インタビューは、異文化間ミス
コミュニケーションを発見したインタラクションの事後に、同一文化に属す

る他の協力者の意見を聞く目的で行われることもある。たとえば調査者の解釈ではプロソディー（抑揚）の微妙な違いが協力者同士のミスコミュニケーションの原因であった場合、当該者ではない第三者の協力者がその解釈に同意することで、調査者の分析の妥当性が高まるのである。この方法による調査者の分析・解釈の妥当性の検証は、インタラクションの社会言語学（interactional sociolinguistics, Gumperz 1982）で頻繁に用いられる方法でもある。

　さらに文字化資料の断片を持ち寄って「データセッション」を行うことも有効だ。複数名の視点を持ち寄るデータセッションでは、データの断片をくり返し検討することで、文字化の方法が緻密化するだけでなく、より深く多角的なデータ解釈への到達が可能になることも魅力的である。なお、方言などの非標準的とされる話し方の表記については第7章で、外国語表記については第9章で扱う。

3.4　多様な方法を用いる

　ここまでに紹介した参与観察、インタビュー、自然会話の録音・録画は、言語人類学者が用いるフィールドワークの三種の神器のようなものだが、そのほかにも調査対象や調査者の問いによって異なる方法が使われる。

(1) 書きことばの使用：手紙、新聞記事、e-mail、公文書、日記、広告、また言語景観（linguistic landscape）を形成する看板など、書きことばを利用する方法。エイハーンはネパール社会における識字と社会変化のエスノグラフィーを書く上で、インタビューや参与観察と併せて、学校で書き方を学んだ女性たちが恋人に宛てて書いたラブレターを開示してもらい、その分析を研究方法に組み込んでいる（Ahearn 2001）。
(2) 質問紙調査：言語人類学は基本的に質的調査方法を用いるが、アンケートなどの量的調査を用いることで、大まかな傾向としての調査協力者の意見、経験、信条などを収集することができる。

(3) 実験的手法：調査者の問いの種類によっては、実験的な手法が用いられる。「マッチド・ガイズ・テスト」(matched guise test)では、たとえば標準語と社会方言で読んでもらった同じ文章の録音を被験者に聞かせて、その評価について調べることができる。この方法は、人々が抱いている顕在的・潜在的言語観や言語イデオロギーといった言語態度を明らかにする際に有効である。「談話完成テスト」(discourse completion test)では特定の状況下で被験者がどのように回答するかを答えてもらう。また絵カードやビデオなどの視覚材料を用いてストーリーを作成し、その内容を説明してもらう方法もある。

　このように言語人類学には多様な方法論があるが、こうした方法論を1つだけ使うのではなく、いくつか組み合わせて使うことは、人文社会領域の研究では「三角測量」(triangulation)とも呼ばれる。ここで多様な方法論を組み合わせた研究の事例として、メアリー・バッコルツ(M. Bucholtz)による研究を紹介したい。バッコルツは、カルフォルニアのある高校を舞台に、人種と言語、そして若者のサブカルチャーとアイデンティティの関係性を研究しているが、問題意識への切り口の1つとして若者たちの「スラング」に着目した(Bucholtz 2007, 2010)。彼女はフィールドに入るにあたり、最初からスラングをみようと思っていたわけではなく、フィールド先の高校生たちにプロジェクトの内容を説明するうちに、彼らからスラングをみることを提案されたという(Bucholtz 2007: 252)。強調語としての hella (hell of から転じた表現)や patna (標準英語では partner)といったスラングの社会実践としての意味を捉えるために、バッコルツは参与観察、インタビュー、自然会話の録音に加え、次の方法を編み出している。(1) 地図作成 (mapping)：黒人、白人、ヒスパニック、アジア系といった人種とエスニシティが混在する学校の敷地において、生徒自身がこうしたカテゴリーをいかに認識しているかを調べるため、普段自分たちが「たむろ」している(学校の)場所の見取り図を作図してもらっている。そこでは白人の生徒たちが自分たちを無標化する一方、マイノリティの生徒たちの縄張りに名称を付けて有標化するといった、

イデオロギー性に裏打ちされた社会空間が浮かび上がる。(2)語彙の定義：質問紙調査の援用編として、バッコルツは特定のスラングを紙に書き、異なるグループ毎にそのスラングの意味を解釈してもらっている。紙に書いた用語についてディスカッションしてもらうことにより、グループや個人ごとに用語がどのように発音されるのかが特定され、かつ特定のスラングに対するメタ語用論的解釈が導き出せている。(3)書きことばの活用：生徒たちがYear Book（学校の「卒業アルバム」のようなもの）に書いた寄せ書きのメッセージ内容を分析することにより、人種やサブカルチャーごとに異なる生徒が、どのスラングを誰に対して用いているかを調査している。このように多様な方法を駆使することにより、バッコルツは言語資源としてのスラングが、社会実践としての立ち位置を交渉するとともに、イデオロギー生成の場所になっていることを報告している。

　いずれの方法を使うのか、またいくつの方法を組み合せるのかは、調査者各自の問いやフィールドによって変わってくる。しかし1つの方法に限定することなく、対象への異なるアプローチを考え、多角的に対象に迫ることは、問いに対する複眼的な解釈への道筋をつける上で有効だといえるだろう。

3.5　倫理的問題

　研究倫理の問題は、言語人類学に限らずすべての学問分野に共通する課題だが、ここでは倫理的・社会的に適切なフィールドワークを行う上で何が重要なポイントかを考えたい。

　参考に日本文化人類学会倫理綱領が『調査地や調査対象の人々に対する倫理』をどのように定めているかみてみよう[7]。

　　4条（説明責任）：文化人類学の調査・研究を行うに際し、われわれは調査地・調査対象の人々に対して当該調査・研究の目的、方法およびその成果公表などの一切に関する説明責任を負うことを銘記しなければな

らない。

　5 条(危害や不利益の防止)：われわれは、調査・研究対象として関わる人々の生命・安全・財産を決して損なったり侵害したりすることなく、また、直接的・間接的な危害や不利益が生じないように万全の体制を整えて調査・研究に臨まなければならない。

　6 条(調査・研究成果の地域への還元)：われわれは、調査・研究成果の地域への還元と地域での利用可能性の保障を念頭に、広く社会的還元に努めなければならない。

　上記の 3 条は、調査に関わる人や地域に対する「説明責任」、「不利益への注意」、そして「研究成果還元」について定めている。この「説明責任」と「不利益への注意」のために準備するものとして、研究の主旨を説明した「趣意書」(research purpose)と「同意書」(informed consent)がある。これらの文書の書き方は調査内容によって異なるが、調査内容や調査規模によっては、各研究機関・組織の研究倫理委員会や審査委員会(Institutional Review Board(略称 IRB))の審査を受けることになる。しかしどのような文書を準備するにあたっても、次の 4 点は留意すべきポイントになる。

(1) 個人情報の保護、データの保管及び処分方法について明記する。
(2) 調査への協力が強制ではなく、自由意思での参加であることを明記し、調査の途中段階でも、協力者は調査から撤退する自由を有することを保障する。
(3) 予測される協力者への不利益(調査が与える心理的肉体的不快感、拘束時間など)、またそれらに対する対処方法や調査を受けるにあたってのメリットを明記する。
(4) 謝礼の有無について明記する。

　一方で、調査者が長期に渡ってフィールドワークをする際や、フィールド先が教育機関で、そこに教師の立場で参与している場合などには、いつどの

ようなタイミングで、こうした文書を対象者に渡すか悩ましい。このような場合、「調査する側」と「調査される側」は、常に社会的、政治的、経済的に非対称な関係にあり、立場的に平等でないことを認識する必要性がある。またフィールドワークでの協力者とは、具体的にインタビューをする相手だけに限らず、出会いの縁によっては、関わり合いをもつすべての人がインフォーマントとしての協力者になりうる。さまざまな人との縁や信頼関係を築いていく上で、誰にどのように調査の意図を説明するかは、各調査者が調査前、また調査に入ってからも検討する必要があるだろう。

「研究成果還元」に関しては、フィールドで得たさまざまな恩恵について、どのような「お返し」や「還元」が適切になるのかという課題がある。謝金の支払のほかに、インタビューで収録した協力者の語りを文字化し、パンフレット形式などにまとめて本人に渡す方法などもあるが、何が適切な還元方法なのかは、調査のコンテクストやそこで紡がれる関係性の中で見出されるべきだろう。

3.6　問いを立て、調査する―わたしたちのフィールドから

ここまで言語人類学の研究で使われる主な調査方法について概説してきた。冒頭でも述べたように、どのような研究もリサーチ・クエスチョンとしての問いに始まる。本節では筆者3人の博士論文研究を具体例に、筆者らがどのような問いを立て、どのような調査方法を用いて問いにアプローチをしたかを紹介したい。

3.6.1　アメリカ社会のスモールトーク

井出は博士論文で、テキサス州をフィールドに公共の場でのおしゃべりとしてのスモールトーク（small talk）について研究した（Ide 1998b）。アメリカ社会に暮らす身として店先や公共交通機関などで、見知らぬ人同士が一見親しげにことばを交わす様子を毎日のように見聞きしているうちに、なぜこうしたおしゃべりや笑いが起きるのかに興味を抱いたのがきっかけだった。し

かしアメリカの日常社会をフィールドにすることには少なからず葛藤があった。所属していた人類学部でフィールドを尋ねられて「アメリカ」だと答えると、決まって「どの部族？」（"which tribe?"）とネイティブ・アメリカン研究者と間違えられる。所属していた人類学部でアメリカ社会をフィールドにする人がいなかったこともある。しかし同級生や友人らとデータを協議し、調査を進めるにつれ、アメリカ社会もれっきとしたフィールドだという気持ちが筆者の中で強くなっていった。

　研究計画を立てる初期段階では、スモールトークがどのような人間関係の中で交わされるかを、ネットワーク理論を利用して観察しようと考えた。そのため住んでいたオースティン市の郊外にある、「誰もがお互いを知っている」小さなコミュニティーに目星をつけ、ある雑貨店を拠点に参与観察を始めた。しかし調査の許可はもらえたものの、縁もゆかりもない町での井出はよそ者であり、かつ日本人の院生であった。その特殊な存在はスモールトークの的にもなり、かといって自分の存在を消すこともできず、自らの立ち位置をどうするか悩む日々が続いた。さらに協力者との信頼関係を構築しながらも、多種多様な人間関係、ゴシップなども含んだスモールトークを録音録画することにも限界を覚えた。そこで考え方を変えて、スモールトークを流動的なアメリカ社会の公共空間において創発する現象と捉え、自分が一番慣れ親しんだ大学街（college town）の目抜き通りに位置した店舗を主なフィールドワーク先に改めた。そしてその場で「一期一会」的に出会う「他人」（strangers）同士のスモールトークに分析対象を絞ることにした。このことは逆に「人間関係」ではなく、ことばが構築する「公共性」を描く、という新たな研究の視点をもたらした。

　常々「方法論は自分で探すもの」と指導教員に言われて井出が利用したのは、フィールドメモ、録音・録画データの収集、そしてインタビューである。公共のおしゃべりとしてのスモールトークは、いつどこで生じるかわからない。通学のバスの中、レストランや買い物先でのやりとり、日常生活のすべてがデータ収集の場でもあったので、常にメモ帳を持ち歩き（時にはレシートの裏面に）、日本語話者として「なぜ」、「どうして」、そして「面白

い」と思うスモールトークの出来事を書き留めていった。

　録音・録画データはガソリンスタンドに並列するコンビニエンス・ストア
と花屋で収集したが、録画許可を求める際、系列会社本社と契約書を交わし
「商品を大写しにしない」、「未成年が映っているデータは削除する」といっ
た契約内容に沿って調査を実施した。撮影の際には、商品が並ぶレジ・カウ
ンター近くにビデオカメラを2台（1台は客側、もう1台は店員側を撮影）、
またカウンター下に録音用のレコーダーをバックアップとして1台設置し
た。商品が立ち並ぶレジ・カウンターに目立たないようにビデオカメラを設
置することは不可能であったが、店内にはもともと防犯用の監視カメラとそ
のモニターが数台設置されていたことから、指導教員と相談し、客にとって
コンビニのカメラの存在は「日常」であると判断した。実際にコンビニでは
常連客が「監視カメラが増えた」ことに気づく人もいたが、こうした場合は
店員に「学生が研究のために調査をしている」ことを伝えてもらい、また同
様の内容を貼り紙に書き、レジ・カウンター及び出入り口のガラスドアに設
置した。また撮影に協力してもらう店員には同意書を提示したが、コンビニ
客については同意書を取らない方針をとった。その主な理由は、①短い店内
滞在時間での調査者による介入は、特に通勤ラッシュの時間帯には客にも店
側にも迷惑になること、②客は普段からコンビニ店舗で監視カメラに「見ら
れ」、「撮られている」ことを自覚していることからであった。一方花屋で
は、客が買い物や注文などのやりとりを済ませ、店から外の駐車場に出たタ
イミングで、同意書を携えて声をかけ、撮影の趣旨を口頭で説明し、その場
で同意書にサインをもらった。

　フィールドワークでは、なるべくその場のインタラクションに影響を与え
ない場所で調査者がその場に参与することが求められる。「ブラインド・ス
ポット」（Duranti 1997a: 101）と呼ばれるそのスペースを、コンビニでは店の
レジ・カウンターの真裏に設けられた荷物置きスペースに見出し、店内の気
配を感じながらそこにあった監視カメラのモニターを通してその場に「参
与」した。また花屋では、店員として掃除などの接客以外の仕事をしながら
参与観察を行い、客に未成年者が含まれていた場合や、葬儀用の注文が入っ

た際などにはすぐさま録画を停止、データを消去した。

　インタビューは協力店舗のオーナーや店員に行っていたが、スモールトークについて多様な評価があることがわかり出してからは、知り合いや友人などの伝手を使い、さまざまな地域出身の人から「なぜスモールトークをするのか」といったメタ語用論観を中心に半構造化インタビューを実施した。分析の過程では、録画データとその文字化資料をデータセッションに持ち込み討議してもらったことが非常に有効だった。

3.6.2　メディアを介したコミュニケーション研究

　砂川の博士論文は、遠隔地に居住する日本人家族のスカイプビデオ会話を通じた家族形成をテーマにしている (Inoue-Sunakawa 2012)。海外に住んでいる日本人は一昔前と違って、手軽にインターネットを介して祖国と繋がることができる。砂川はアメリカに留学中、子育て中の日本人家族の多くが、日常的に日本の両親や親戚とウェブカメラを使ってビデオ会話をしていることに注目し、家族形成とテクノロジーの関連を考察した。ウェブカメラをつないで頻繁に会話するだけでなく、日常のあれこれを共有し、たとえカメラの前にずっと座っていなくても、カメラをつなぎっぱなしにすることで、同じ時を過ごし、同じ空間を共有し、バーチャルな空間で同居しているような家族実践を習慣化していたのである。長男が年老いた両親と同居するといった三世代同居は古い習慣であるが、テクノロジーを介したコミュニケーションの実践という文脈のなかでは、3世代の共在が新しい家族の形を形成しているといえる。

　しかしテクノロジーを切り口に、国境を越えた家族をフィールドワークすることを決意するまでは長い道のりを経なければならなかった。渡米前に社会言語学を勉強していた砂川が、人類学部に留学して最初のカルチャーショックは、人類学部の大学院生はみな最初から「自分のフィールド」というものを明確にもっていたことである。たとえば新学期の自己紹介で名前を述べた後に「自分のフィールドはXのYです」といった具合に、地名とトピックをすらすらと述べているのである。出身はニューヨークで自分の

フィールドはモロッコであるとか、コロラド出身でフィールドはハンガリーという具合に、大学院に入ったばかりなのにどういうわけか世界各地にすでに行ったことがある人が殆どであった。

　渡米前、砂川は日本語と英語の両方の言語データを収集し、そこから見えてくる日米の文化的違いについて社会言語学の方法論と理論を用いて研究していた。データの収集は親しい友人と食事の約束をし、その時についでにレコーダーを置かせてもらったり、英語のラジオやテレビ番組を録画しそれをデータとして利用することもあった。このようなデータを収集しているとき、「会話を録音」している意識はあったが「フィールドを構築している」という意識は少しもなかった。悶々と自分のフィールドについて考える日々が続いたが、ある時から指導教員がセンター長をしていた STS（Science Technology and Society）Program という部署でリサーチ・アシスタントをするようになり、テクノロジーを介したスピーチ・コミュニティーをフィールドにする可能性を考え始めた。砂川はこのプログラムでの経験をきっかけに、インターネットが常時繋がっている現代社会のコミュニケーション実践を考える上で、物理的場所とコミュニケーションの参与構造の関係を再考する必要があるのではないかと考えるようになった（詳細は第 9 章参照）。

　そんな時、アメリカ在住の日本人家族の多くが、子供の誕生を機に自宅のインターネット環境を変更し、ウェブカメラを買い、日本在住の両親や親戚とコミュニケーションをはかっていることに気がついた。そこで人類学において伝統的な研究対象にある家族が形作られる過程を、IT 機器を介した場面という新しい文脈に位置づけて考えることをテーマに博士論文研究に取り組もうと考えた。スカイプを導入し、日本の家族と頻繁にビデオ会話を始めた家族を訪ねてフィールドワークし、ネット越しのやりとりを録音・録画しようと計画を立てた。

　しかし家族を対象にフィールドワークを行うことは常に困難が伴う。その理由の 1 つに幼い子供の存在が挙げられる。研究倫理のセクションでも述べられているが、組織に所属して人を対象にする研究を実施するには、研究対象者の個人のプライバシーや権利を保証するために、所属機関で承認を得

たさまざまな書類に、研究対象者自ら署名してもらう必要がある。未就学児が研究対象者に含まれる場合は、その保護者に代筆してもらい、未成年の場合は、同意書の文言をわかりやすい形に書き直し、保護者同席のもと自ら書名してもらった[8]。また、スカイプビデオ会話越しの日本にいる親族からも同意書をもらう必要があった。日本側の空間に、未就学・未成年の子供がいる場合は、研究の許可を得るだけで長い時間を要する。スカイプ会話の相手には両親だけでなく、きょうだいも含まれる。独立している場合はそのきょうだいにも配偶者や子供といった家族メンバーがスカイプ会話に参加する可能性があり、その全員が研究のためのビデオ撮影を許可してくれなければビデオ録画によるデータ収集は実施できない。運良く理解のある家族に出会うことができたため、その一家を中心に家族が国境を越えてスカイプビデオ会話でやりとりする場面を継続的にビデオ撮影することができた。日本の家族・親戚からの同意書も、砂川がフィールドワークを計画していた時期にたまたまその家族が訪米中で、実際に砂川自ら研究について説明し、理解を得たうえで署名をもらうことが可能だった。滞在中、観光や食事を共にしてさまざまな話を聞き、ビデオ会話の分析だけではみえてこない、家族の世代間の縦の繋がりについても理解を深めることができた。

　家族の同意が得られた後は、ビデオカメラをどこにどのような角度から設置するのかといったデータ収集方法のデザインを考える必要がある。日本とアメリカといった離れた地点で、コンピューターの画面越しに行われるビデオ会話の収録には、カメラの配置デザインのほか時差の調整も含まれる。時差が14時間ほどあったため、早朝時間から会話がはじまる場合があり、砂川が協力者宅に到着した頃はすでに会話が始まっていたり、逆に終了してしまうといったこともあった。アメリカで暮らす日本人家族の日常に、日本の家族とのスカイプを介したビデオ会話がどのように組み込まれているのか、そのありのままを調査したかったため、ビデオの撮影自体を家族にお願いするという方法も取り入れた。

3.6.3　アメリカの日本語学習者というフィールドの設定

　井出 (3.6.1) や砂川 (3.6.2) の事例でも述べられたように、「フィールド」とは、伝統的には国名、部族名、地名など特定の地理的境界線を明確にもつ「社会集団」を対象にして行うものとされてきた。それに対し、山口の博士論文 (Yamaguchi 2004) では日本語を大学で学んでいるアメリカ人の「実践共同体」(community of practice) という社会集団をフィールドに設定した。アメリカ合衆国ジョージア州のアセンズという大学街 (college town) の「原住アメリカ人すべて」を対象にするのではなく、調査者が生まれ育った「日本」に興味をもつアメリカ人に絞ることで、協力者と「縁を紡ぐ」ことができるのではないかと考えたからである。ハンクスがマヤ人の協力者と縁を紡ぐきっかになる畑仕事を一緒にしたように、山口はキー・インフォーマント 4 人が毎週日本語クラスの宿題をしているコンピューター・ラボ教室に乗り込み、「押し売りチューター」となった。1 学期間の「無料日本語チューター」の結果、非常に用心深い白人アメリカ人学生たちから会話をすべて録音する許可が得られた。毎週金曜日の授業後には日本人が経営する地元の日本料理店にも一緒に行くようになり、そこでの会話も録音させてもらった。このような「自然会話」を言語人類学者 (及び会話分析者) は主要なデータとすると考えたからである。

　それと同時に山口のフィールドには、日本に一定期間留学した日本語学習者も多く、そのようなアメリカ人に半構造化されたインタビューを行うことが「三角測量」の一部となると考えた。ところが実際にフィールド調査を始めると「アメリカ人」を研究するつもりが「アメリカ人」ではない日本語学習者がいることに気づいた。つまり、幼少でアメリカに移住した日本人が日本語をアメリカの大学で勉強しているのである。このような人々を何と呼ぼうかと困ったあげく、「1.5 世代 (Generation 1.5)」という用語を第 2 言語としての英語教授 (ESL) を専門とする研究者たちの文献から発見した。そこで Generation 1.5 と呼べる人々を 3 人まとめてインタビューし、自分の人生をどのように語るのかを録音し書き起こしたのが Yamaguchi (2005) である。ここでは、日本語を学ぶ自らの「日本人性」に自信がない 1.5 世代の日本人

が、「本物の日本人」である山口に、自らをどのような「国民」として語るのかが主要な問いとなった。また自らの人生の軌跡をどう語るのかにパターンがあるのではないかという「仮説」も立てることができた(Yamaguchi 2007)。この仮説は「アメリカン・サクセスストーリー」と名づけら、多くのアメリカ人のライフ・ヒストリーや自叙伝ナラティブで発見されると予測できるメタ・ディスコースのパターンである。

　データ収集の方法に関しては、協力者(参与者)が自分と他者の国家的アイデンティティについて語るという行為に焦点化した半構造化インタビューの一方で、日常生活ではほぼ意識しないで用いるおしゃべりとしての「ことば」の2種類を区別することが言語人類学では重要であるといえる。前者は調査者が聞き出した(elicited)ものであり、後者は調査者が介在するという観察者のパラドックス(observer's paradox)を伴うものの「自然言語」データといわれる。

　後者の方法を用いたデータはYamaguchi（2009）にまとめられた。この論考は、2003年春のイラク戦争勃発時に戦争反対派の山口と賛成派のアメリカ人協力者の溝が悪化し、それまで「縁を紡いだ関係」が壊れかけるインタラクションがもととなった。この戦争時におけるアメリカ人としての「自己(us)」対、「他者(them)」としての日本人という構図は、決して「調和」を生み出すような対話にはならなかったことは想像に難くない。また協力者の利益を守るとう倫理的観点から、このようなデータを用いることへの賛否は分かれるだろう。しかし、山口の認識では、データを書き起こし、批判的に分析し、仮説を提出するという「科学的手続き」に従うことが、大げさではあるが「人類の英知に寄与する」と思われたし、現在も正しい判断であったと信じている。それは、2003年3月のイラク戦争開始時という歴史的瞬間に、戦争を支持するアメリカ人がそれを批判する日本人に、第二次世界大戦を含む戦争や9.11というテロリズム事件(2001年)をどう語るのかというデータであり、あの瞬間にしか録ることができなかった歴史的意義をもつインタラクションとなったからである。

3.7　おわりに

　本章では言語人類学の研究で用いられる主な調査方法についてまとめた。冒頭でも触れた通り、フィールドでディスコースを対象とする研究に決められた方法論は存在しない。むしろフィールドの中で問いを立て、問いを深めていく中で、オリジナルな方法が浮かび上がるのが言語人類学調査の醍醐味だろう。しかしそのベースには、やはり研究者が自分の身体をフィールドに置き、そこでの暮らしや経験、そこで交わす仕草や会話などから感じた感覚があり、その先にインタビューデータや自然会話の録音データの分析、解釈があるのだろう。

　次の第4章では、言語人類学のパラダイム創成の土台となったデル・ハイムズによるコミュニケーションの民族誌について概説する。

【この章に出てくるキーワード】
エスノグラフィー（ethnography）
参与観察（participant observation）
インタビュー（interview）
自然会話（naturally occurring conversation）
会話の文字化資料（transcription）

【思考のエクササイズ】
①自分の研究したい対象やテーマについて、フィールドという観点から紹介してみましょう。
②自分の研究課題について問いをいくつか立ててみてください。その際、なるべく How/What で始まる問いを考えてみましょう。
③②の問いに対し、この章で学んだ調査方法をどのように使ってアプローチが可能か記述してみてください。

注

1　具体的には野帳やノートのような紙媒体での記録のほか、携帯電話のボイスメモ機能や、アプリを活用する方法などもある。

2　構造なしインタビューについては、特に「インタビュー」というカテゴリーを持ち出すまでもなく、フィールドワーク中のおしゃべりや立ち話、また複数名での座談会のような形で実践されることもある。

3　たとえば井出が実施した出産・育児のナラティブ研究（井出 2016）のためのインタビューでは、井出自身が出産・育児体験者であることを調査協力者の女性たちに開示することが少なからずインタビューに影響を与えた。またインタビューの実施に当たり、「旦那さんはおむつとか換えてくれましたか？」のように恩恵の補助動詞（テクレル）を用いて尋ねることは、イデオロギーとしての社会規範（「育児は基本的に女がやるもの」）をインタビューの場に持ち込むことになる可能性があることを意識し、「旦那さんはおむつとか換えましたか」といった尋ね方に統一してインタビューを行った。

4　自然な会話の録音・録画方法として、協力者に機器を渡し、記録を依頼する方法もある。この方法は、協力者が好きな時間に好きな場所で記録を行えることから、協力者の負担を比較的軽くするメリットがある。

5　会話分析とエスノグラフィーを融合させた最初の研究として、タイをフィールドにした Moerman（1990）がある。会話分析についての概説書には高木ほか（2016）、串田ほか（2017）などがある。多人数でのインタラクション、ジェスチャーなどマルチモーダルなやりとりの分析には坊農・高梨（2009）が参考となる。

6　エイハーンは 1 時間の会話データの文字化には平均 6 時間がかかるとしているが（Ahearn 2017: 59）、どこまで厳密にやりとりを文字化するかによってはその数倍の時間がかかることもあるだろう。

7　日本文化人類学会倫理綱領（www.jasca.org/onjasca/ethics.html）（2018 年 7 月 20 日参照）

8　さらに砂川の場合は、研究対象者が日本語母語話者を多く含んでいたため、テキサス大学規定の英語の書類を用意したあと、それをすべて和訳し日本語版の書類も用意した。

第Ⅱ部

「ことば」を問い直す

第4章 文化としてのことば
―コミュニケーションの民族誌

　第1章、第2章でも述べたように、西欧を中心とした異文化理解は19世紀の階層的・進化的なパラダイムから、20世紀には相対主義・普遍主義の視点のせめぎ合いへと形を変えていった。その中でアメリカの言語人類学研究は、ホピ語、ナバホ語といった欧米語と全く異なる語彙や文法体系をもつ北米先住民の言語研究を土台としながら、コミュニケーション理解のための方法論、そして理論への新しい扉を開くことになる。その流れがディスコース中心の文化へのアプローチ(DAC)であった。第2章で解説されたように、ディスコース中心の文化へのアプローチは、ディスコースそのものが言語と文化の相対的な関係性、そして記号としての文化現象が具現化する場所であることを提言する。この考え方は、文化人類学の潮流において、文化を「媒体」、「実践」として捉える流れと相まって、ディスコースを文化対象物そのものと捉える流れを産み出す。本章ではその源流となった1970年代に生まれた理念としての「コミュニケーションの民族誌」と、それがもたらしたことばの研究への新しい視座を紹介する。

4.1　デル・ハイムズとその仕事

　言語人類学はことばを文化そのものとして捉える学問だが、この流れの源流を形成したのが「コミュニケーションの民族誌」(ethnography of communication)の理念である。コミュニケーションの民族誌はそれまでの言語研究からことばを解放した分野ともいえるが、本節では分野創設者であるデル・

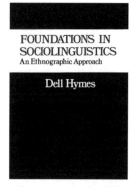

デル・ハイムズの著書

ハイムズ (D. Hymes, 1927–2009) の仕事を介してその内容を概説することにする。

1.3 節で論じたように、1950 年代半ばにチョムスキーが提示した生成文法とその土台となる言語能力の理論的概念は、1960～70 年代のアメリカ言語学会を席捲していた。これに対してハイムズは、チョムスキーの言語観が、実際に使われることばの多様性や変種について何の説明もできないことを批判しつつ、解釈の規範や審美性 (aesthetics) を根拠としたコミュニカティブ・コンペテンス、つまり「コミュニケーション能力」の概念を打ち出した。ハイムズは研究者がフィールドで出会うさまざまなコミュニケーションの姿に着目し、個人によって異なる話し方から、ある特定社会で固有に使われる話し方までを網羅する理論的枠組みを提示したことで知られている。文化人類学者、民俗学者、そして言語学者であったハイムズはジョン・ガンパーズらと腕を携え、1960 年代以降の北米言語研究に革命を起こし、ことばの民族誌、民族詩学、そしてパフォーマンス・スタディーズという分野を切り開いただけでなく、教育や文学研究に多大な影響を与え、言語人類学の潮流を築いた人物である。

オレゴン州のポートランドに生まれたハイムズは、インディアナ大学で言語学、人類学、民俗学を専攻し、学位を取得している。1960 年にカルフォルニア大学バークレー校に職を得たハイムズは、アービン・ゴフマン (E. Goffman)、ジョン・ガンパーズ (J. Gumperz)、スーザン・アービントリップ (S. Ervin-Tripp) いった新進気鋭の若手研究者らとともに、ラングではなくパロールを対象とし、機能主義を超える言語研究を志した (Johnstone and Marcellino 2011: 57–58)。その後 1965 年にペンシルバニア大学に移ると、ハイムズはジョエル・シャーザー (S. Sherzer)、リチャード・バウマン (R. Bauman) らの教え子とともに、内省ではなくエスノグラフィーを通した言語文化理解のための理論構築に勤しむ。その後、彼は 1987 年に移籍したバージニア大学にて 2000 年に定年を迎えている。

ハイムズは言語学、民俗学、文化人類学といった異なる学問分野を横断して人々を結びつけ、新しい分野を切り開いた。このことは彼が 1972 年に学術雑誌 *Language in Society* を創刊して初代編集者となったこと、またアメリカ人類学会（American Anthropological Association）、アメリカ民俗学会（American Folklore Society）、そしてアメリカ言語学会（Linguistic Society of America）すべての会長を歴任した業績からも明らかだろう。

4.1.1　ことばの多様性としての "Ways of Speaking"

ローマン・ヤコブソンとも親交の深かったハイムズは、ヤコブソンの言語の多機能性モデル（1.5.2 参照）に影響を受けつつ、発話が文脈としてのコンテクストにいかに依拠しているかを解明しようと試みた。その試みを理論的、方法論的に発展させたのが「ことばの民族誌」（ethnography of speaking）、後に名称を変えての「コミュニケーションの民族誌」（ethnography of communication）である。小山・綾部（2009）は、ハイムズの貢献について、言語の多機能性と文法のコンテクスト依存性を理論化したヤコブソンと、状況や文化の「コンテクスト」の重要性を早くから説いていたマリノフスキー系の機能主義人類学を融合させ、「言語（テクスト）と文化（コンテクスト）との統合を目指し、そのための基盤を整える役割を果たした」（小山・綾部 2009: 23）としている。その言語と文化を統合するにあたり、ハイムズが描こうとしたのが「ことばの多様性」としての言語文化の姿である。

ハイムズはガンパーズらの仲間とともに、言語を抽象的な体系としてのシステムではなく、フィールドワークを通して具体的に実践される「多様性」（diversity）として捉えることに注力した。その目的は、ことばを文法の集合体としてではなく、「多様な話し方」（ways of speaking）の集合体として描き出すことにあった（Hymes 1989）。ハイムズがいう多様な話し方とは、特定のスピーチ・コミュニティーにおける話し方の経済性と深い関係にある（Hymes 1989: 447, Johnstone and Marcellino 2011: 59–60）。あるコミュニティーにおいて適切で、美しく、心地よいとされることばのやりとりも、同じ話し方について異なる価値観をもつコミュニティー内では、同じ価値をも

たない。そのことをハイムズは「話し方の経済性」(speech economy)と呼ん
だ。たとえば同じ方言を話す場合でも、どこで誰に対して、また何を目的に
方言を使うかによって、その評価としての価値は変わってくるだろう。この
ようにハイムズは「多様な話し方」という概念について、実際にどう話すか
という方法(means of speech)だけでなく、その話し方の文化社会的価値とし
ての経済性との双方を考慮することで、言語の研究が可能であることを説い
た(Sherzer et al. 2010: 302)。

　チョムスキーの生成文法理論が言語の普遍性の追求を目指したのに対し、
ハイムズが話し方の多様性記述を目指した背景には、フィールドワークを通
してさまざまなスピーチ・コミュニティーを記述する実践から、ことばの使
い方を "heuristic"(ヒューリスティック)に描くという目標があった。Hymes
(1972a)などにくり返しあらわれるこのヒューリスティックということば
は、経験的・発見的方法論として「経験則」とも訳されるが、無意識のうち
に使っている法則や手がかりを試行錯誤の過程に発見することを指す。ハイ
ムズはその無意識の法則こそがコミュニケーション能力であるとした上で、
「暗黙知と使用能力」("tacit knowledge and (ability for) use")の記述的解明の
ための言語研究の必要性を訴えた(Hymes 1972b: 282)。

　では私たちが日常、無意識に実践しているコミュニケーションはどのよう
に記述することができるのだろうか。ハイムズはコミュニケーションの分析
の枠組みとして「発話状況」(speech situation)、「スピーチ・イベント」(speech
event)[1]、「発話行為」(speech act)の3つの概念を提唱している(Hymes 1972a:
52)。

4.1.2　スピーチ・イベントと SPEAKING モデル
　「発話状況」とは、文字通りある発話の状況や環境を指す。また「発話行
為」とは、誰かが言った特定の発話そのものを指す。たとえば「醤油取っ
て」というひと言は発話行為であるが、発話状況としては食事中の食卓や調
理が行われている厨房などが想起されるだろう。これに対し「スピーチ・イ
ベント」は、コミュニケーションを介して実践される特定の出来事であり、

たとえば家族揃っての食事時間での会話や、料理番組で料理が1品完成するまでの手順説明などはスピーチ・イベントとして切り取ることが可能になる。「醤油取って」という発話行為は、こうした具体的なスピーチ・イベントの中に埋め込まれて理解されることになる。

　単なる物理的な場所としての発話状況と異なり、スピーチ・イベントにはそれを成り立たせる暗黙知としての枠組が存在する。発話の状況には日常的な雑談から、卒業式、討論会などの形式度や儀礼性の高い事象までさまざまなものがあるが、そこには必ず始まりと終わりがあり、かつその出来事を司る適切性の規範としてのルールが存在している。たとえば誰が、どのような役割をもって、どのようにその出来事に参加するのか（これは「参与構造」（participation structure）や「参与のフレーム」（participation framework）と呼ばれる。cf. Goffman 1981, Philips 1983）。その場で、何について話すことがよいとされるのか。また話題や情報はどのように導入されるのか。こうした適切なふるまいとしての話し方の規範がスピーチ・イベントには存在しており、同時に私たちは日常的コミュニケーションをスピーチ・イベントとして枠づけながら生活をしているといえる。当然こうしたスピーチ・イベントは文化社会によって異なり、個人がある会話を理解しようとする際には、そのスピーチ・イベントとしての文脈に依拠した理解が必要不可欠となる（Gumperz 1982: 165）。

　ここで「パーティー」を例として考えてみよう。あるパーティーという場面を俯瞰した際、それは「発話状況」とみなされるが、そのパーティーの場で実際に誰かが誰かとおしゃべりをした出来事は「スピーチ・イベント」となり、さらにその特定の会話内で誰かが誰かに向けて言ったひと言（たとえばジョークなど）は「発話行為」となる。つまり発話行為、スピーチ・イベント、発話状況は入れ子型にコミュニケーションを形作っており、パーティーの参与者が、その発話状況としてのパーティーをどう捉え（フォーマルなのかカジュアルなのか、パーティーの目的が何なのか等）、さらにスピーチ・イベントにおける参与者との関係性や会話の話題をどう捉えているかが、実際の発話行為の適切性を左右する大切な要因となる。

ハイムズは特定の状況や文脈に生じた意味を解釈する上で、スピーチ・イベントを丁寧に記述することの重要性を説くが、その際いつ、どこで、誰が、何を目的として、どのように話すか、そして話すべきと認識しているかを記述するためにフィールドワーカーが注視すべき要素を挙げている。それら8つの要素の頭文字を取った以下の内容は、ハイムズの「SPEAKING モデル」として知られている（Hymes 1972a: 59–66, 1974: 62）。

> <u>S</u>etting/<u>S</u>cene：状況としての時間、空間
> <u>P</u>articipants：会話の参加者、話し手／聞き手、聴衆など
> <u>E</u>nds：会話の目的や期待される成果
> <u>A</u>ct sequence：行為連鎖、発話行為の連鎖(何をどの順番で発話するのかという構成)
> <u>K</u>ey：会話や行為の調子・雰囲気(冗談、からかい、皮肉、真面目、おざなりなど、主にパラ言語が作る雰囲気)
> <u>I</u>nstrumentalities：行為の手段（対面会話、電話会話、メールなど）、発話の形態(標準語、方言、絵文字など)
> <u>N</u>orms：行為や会話の適切性に関する解釈の規範(話を遮っていい／遮ってはいけない、話をする順番の適切性のルールなど)
> <u>G</u>enre：コミュニケーションのカテゴリー(詩、祈り、祝辞、悪口、講演、コマーシャルなど)

大学の「講義」と「ゼミ」という異なるスピーチ・イベントを例に考えてみよう。「講義」も「ゼミ」も、大学という共通の発話状況において実践されることが多いが、スピーチ・イベントとしての構成要素は大きく異なる。どのような部屋を使い、その空間にいかに机や椅子を配置して座るのか。誰が時間や話題を管理し、どんな発話の役割や権限をもつのか。またどんな発話の連鎖や行為連鎖が期待され、参与者はその中でどのようにふるまうことが適切とされているのか、といった違いである。

ハイムズは研究者がスピーチ・イベントの構成要素に真摯に向き合い、そ

れらを忠実に記述する行為をあくまでも「エティック(etic)でヒューリスティックな」入力作業に過ぎないとしている(ibid.: 58)。しかしこうした地道な作業を通して得られるスピーチ・イベントのいわば厚い記述(thick description)は、それらを比較した際に普遍的特徴を理論的に構築する資源となりうることをハイムズは認識していた。たとえばハイムズは「話し手」(speaker)と「聞き手」(hearer)という二項対立的な概念は、情報理論から文学批評に至るさまざまな分野に共通して用いられるものの、それが欧米社会という極めてローカルな地域で生み出されたモデルであることに言及している。その一方で、真剣なエスノグラフィーの仕事(serious ethnographic work)を介せば、「話し手」「聞き手」という区分はごく限定的な概念で、「参与者」(participants)という概念のみが一般的で普遍的な概念としてすべての言語使用に適用可能であるとハイムズは指摘している(Hymes 1972a: 58–59)[2]。

　このように SPEAKING モデルの8要素は、さまざまな社会文化で実践されるコミュニケーションの暗黙知を炙り出す過程に必要な方法論的枠組みとして提示された。このモデルは、フィールドワーカーがそのただ中に飛び込み、記述を試みてきた「コンテクスト・文脈」という曖昧模糊とした対象に、分析的な枠組みを与えただけでなく、その後それを具体的に理論化する流れを作っていく(小山・綾部 2009)[3]。

4.2　コミュニケーションの民族誌─事例概説

　ここまでハイムズの仕事を下敷きに、コミュニケーションの民族誌の理論的枠組みについて概説してきたが、ここでより具体的なコミュニケーションの民族誌研究の内容とその方法について理解するために、2つの事例を概説することにする。

　欧米で出版される言語人類学の教科書には、優れた事例研究を集めたアンソロジーとしての読本(Reader)が多い(Duranti 2001, 2009, Monaghan and Goodman 2007, Blum 2016 など)。ここに紹介するウォロフの人々のあいさ

つ研究 (Irvine 1974)、そして西アパッチインディアンの沈黙の研究 (Basso 1970 [2007]) は、これまでに複数の読本に取り上げられ、いわば古典のように読まれてきたコミュニケーションの民族誌である。

優れた読み物としてのエスノグラフィーは、歴史的文脈の中に調査者のいる「今・ここ」を据えつつ、幾層にも重なる日常的実践を記述し、見えない形で組織化される文化の形態を立体的に浮かび上がらせる力をもつ。田辺 (2002: 3) は、日常的実践を「さまざまな社会、文化のなかで、あるいはそのあいだで差異化しながらも、日常生活のすべての場面で見られるルーティン化された慣習的行為」と定義している。以下に紹介する 2 つの研究も、日常生活における習慣的なコミュニケーションの実践が、特定の社会的世界を形作る様子を鮮やかに描き出している。

4.2.1　ウォロフの「あいさつ」

異文化に立ち入る際に、我々が最初に経験する行為の 1 つにあいさつ (greetings) がある。あいさつは他者や場所との繋がりを確認する儀礼的やりとりで、主として会話の交感的機能を担っている。たとえば日本人が日常的に交わすあいさつは、相手と目を合わせて軽く手を振るような仕草から、名刺交換、また神社仏閣での手合せまで実にさまざまである。これに対し、北アメリカやオーストラリア社会では、話者間に上下関係があっても、互いにファーストネームで呼び掛け合うなどといった行為を通して、あいさつの中にも平等性 (equality) に志向する傾向がみられる。

あいさつについてデュランティは、それが人間社会に普遍的なコミュニケーション行動だとしているが (Duranti 1997b)[4]、1970 年代に西アフリカのセネガルに渡ったジュディス・アーヴァイン (J. Irvine) が目にしたウォロフの人々のあいさつは、アメリカ人の彼女が慣れ親しんできたあいさつとはだいぶ様子が違っていた (Irvine 1974)。ニジェール・コンゴ語族に属するウォロフ語は、セネガルを中心にガンビア、モーリタニアに居住するウォロフ族の部族語で、現在は公用語のフランス語と共にセネガル人口の 40% ほどが第 1 言語としてウォロフ語 (Wolof) を話す。そのウォロフ語によるあいさつ

の特徴は何といってもその「長さ」にある。ウォロフの人々は、出会う人、見かけた知り合いに対し、必ずその人のところに歩み寄り、相手の目を見つつ 1、2 分間、もしくはそれ以上の時間をかけてあいさつを交わす。相手とその家族の健康や安寧を尋ね合うそのあいさつは、握手をしている以外は、傍目に普通の会話を交わしているようにも見える長さである。ウォロフの人々にとって誰かと場を「共にするということは話すことを必然とする」(co-presence for the Wolof *requires* talk)ことであり、それは常にあいさつというフォーマルな形を通して実践される(ibid.: 168、強調は原文通り)。

　以下に挙げられるのは、ウォロフの人々と自らあいさつを交わした経験、フィールドワークにおいて録音されたあいさつ、そしてインフォーマントへのインタビューを通して、アーヴァインが明らかにした典型的なあいさつ儀礼のひな形である。あいさつは必ずアラビア語による出だしから始まり、質問がくり返されるパートが 2 部(Q1, Q2)続き、最後に神の祝福をくり返す締めくくりで終わる 4 部構成となっている。またその長さは相手に尋ねる具体的な質問の数や、相手家族の人数などによって、Q1 と Q2 の箇所が応用的にさらに拡張していく。

ウォロフのあいさつ

注：【　】括弧内はアラビア語。（　）括弧内は省略が可能な箇所。
{　} 括弧内は選択肢として選択される箇所。

出だし	1. A.	サラーム アライクム	【あなたに平安あれ】
	B.	マリクム サラーム	【あなたに平安あれ】
	2. (A.	A の姓)	【A は自分の姓を言う】
	(B.	B の姓)	【B は自分の姓を言う】
	3. A.	B の姓	【A は B の姓を言う】
	B.	⎰A の姓 ⎱ ⎱ナーム A の姓⎰	⎰【B は A の姓を言う】⎱ ⎱はい、A の姓　　　　⎰
質問 Q1	1. A.	ナンガ デフ？	元気ですか？
	B.	マンギ フィー レク	元気です
	2. A.	バージャム ンガム？	安らぎはありませんか？
	B.	ジャム レック ナーム	安らぎだけです、はい

Q2 (a)	1. A.	アナ ワ クール ギ？	家のみんなはいかがですか？
	B.	ニュンガ ファ	うちにいて元気です
	2. A.	アナ［名前］？	［名前］は元気ですか？
	B.	ムンガ ファ［名前］	［名前］は元気です
(b)	1. A.	バー｛ タワートオ ／ フェーバ ロ｝ロ？	病気ではありませんか？
	B.	マーンギ サントゥ ヤラ	神のお蔭で私は元気です
	2. A.	ムバー ケン｛ フェバル？ ／ タワトゥル？｝	誰も病気ではありませんか？
	B.	ニュンギ サントゥ ヤラ	神のお蔭でみな元気です
神の祝福	1. A.	ヒムディ ライ	【神のお蔭で】
	B.	｛ ヒムディ ライ ／ トゥバルカラャ｝	｛【神のお蔭で】 ／【神にご加護を】｝
	2. A.	｛ ヒムディ ライ ／ トゥバルカラャ｝	｛【神のお蔭で】 ／【神にご加護を】｝
	B.	｛ ヒムディ ライ ／ トゥバルカラャ｝	｛【神のお蔭で】 ／【神にご加護を】｝

（Irvine 1974: 171 より、筆者作成）

上記はあくまでも 1 例だが、その日の天候、あいさつの場所、相手との関係性などにより尋ねられる質問もさまざまに、リズムよくこの極めて詩的なあいさつが交わされる。こうしたあいさつは基本的に対面で 1 人 1 人と交わされるべきもので、誰かに道を尋ねる時も、市場で客と売り主が値段交渉をする際も、この長いあいさつが省かれることはない。あいさつを省き、簡略化した上で依頼やビジネスといった特定の話題に入ることは、ウォロフ社会では極めて失礼なこととされるのだが、これはなぜだろうか[5]。

　ウォロフには「2 人の人が出会うとき、1 人は栄光を、もう 1 人は恥をもつ」（When two people meet, one has glory, one has shame）という諺があるという（Salzmann 1993: 180）。人口の 90 〜 95％がイスラム教徒のウォロフは、伝統的にカースト制度による階級社会だが、その階級は大きく「貴族／自由民」（noble）と、歴史的に被差別階級である「グリオ／吟遊詩人」（gliot）[6] と

に分けられる。ウォロフのあいさつでは目下は目上に、身分の低い者は高い相手に素早く近づき、握手とともに「先に」あいさつをすることが求められる。大人と子供がいれば、まずは大人に、また多数の人がいれば、その中で地位や年齢が高い人に対して先にあいさつがされる。つまりあいさつの実践は、自分と相手との身分や立場の違いを表明し、交渉する場となるのだ。さらにあいさつを開始する方は大声の早口で、ピッチが高い話し方をするのに対し、あいさつをされる方は受け身で、ゆっくりと低い声でそれに応対する。こうしたあいさつの日常的実践は、「グリオ／貴族」について、「始動者／受動者：話し手／非話し手：動的／静的」といった、異なるステレオタイプとしてのスピーチスタイル像を産み出していることをアーヴァインは導き出す(ibid.: 173)。

　このようにウォロフ社会では、富裕層や社会的に名声のある人は、常に先にあいさつをされるわけだが、こうした貴族たちは、あいさつを受ける代わりにイスラム教の五行の１つである喜捨(zakart)を実践することが期待される[7]。これは西アフリカのムスリム集団であるフルベ族のあいさつなどでも同様で、江口(1993: 494)によれば、目上の人が第三者の見ている前で適切なあいさつを受けることは、その人にとって名誉なこととなり、これに対して惜しみなく施しや贈り物で返礼することが社会的に期待されている。このようにあいさつと喜捨のやりとりが贈与の循環を作り出し、社会資本的関係性の歯車を回している。

　一方、こうしたあいさつの関係以外にも、ウォロフ社会にはカール(kall)という「冗談関係」がある。親族内や、特定の姓(家系)同士のあいさつは、同じあいさつでも出だしのアラビア語部分が省略され、次の箇所から互いの家族の名前を冗談でけなしあう。相手が姓を名乗ったのに対し、「変な名前」と言ったり、「食べ過ぎて太ったんじゃないか」と返したり、誰かに「奥さんは元気か？」と尋ねられ、「いや、奥さんはまだいない」と答えるなど、逸脱的なあいさつのやりとりは、カールの関係にあれば男女問わず誰もが楽しむことができる[8]。

4.2.2　西アパッチが「沈黙する時」

　次にアメリカの文化人類学者、言語人類学者のキース・バッソ（K. Basso）によるコミュニケーションの民族誌研究を紹介したい。バッソはハーバード大学の学生だった19歳の時にアリゾナ州中東部のインディアン保留区に足を踏み入れ、その後の生涯を西アパッチ（Western Apache）の言語文化の研究に捧げている。白人男性のバッソがフィールド先に入って最初に気づいたことの1つに、人々が沈黙する場面がアメリカ社会一般のそれとは異なるということがあった。2年以上に渡る参与観察、またインフォーマントへのインタビューなどを通して書かれた「ことばを諦めること」（"To give up on words"）と題された論文の中で、バッソは西アパッチの人々が沈黙する場として次の6つの状況を挙げる。(1)見知らぬ人に出会った時、(2)男女が付き合う時、(3)子供が家に帰ってくる時、(4)（酒に酔うなどして）怒っている人といる時、(5)深い悲しみにある人といる時、(6)祈祷師といる時である（Basso 1970［2007]）。

　(1)の見知らぬ人と会った時の沈黙について、バッソはコンサルタント[9]の1人による次のエピソードを紹介する。4人の男性が放牧の旅に出かけた。その4人のうちの2人は初対面であったのだが、寝食を共にして一緒に仕事をしているにもかかわらず、初対面の2人はどちらも相手に話しかけようとはしないし、ほかの2人も彼らの仲を取り持とうとはしない。2人が互いに言葉を交わしたのは、放牧の旅に出て実に4日目の夕食の時である。彼らはその間、互いの仕事ぶりなどを観察しているのだが、相手が信用するに足る男だと判断した時点で初めて会話を始めている。初対面同士でもすぐに自己紹介し合い、また共通の知人などに仲介役を期待する白人社会とはまったく異なる「出会い方」である。

　(2)の男女が付き合う過程は西アパッチ語で 'liigoláá' と呼ばれるが、儀礼の場やロデオなどに連れだってデートをする若い男女は、時に手を繋ぎ、隣合って腰かけていても、その間ほとんど会話を交わすことをしない。2人きりの際はさらに会話をせずに黙っているが、これは互いをよく知らないことから生じる「極端な恥ずかしさ」(isté)や「自意識」(dáyéézi)がさせることだ

という。ある17歳のインフォーマントはその理由を次のように語っている。

　好きな人に最初に話しかけることは難しい。彼女は僕を知らないし、何を言えばいいかわからない。それは僕も同じこと。話し方がわからないからすごく恥ずかしくなる。（中略）だから一緒にあちこちでかけても、話しはしない。最初はその方がいい。直にお互いのことがわかってきたら、恥ずかしさもなくなってうまく話せるから。

（Basso 1970 [2007]: 81、筆者訳）

　（3）の子供が家に帰ってくる時とは、保留区外にある寄宿学校に行っていた子供たちが、夏休みのため家に戻った時の状況を指す。子供たちを乗せたバスが保留区内に戻って来た際、親は久しぶりに会った子供に声をかけることはしない。再会から15分ほどを沈黙して過ごした後、先に話をし出すのは子供たちの方で、親は子供の話を聞くにとどまり、2、3日は学校での体験などを尋ねることはしない。これもまた互いにハグをし、再会の喜びの声をかけあう白人社会での典型的対応とは真逆とも思える対応だが、なぜアパッチは久しぶりに会った子供たちに声をかけないのだろうか。

　アメリカ合衆国政府は19世紀後半より同化政策の一端として、アメリカ先住民の子弟を保留地から離れた寄宿学校に集めた同化教育を実践していた。寄宿学校では、アメリカ先住民をキリスト教に改宗し、英語の名前を与え、部族語の使用を禁止して、英語で教育を行う同化教育が行われていた。長期間寄宿学校で英語による教育を受け、白人の価値観や行動規範に晒されていた子供たちからすれば、保留地区に暮らす親世代は無教養で古めかしく、尊敬に値しない存在と思われているのではないだろうか。親はこうした不安から、久しぶりに出会った子供たちに沈黙で対峙することがコンサルタントの語りから明らかになる。そして帰宅した子供たちが、以前と何ら変わっていないことを確信すると、親は子供に声をかけ始める。

　アメリカ社会や日本社会では、病院の待合室や図書館、講義中の教室、教会といった「場所」、またそこで執り行われる「事柄」が、「静かにすべきか

88　第Ⅱ部　「ことば」を問い直す

どうか」という規範性を決定している。さらにアメリカ社会では何らかの場を共にした見知らぬ人同士や、初対面の人に対しては、あえておしゃべりとしてのスモールトークを行うことによって一時的にその場の距離を縮めようとする傾向がある（井出 2008）。しかし、バッソがフィールドワークから描き出した西アパッチの人々が沈黙する 6 つの場面は、場所や実践の事柄に規定されてはいない。バッソはこの 6 つの状況の共通項として「やりとりの相手との関係性が不確実でその方向性が推測できないと感じる」際に、西アパッチの人々が「ことばを諦め」、沈黙で対処するとの仮説をたてる。つまりそれがデートの相手や自分の子供であったとしても、特定の「相手」との社会的・精神的な関係性が所与のものと異なる不確定さを帯びている時、ことばではなく、沈黙で対峙することがアパッチ社会において適切なふるまいとなるのだ。

　バッソはこの論文を出版した後、西アパッチの人々がジョークや白人の物真似といったパフォーマンスを通して、白人を面白おかしく表象する様子を描いた『「白人」の肖像』（原題：*Portraits of 'the Whiteman'*）を 1979 年に出版している。そこにはユーモアを通して日常の規範的世界から一時的に逸脱しながら、「非インディアン」的なものとしての「白人性」という意味が構築される過程が見事に描かれている。このように「沈黙するとき」だけに限らない西アパッチの人々のことばの多様性を描くことにより、バッソはメディアの影響などによって社会的に構築された「寡黙なインディアン」というステレオタイプを乗り越え、西アパッチの言語文化の豊かさと多面性、また白人社会との対比を通した自己像の描写を行っている [10]。

4.3 「ことば」を問い直す―コミュニケーションの民族誌の貢献

　上記 2 つの民族誌研究は、人が人と「出会う」という普遍的とも思える実践行為が、文化社会によってさまざまに異なる様態をもち、異なる社会観や人間関係を映し出すことを描いている。これらの研究はパロールとしての言語実践の機能的部分や発話の文法構造だけに焦点を当てるのではなく、こ

とばが特定の文化社会の、特定の文脈で用いられるその構造や背景を射程に入れる。このことは「あいさつ」や「沈黙」といった行為が、同じような場所で常に同じように用いられているのではなく、コミュニティーごとに異なる価値や規範の体系、つまりコミュニケーション能力の実践であることの証左だろう。さらにウォロフの長いあいさつも、西アパッチの出会いの沈黙も、急速に普及したインターネットとソーシャルメディアの利用から、その形式が変わりつつある。常に変わり続ける社会の中のことばを描くこともフィールドワークをもって可能になる。

このように「話すこと、即ち文化」（または「話さないこと、即ち文化」）であることを描いたコミュニケーションの民族誌研究は、1970年以降、数多く出版されているが、ここにその潮流をいくつかに分けて整理して紹介し、言語人類学におけるコミュニケーションの民族誌の貢献について考えてみたい。

4.3.1 聞こえない「声」を描く

先述のように、ハイムズによるコミュニケーションの民族誌は、話し方の多様性を描くことに注力したが、その応用的な結果として、「聞かれることのない声」(unheard voices)の実態を明らかにする研究を生み出していった。

たとえば『見えない文化』(*The Invisible Culture*, S. Philips 1983)を著したスーザン・フィリップス(S. Philips)は、オレゴン州のウォーム・スプリングス・インディアン保留区の学校と家庭とでフィールドワークを実施している。その中で、インディアン社会での「学び」としての知識伝達の方法と、白人社会での「学び」との違いを詳細に記述し、インディアンの子弟が白人の教師が教える学校で、白人とは異なるふるまいをすることにより不当に評価されてしまう構造を論じている。この研究でフィリップスは、学校のフィールドワークで教室内の生徒の参与構造(participant structures)だけでなく、休み時間中、生徒が遊ぶ際に用いる参与構造も観察している。その結果、インディアンの生徒が白人生徒に比べ、「教師対生徒」といった「個人」対「個人」の活動には積極的に参加しないものの、グループ活動に長け

ていること、またリーダー役を取らずとも、より多くの生徒と接していることを明らかにした。また家庭内での学びとしての知識や技術の習得は、白人家庭に典型的にみられる「質問―解答」や「確認」作業によるものではなく、黙って大人の行動を見聞きし、またことばによる評価を介さずに実践されていることも報告されている(Philips 1983)[11]。

　同時期に出版されたシャーリー・ブライス・ヒース(S. B. Heath)による『ことばによる道』(*Ways with Words*, 1983)では、アメリカ南東部のある地域(ピードモントカロライナ)にて、ロードビルと名づけられた白人労働者階級コミュニティーと、トラクトンと名づけられたアフリカ系アメリカ人労働者階級コミュニティーという隣り合った2つのコミュニティーにおける「ことば観」が緻密に描かれている。9年の歳月をかけて実施されたこの研究で、ヒースは学校の教室と一般家庭で、参与観察や会話の録音を通した詳細なフィールドワークを行っている。その中でそれぞれのコミュニティーの子供たちが、生後いつごろから、どのような形で活字に触れるのかといった識字体験(literate tradition)、家庭での親子の会話がどのように行われているのか、また寝る前の本の読み聞かせスタイルといった話し方の形態(oral tradition)を詳細に記述し、2つのコミュニティーで全く異なることばに対するイメージが育まれていることを明らかにしている(詳細は第6章を参照)[12]。

　フィリップスとヒースの研究は、異なるコミュニティーに育つ子供が同じ学校に通った際、権力者としての教師に内在する「ことば観」によっては不当に評価されうることを示した。また、たとえチョムスキー的な言語能力としてのコンピテンスが備わっていても、それが発揮できる外部条件としての「参与構造」が教室などの制度的な場に整っていなければ、言語能力の発揮(つまりパフォーマンス)が妨げられることも明らかにされた。この結果はバーンスタイン(B. Bernstein)の言語コード理論にも通じるが[13]、フィリップスやヒースの研究は、社会的弱者や少数派コミュニティーの言語実践を描くことを通して、「ことばの多様性」が同時に「ことばの不平等性」でもあることを明らかにしている。

　社会における「標準」や「正しさ」という恣意的な規範性の中で、耳を傾

けられることのなかったコミュニティーの民族誌研究は、1970 年代以降北アメリカを席捲したフェミニズム運動、ラテン・アメリカ系アメリカ人の権利をめぐるチカノ運動、カウンターカルチャー運動などに後押しされ、人種、エスニシティ、ジェンダーに関することばの多様性と不平等、不均衡を描いた研究促進への門戸を開いていく。

　それまでに聞かれることのなかったもう 1 つの声に「子供」の声がある。キャンディ・グッドウィンの愛称で知られる M. H. グッドウィンは言語人類学者・会話分析者であるが、フィラデルフィア都市部のアフリカ系アメリカ人の子供たちが暮らす地域で、女の子たちが遊ぶ様子をフィールドワークしつつ、遊びにおける相互行為が社会組織を構築する過程を描いている (Goodwin 1990, 2006)。彼女は特に、女の子たちが日常的に友達同士で遊ぶ様子を参与観察し、またビデオ撮影することを通して、対面の相互行為が刻々と女の子たちの関係を変化させ、新しく形づくられる過程を描いた。

　キャンディは女の子が互いに指示や指令を出したり、言い争ったり、ゴシップなどの噂話をする場面を録画し、その文字化データを分析しているが、そこには対面の話しことばが、ゲームなどの文脈における参与者の立ち位置 (stance) や位置取り (alignment) を変化させる様子が克明に描かれている。それまでのジェンダー・コミュニケーション研究において、女性は平等性や連帯に志向し、男性とは対照的に、対立を避けようとする性として描かれてきた。しかし緻密なエスノグラフィーと会話分析を併用したこの研究が明らかにしたのは、文脈に依拠しながら時に競合し、時に対決しつつ関係性を確認、交渉し、構築する複雑な女の子たちの日常世界であった。キャンディ・グッドウィンの研究は、一見特段の目的もないようにみえる子供の遊びの世界でのスピーチ・イベントが、コミュニケーション能力形成の場そのものであることを明らかにし、後続する研究に大きな影響を与えている。

　その後発展したジェンダー研究やクイア理論 (Queer theory)[14] については Hall and Bucholtz 編の *Gender Articulated* (1995)、また人種とエスニシティについてはアジア系アメリカ人の民族誌を多く扱った Reyes and Lo 編の *Beyond Yellow English* (2008)、さらに 2016 年には Socio- と Racio- を掛け言葉

とした *Raciolinguistics*(『人種言語学』)と題された読本が Alim らによって出版されている。これらはいずれもがコミュニケーションの民族誌の伝統に則ったエスノグラフィーを中心とした研究である。

　最後に忘れてはならないのは、コミュニケーションの民族誌で研究される「聞こえない声」の多くが、消滅の危機に立たされた言語であるということである。北米先住民の言語に限らず、南米先住民の諸言語、開発の波にさらされて母語話者が著しく減少している言語などについて、言語人類学者の多くがそのことばと実践とを緻密に記述し、文化的通訳者として法廷に立ったり、アーカイブ化の活動に従事している [15]。アーカイブ活動には、母語としての音声言語や手話言語を記述し保存するだけでなく、それが継承される社会的基盤の構築なども含まれる。こうした活動の側面からも、固有の言語の語彙や文法体系だけでなく言語文化としてのことばの価値を描くコミュニケーションの民族誌の貢献は大きいといえるだろう。

4.3.2 「当たり前」を問う

　ハイムズらが拓いたコミュニケーションの民族誌研究は、「ことばの使われ方」だけでなく、「ことばを使うことに関する姿勢」、また「使われることばへの社会的評価」といったメタ語用論知識の解明も行った。その作業を通して「規範」そのものを相対化し、「当たり前」を問う作業を言語研究に組み込んだ。

　たとえばイスラエル人のカトリエルとアメリカ人のフィリプセン（Katriel and Philipsen 1981［2007］）は、日々当たり前に使われている「コミュニケーション」(communication) ということばそのものが、北アメリカの白人中産階級社会において特定の意味を持って用いられていることを明らかにした。この研究は 2 人の成人女性の日常会話の参与観察、ライフヒストリーを中心としたインタビュー調査、また彼女らに依頼して得られた日常的コミュニケーション活動の記録（ログ）の分析に基づいている。その中で女性たちが自身の生き方や人間性、また第三者について語る時に頻出する "communication" という用語の意味について次のような解釈的考察が導き出されている。

第4章　文化としてのことば　93

　第1に、"communication" のための "talk" は「ただのおしゃべり」(mere talk)とは異なる。ただのおしゃべりが "communication" として価値をもつには、そのために時間と場所を割き、「真実」を話し、自分の考えを積極的に「開示」し、また1人のみが話すのではなく「協働」でコミュニケーションを進めるという姿勢が必要不可欠となる。第2に、こうした行為を習慣的に実践することが夫婦や恋人、友人といった特定の親密な関係性を構築すると考えられている。第3に、"communication" は "work on a relationship"(関係構築を行う)、"invest in a relationship"(関係に投資する)という産業的な比喩表現にみられるように、親密で良好な関係を構築する上で必要な「作業」(work)とみなされている。こうしてカトリエルとフィリップスは、"communication" という用語のメタ語用論的意味を明らかにすると同時に、能動的なコミュニケーション作業があってこそ、「自己」や「関係性」といった概念が獲得され、改良されるとみなすアメリカ社会のコミュニケーション観を描くことに成功している(Katriel and Philipsen 1981 [2007]: 96–97)。

　このように、コミュニケーションの民族誌は自文化のそれを含めた多様な話し方を個別に描きながら、総じてことばという概念そのものを「問い直す」作業を行ってきたといえる。それまでの言語研究は、生成文法に代表される統語論、また第5章に詳述される初期の語用論としての発話行為理論のように、英語を中心とした印欧語、そしてそのネイティブ・スピーカーとしての話者による内省を拠り所に理論や概念が作られてきた。これに対しマリノフスキー、ボアズの系譜を汲むコミュニケーションの民族誌は、言語使用をそのコンテクストの中心におき、内側の視点からの記述を追求する中で、それまで「当たり前」とされてきた言語観やことばのカテゴリーを相対化し、脱中心化、脱構築することに注力してきた(松木 1999: 765)。このことはデカルトやライプニッツ以降の言語を閉じた記号体系とみなす西洋の言語観が、普遍的なものではなく1つの言語イデオロギーに過ぎないことを謳った行為だといえる(Bauman and Sherzer 1974: 6)。このようにコミュニケーションの民族誌研究は、個別のエスノグラフィーを記述することを通して、ことば観を解放し、かつことばのもつイデオロギー性について真向から

94　第II部　「ことば」を問い直す

論じる姿勢を育んでゆく。そしてこの姿勢は第5章でも触れられるように、その後の「主体」や「意図」といった西洋的概念の解体にも繋がっていく。

4.4　民族詩学とバーバル・アート

　本章は「ことばを文化そのもの」と捉える言語観を拓いたコミュニケーションの民族誌について概説してきたが、ことばの社会美としての価値そのものを記述的に描き出すことにより、コミュニケーションの民族誌研究の重要な一翼を担ってきた分野に「民族詩学」と「バーバル・アート」がある。
　第1章、第2章で論じたように、アメリカ人類学の父であるボアズもアメリカ言語学の父であるサピアも、北アメリカ先住民族であるネイティブ・アメリカンのことばに強い関心を寄せていた。しかしネイティブ・アメリカンの口承文化としての神話や物語の語りについて、ヤコブソンの文学分析法を洗練し、ボアズが拓いたアメリカ文化人類学に組み込んで研究を行ったのは、ワスコ（Wasco）、チヌーク（Chinook）といった北太平洋岸の言語研究者でもあったハイムズであった（Haring 2008）。
　ハイムズはヤコブソンのほかにも、文芸批評家・記号学者のケネス・バーク（Kenneth Burke）に影響を受けつつ、デニス・テドロック（D. Tedlock）らとともに文化社会としての言語研究の上で、詩学（poetics）が占める中心性を説く。そして民族詩学（ethnopoetics）、また後にスピーチ・プレイ（speech play）、バーバル・アート（verbal art）と呼ばれる研究分野を牽引することになる（Hymes 1974, 1981）。ここで特定の言語文化がもつことばの詩学を明らかにする民族詩学と、ことばの技法としてのパフォーマンスに焦点を当てたスピーチ・プレイ、及びバーバル・アート研究について紹介したい。

4.4.1　ことばの詩的機能
　ヤコブソンのことばの詩的機能にあるように、ことばは伝達内容としてのメッセージであると同時に形式であり、ことばが詩的機能を帯びるとき、命題内容よりもその形式への依存度が高くなる（1.5.2を参照）。たとえば飲酒

運転撲滅キャンペーンの標語『飲んだら乗るな　飲むなら乗るな』というフレーズは、/no/、/n/、/m/ の音韻的くり返し、統語的なくり返しの形式が耳馴染み良く、その命題内容を覚えやすくしている。同様に、英語の標語の "Don't drink and drive" は、3 つの語頭を同じ /d/ の音で揃えつつ、英語レトリックに頻繁に登場する「A, B, and C」(アメリカ国旗を比喩的に意味する "red, white, and blue" なども同様)の形式を踏んだ詩的構造をもつ。このように音韻、形態素(語彙)、統語的な要素の組み合わせとして生まれる「表現的統一性」(expressive alignment) は、言語によりその形式がさまざまであり、またジャンルとしての詩歌のみならず、日常的会話のあちこちにみられる。

　ことばの詩的性質は、日本の俳句のように 5・7・5 形式の音節が創り出すもの、エジプト・アラビア語の叙事詩ヒタ・バラディ (hitat baladi) のようにすべての行が韻を踏む韻律性が創り出すもの (Raynolds 1995) など、言語によりその詩的形式はさまざまである。日常的な詩的ことばの使い方は、だじゃれ(punning)、2 つ以上の言語やスタイルを切り替えて行うコード・スイッチ、スタイル・スイッチなどを通しても達成されるが、くり返し習慣的に使用される形式は、規範としての心地よさや価値に転化し、ことばの審美的伝統となってゆく(Webster 2015)。

　さらに特定の語りがバーバル・アートとして認識される上で大切なのが「ジャンル」(genre) である。ジャンルには特定の始め方や決まった言い回しがあり、英語の "Did you hear the one about X?" や日本語の「むかしむかし、あるところに」といった慣用的な表現は、それぞれ英語の「ジョーク」、日本語の「昔話」という特定のジャンルを枠づける。こうした言い出しや詩的形式は、特定のジャンルを当該文化のコミュニケーション能力をもつ聞き手に理解させる。つまり、それぞれの共同体にはパフォーマンスを指標する言い回しがあり、そのような言い回しを使うことがパフォーマンスという「フレーム」(frame)を人々に喚起するのだ。こうしたことばはコミュニケーションのジャンルを形成し、特定の文化社会において一定の価値をもって流通する。たとえば中米パナマに住む先住民、クナ族の話し方のエスノグラフィー(*Kuna Ways of Speaking* 1983, *Verbal Art in San Blas* 1990)を著したシャーザー

は、日常的な会話で使われることばと治癒の儀礼で使われることばの違いを描きつつ、異なる言語の形式が治癒儀式というジャンルを構成することを明らかにしている。

このようにコミュニケーションの民族誌が記述せんとする "ways of speaking" には、ことばの詩的機能がもたらす多様性が含まれるが、それは同時にことばのもつ審美的 (aesthetic) 価値の多様性でもある。民族誌学はその後ことば遊びとしてのスピーチ・プレイ、そして口承の技法としてのバーバル・アートとその名称を増やしながら研究が行われている (Bauman 1986, Briggs 1988, Sherzer 2002 など)。たとえば片岡 (2017) は、バラク・オバマによる 2008 年の民主党代表選挙時の勝利演説をテキスト、身体技法、そしてメディアのカメラワークという 3 つの側面から分析し、演説としての英語の語りがもつ詩的特性の多層性について記述する。その際に、演説の語り手だけでなく、その場に居る聴衆とメディアという参与者が「協働／共謀」して、その詩的構造を構築する過程を明らかにし、演説が語りの場に即応した文化的パフォーマンスであると結論づけている (cf. Kataoka 2012)[16]。

4.4.2 "In vain I tried to tell you"—民族詩学とパフォーマンス

先述のようにデル・ハイムズの原点はネイティブ・アメリカンの口承文化研究にあったが、その研究の集大成の 1 つに 1981 年に出版された緑色の本がある。ネイティブ・アメリカンの民族詩学をまとめたこの著作には、*In vain I tried to tell you* (「伝えようとしたけれど伝わらなかった」) という何とも物悲しげなタイトルが付けられている (Hymes 1981)。

オレゴン州のウォーム・スプリングス (Warm Springs) インディアン保留区で、学部生時代からワスコ、ウィシュラム、サハプティンなどの調査を行っていたハイムズは、年を追うごとに母語話者を失い、絶滅に瀕した言語の研究者でもあった。語り手を失った古のことばはテクストとして紙面に落とされ、記録としての文字として書物に残される。しかしハイムズは、その文字の中に、誰かが誰かに向けて何らかの目的をもって語る語りの場を見出そうとし、また語り手にとっての語りの力や技法 (verbal artistry) を詳らかに

しようと試みた。

　ハイムズ以前の北米先住民の言語調査では、異なる語り手が同じ神話や伝説を語る際に用いた異なる言い回しなどの一切合切は都合よく捨象され、均一な英文翻訳として提示されていた。こうした行為は、ネイティブ・アメリカンのことばを西欧的な詩歌の形式や構造に合わせて歪曲的に解釈し、均質的な「理想としてのレプリカ」(Basso 1983: 374)へと変形させる作業でもあった。これに対しハイムズは、これらの「脱コンテクスト化」(decontextualized)されたテクストを丁寧に読み直し、それが口頭で演じられる実践場面としてのオリジナルのコンテクストに近づくことを志した。

　語りのコンテクストを蘇らせる上で、ハイムズは次の3つを実践する。第1に、口承の語りを形作る装置(device)としての文法やことばを徹底して精緻に理解すること。第2に、語りを常に社会的な文脈に生じる話しことば、つまりパフォーマンス(performance)として理解すること(このパフォーマンスの概念については、第5章で述べる)。第3に、語りの形式と意味のバリエーションの中に、特定の結束性や一貫性をもった統一的構造(design)を見つけ出すことである。

　ここで松木(1998, 1999)が行った昭和ひとけた世代が戦争体験を語ったナラティブ分析をみてみたい。松木はナラティブとしての体験談について、体験を「語る」ことそのものが特定のオーディエンスに向け、自らの体験を客体化し、対象としての「テクスト」をつくりあげようとする社会的行為だとする(松木1998)。また、そのテクスト化のプロセスとしての語りの実践(パフォーマンス)において、詩的技法としてのバーバル・アートが創発的に立ち上がることを指摘している。次の昭和ひとけた世代のナラティブにみられるくり返しもその1例である。

　　物質的に全部なくなりましたでしょ／家がなくなり／ちょっとした家具
　　とか着るものが皆なくなり／肉親がなくなり／何もなくなってね／……
　　／物質的に何もなくなって／肉親の死にあって／国が敗れて
　　　　　　　　　　　　　　　　　　　　　　　　　　　　　　(松木1998)

ここでは「なくなる」という表現が、動詞のテ系で繋げられ、くり返される「平行体」が用いられている。平行体(parallelism)とは音韻、形態素、語彙、統語のレベルにおいて同じことばを並べる等価性が選択軸から結合軸へと投映されるプロセスである。この語りでは、「なくなり」という平行体が1つの結束性をもって「喪失」の意味世界を伝えている。しかしこの詩的表現としての平行体は、語り手がインタビュアーであった松木とのインタビューを行うにあたり、予め用意していたものではない。松木はヒルとアーヴァイン(Hill and Irvine 1993)を引きながら、「一見、自律的に存在しているように見える「私」が、実はダイナミックな対話的状況の直中に有り得ること」(松木 1999: 770)を指摘しつつ、協働的実践の中に、そして語りの「場」の中にバーバル・アートが創出することを論じる。このように民族誌学としての語りとことばの技法は、そのコミュニティーの言語的、記号論的、表現的資源のすべてを用いて構築されるものであり、同時にジャンル、スタイル、レジスターといった形式としての言語は、常にパフォーマンスとしての創発性の中に生まれくる(Samuels 2015: 241)。つまり、民族誌学の目指したところは、文化としての文法が水を得て躍動するパフォーマンスとしての実践領域そのものの記述であり、その後のパフォーマンスの概念構築の土台となっていく。

　ハイムズの緑色の本の表紙に書かれた「伝えようとしたけれど伝わらなかった」("In vain I tried to tell you")とのことばは、かつてサピアが収録したチヌークの神話の語りに生じた「警告」のことばだそうである。語られた文字の意味を閉じた言語体系としての意味の中に理解するのではなく、語り手が「伝えようと」した意味を、ことばの使われ方としての形式、そして語りの実践場面としての文化社会的文脈から理解しようとしたハイムズの仕事は、パフォーマンスの概念構築、さらにイデオロギー研究の発展へと繋がってゆく。

4.5　おわりに―民族誌から先の展開へ

　本章では、コミュニケーションの民族誌について、その創始者のデル・ハイムズの提示した理念と事例研究の紹介を通して概説してきた。本章で論じたように、コミュニケーションの民族誌は、さまざまな「声」を描き、また欧米社会中心主義的なことば観を「問い直す」貢献をしてきた。その一方で、コミュニケーションの民族誌の一連の研究は、時間と労力を費やす割には成果が少ないとの批判にもさらされてきた。たとえばゼンフト(2017)は、1976 年に *Language in Society* に掲載された Bauman and Sherzer(1974 初版)への書評(Block 1976)に挙げられた次の批判を記している。第 1 に、民族誌として集められた知見の 1 つ 1 つは貴重な記録でも、異なる言語集団を比較する上での普遍的な指標をエスノグラフィーは提供しえない。第 2 に、すべてのスピーチ・イベントの記述は不可能であり、その上で民族誌は常に未完成だという批判である(ゼンフト 2017: 169–170)。

　1980 年代に入ると、さらにポスト・コロニアル理論[17]の台頭とともに「中立的」に他者を表象しようとするその姿勢への根本的懐疑が湧き上がる。アメリカの思想家、文学批評家のエドワード・サイードによる『オリエンタリズム』(1993［1978］)は、西洋によって描き出されたオリエント(東洋)が、多様性を捨象して均質化された他者とされただけでなく、西洋を優越させる上で有効な「他者像に他者を従属させる仕組み」(竹沢 2007: 274)であることを白日の下にさらした。また文化人類学者のクリフォードとマークスは、その著書『文化を書く』(1986)において、フィールドワーカーが抽出し、解釈したテクストとしての民族誌が、政治学、史学としての研究者の政治的立ち位置から自由でないことを論じている。このように異文化を記述しようとする営みにおいて、「我々」と「他者」との違いは常に「不均衡な関係性」としての差異であり、純粋で自律的な「他者」としての「文化」などは存在しないことが人類学の常識となっていく(松木 1999: 763)。

　こうした「差異の力学」の潮流にありつつも、Gumperz and Hymes(1972)や Bauman and Sherzer(1974)といったコミュニケーションの民族誌論集に

触発されるように、その後さまざまなフィールドから、エスノグラフィーの産物として博士論文、書籍や学術論文が出版されるようになる（ゼンフト 2017: 178）。これらは「パフォーマンスへの視点」（Briggs 1988 など）、「ことばを介した社会化」及び「コミュニケーション能力の獲得」（Schieffelin and Ochs 1986 など）、さらに「異文化間コミュニケーション」や「異文化摩擦」（Gumperz 1982, Bailey 2000 など）、「言語パワーとイデオロギー」（Gal 1991, Woolard and Schieffelin 1994 など）といった分野の裾野の広がりを生み、現在にいたっている。

【この章に出てくるキーワード】

コミュニケーションの民族誌（ethnography of communication）

ことばの民族誌（ethnography of speaking）

スピーチ・イベント（speech event）

SPEAKING モデル（SPEAKING model）

あいさつ（greetings）

沈黙（silence）

民族詩学（ethnopoetics）

スピーチ・プレイ（speech play）

バーバル・アート（verbal art）

【思考のエクササイズ】

①「本日はお集まりいただき誠にありがとうございます」―この発話行為はどのようなスピーチ・イベントにおいて生じるのか、またこの発話の機能について考えてみましょう。

②同じ方言でも東北方言、東京方言、関西（または大阪）方言、琉球方言などにはどのような経済的価値があるとされているでしょうか。

③大学における「講義」と「ゼミ」のスピーチ・イベントとしての比較から、日本社会での学習、教育観や人間関係構築について考え話し合ってみ

ましょう。

④俳句や短歌はどのように創られ、楽しまれるものでしょうか。その創作過程や作品の提示の仕方、評価といった技法について調べ、考えてみてください。

注

1　この用語については「発話事象」とも「コミュニケーションの出来事」とも訳されている。また小山・綾部(2009: 22)では「語りの出来事」と訳されている。

2　ハイムズによるこの指摘は、話し手に対する「聞き手」のカテゴリーを、「聞き手」(listener)、「傍聴する人」(auditor)、「偶然聞く人」(bystander)、「盗み聞く人」(eavesdropper)に拡大した社会言語学者のA. Bellによる「オーディエンスデザイン理論」(Bell 1984)やA. Durantiによる「オーディエンス論」(Duranti 1986)に先駆けて行われている。

3　コンテクスト概念の解釈についてはDuranti and Goodwin(1992)、Hanks(1996)などに詳しい。

4　これに対し、南米アマゾンのピダハン族でのフィールド調査からは、彼らの間に「こんにちは」、「さようなら」といった交感的言語にあたる表現がないことが報告されている(エヴェレット 2012)。

5　一方、バスをつかまえようとする最中などの「極めて急いでいる状況」にある人は、出だしのやりとりだけを行う"passing greeting"が許される(Irvine 1974: 172)。

6　グリオには伝統的に革職人、鍛冶屋などの職に就いていたが、貴族を称賛する歌唄い・吟遊詩人でもあった。こうしたグリオは話芸に卓越した「道化師」として位置づけられ、それを生業としてきた歴史がある。

7　富裕層は貧しい人々に寄付や施しをし、また商人の場合は値引きをすることなどが期待されている。

8　なお、こうしたウォロフ語のあいさつは、若い世代では比較的短く済まされるものの、そうした若い世代も年を取ってくると段々と長いあいさつをするようになるという。また昨今は学校や職場では公用語のフランス語であいさつがされるが、制度的場面外の日常生活、また結婚式や名づけの儀式などではウォロフ語のあいさつが用いられている。

9　バッソは論文の中で、通常インフォーマントと呼ばれるエスノグラフィーの協力者、情報提供者を「コンサルタント」(consultant)と呼んでいる。

10 ことばの民族誌の「沈黙」に関する研究としては、リチャード・バウマン (R. Bauman) によるアメリカのクエーカー教徒の宗教儀礼における沈黙の研究が知られている (Bauman 1998)。

11 フィリップスによるこの民族誌は、先住民の子弟の学校での成績不振とその後の失業、貧困、薬物依存といった社会問題を背景に書かれている点で、「応用 (applied) コミュニケーションの民族誌」ともいえる。この観点からの重要な知見は、教師と生徒の参与構造を変えることで、アメリカ先住民の子供たちの「学校での成績」も大きく変わりうることを示した点にある。フィリップスは具体的解決策として、先住民の子供たちの学校での成績を上げるには、教師が先住民の言語社会化に合わせたやりとりを行うか、あるいはアメリカでの高等教育を目指す先住民は、白人中流英語話者のインタラクションの規範に順応していくよう教育すべきである、と提言している。

12 ヒースは黒人、白人といった人種コミュニティーの比較を志したのではなく、異なった「ことば観」が異なる社会的階級を生み出すことを明らかにした。つまり同じ英語という言語でも、社会的背景により「話す」「読む」「書く」といった行為の習得過程が大きく異なり、またそうしたスキルに対する評価も異なることを明らかにしたヒースの業績は、80 年代当時のアメリカ教育界に多大なインパクトを与え、その後展開する教育人類学、教育民族誌の礎となっている。

13 社会言語学者のバーンスタインは、イギリス社会の学力格差の問題について検証する上で、言語を文脈への依存度の高い「限定コード」と文脈への依存度の低い「精密コード」という 2 つの「コード」に分類する。その上で労働者階級の子弟たちが「限定コード」を多用するのに対し、中産階級の子弟たちはより「精密コード」を用いたコミュニケーションをしていることを明らかにしている (Bernstein 1971)。

14 「奇妙な」という用語から転じたクイア研究、クイア理論 (Queer studies, Queer theory) は、1990 年代以降、第三次フェミニズム運動、ゲイ・レズビアン・スタディーズとして知られるが、ジェンダーや性の「本質」を問うのではなく、それが文化的に構築される「過程」に着目し、性や言語、意味や主体など自然なものとされる概念を批判的に検証する分野である。

15 たとえばテキサス大学オースティン校のシャーザーは、同僚のウッドベリー (A. Woodbury) らとともに、南米の先住民言語専用のアーカイブ (Archives of the Indigenous Languages of Latin America) を 2000 年に立ち上げている。

16 この論考が明らかにしているのは、テクストとして「今、ここ」を指標する人称詞の利用から、声の抑揚、身体の向きやジェスチャーが創り出すリズム／ビート、また演者による「呼びかけ」とそれに対する観客の「呼応」、かつそれを恣

意的に切り取る TV 局側のカメラワークなどであるが、これらの極めて儀礼的で体系的、かつ重層的な構造が「人の心を動かす」のだと片岡は論じる。また演説や朗読にはこうした特徴が表出しやすいが、それを「掘り出す」という意味で、ことばの詩的機能の研究者の仕事は考古学者的な役割に近いと片岡は述べている（私信）。

17　ポスト・コロニアル理論とは 1980 年代に提唱された植民地支配とそれが残したものを対象とした研究で、特に旧植民地独立後の西洋と非西洋のイデオロギー関係、文化的変遷のプロセスを批判的に記述する中で、人種、ジェンダー、階級といった観点から、国家や個人のアイデンティティの問題が討議されている（清水知子　「ポスト・コロニアリズム」日本大百科全書（ニッポニカ）小学館）。

＊ p.76 のハイムズによる著書 Foundations in Sociolinguistics の表紙写真は、ペンシルバニア大学出版会の許諾を得て掲載しています。

第 5 章　言語人類学からみる発話
―日英語比較の視点から

　前章では、デル・ハイムズ主導によるコミュニケーションの民族誌について、その理論と事例を紹介しつつ、分野創設期の研究の多くが「ことば観」そのものを問い直し、また「聞こえない声」としてのことばの記述に従事してきたことを述べた。これに対し本章では、具体的に発せられることばとしての「発話」に着目しながら、ことばが社会的行為であること(language as social action)を考える。

　その手続きとしてまず 5.1 節では、英語を基に考案された言語哲学・語用論理論の「発話行為理論」(Speech act theory)を参照枠として概説し、行為としてのことばの使用(語用)とそれが作り出す意味について考える。5.2 節ではこの発話行為理論を非英米語圏のフィールドから批判的に検証すると同時に、日本語の「すみません」という表現に関する研究を事例に、発話を理解する上での民族誌の視点の必要性について述べる。5.3 節では、日本語と英語という 2 つの言語の本質的異なりを対照的に論じることによって、発話を「比較」の視点からアプローチする重要性を述べる。さらに 5.4 節では言語人類学のパフォーマンスという概念から、社会的行為としての発話について考えたい。

5.1　語用としての発話

　第 1 章でも述べたように、チョムスキーの言語学は、「深層」にある抽象的な言語能力を研究対象としたのに対し、実際の発話としての言語運用

(performance) は、「表層的」かつ取るに足らない現象とされた (Chomsky 1965)。これとは対照的に、ハイムズは実際の文脈における発話を含む連鎖としてのやりとり、つまりディスコースをことばの研究の中核に据えることで、言語研究の射程を大きく広げ、言語と文化を包括的に研究する道を開いた。その中でハイムズは、「話者が特定の社会的グループの成員として機能するために必要な知識」として、「コミュニケーション能力」(communicative competence) の概念を提唱する。このコミュニケーション能力を解明するには、実際のコミュニケーション場面(スピーチ・イベント)での言語実践、すなわち発話の実践を体系的に観察し、分析的に記述する必要がある。ハイムズ (Hymes 1972b) がここで特に注視したのが言語使用のための「暗黙知と使用能力」("tacit knowledge and ability for use")の記述であった。

ハイムズのいう暗黙知としての言語使用能力には、実際の言語運用に潜在的に働くモデルや規則が含まれる。こうしたふるまいの上での規範的ルールの体系は、ことば使うための「語用論的能力」(pragmatic competence)とも呼ばれる。語用論 (pragmatics) は、文脈の中での発話の意味を捉える際に、その適切性のルールの解明を発端として発展してきた分野である[1]。語用論の中でも、次にみる「発話行為理論」は、実際に我々が発する発話を理解する上で、言語学者のみならず言語人類学者にとっても大きな関心事項となった。

5.1.1 オースティンの発話行為理論

哲学の中心的問いの1つに、我々はどのようにして世界及び日常を「意味ある」ものとして解釈するか、というものがある。この問いへの答えを求めた取り組みとして、1945年から1970年にかけてオックスフォード大学の哲学教員らで構成された「日常言語学派」(School of Ordinary Language Philosophy) による活動がある (ゼンフト 2017: 15–16)[2]。哲学者のオースティン (J. L. Austin) は、日常言語が命題を示すだけでなく、ある特定の行為を遂行することを指して、それを「スピーチ・アクト／発話行為」(speech act) と呼んだ。たとえば命令文や依頼文は、「お醤油取って」ということばを発する

ことで、命令や依頼という行為を遂行することになる[3]。オースティンはこれらの行為を遂行する文を「行為遂行文」(performative)とし、事実を述べる「事実確認文」(constative)と区別した[4]。また英語での "I declare"（宣言する）、"I swear"（誓う）、"I name"（命名する）といった行為をあらわす動詞は「遂行動詞」(performative verbs)と名づけられた（岩田ほか 2013: 274）。

　発話行為理論が提示した最も重要な洞察は、発話が「情報伝達（言及指示）」を行うだけではなく、社会的行為の「遂行」にも使われるという事実であった。たとえば「約束する」という発話行為において、その発話内容が「真か偽」なのか、つまり「事実を述べる文」であるのかが問題になるのではない。「約束する」こととは、発話者が聞き手にとって利益となる特定の行為を、未来に行うという義務を負う「社会的行為」である。よってそのような行為を行うための「適切な社会的条件」、つまり話者の意図や誠実さや話者のもつ社会的権威などの有無が問題となる(Ahearn 2017: 179–183)。

　オースティンはその適切な社会条件を「適切性条件」(felicity conditions)と呼ぶ。「約束する」という発話行為を例にとれば、たとえ話し手が「100万円貸すことを約束する」と発話したとしても、実際にその約束を遂行する意図、また遂行する能力がなければ、その行為は成立しない。つまり「適切性条件」に欠いては、「約束」という発話の遂行に至らないわけである。さらにオースティンは、発話を「発話行為」(locution)、「発話内行為」(illocution)、「発話媒介行為」(perlocution)の3種類に分類することで自身の理論を発展させた。たとえば、教室に入って来た教師が「この部屋は暑いですね」とエアコンのスイッチの近くにいる学生に言ったとする。この「発話行為」(locution)は文字通りの意味として「この部屋は暑い」であるが、発話のもつ「発話内行為の力」(illocutionary force)としては、「エアコンのスイッチを入れて下さい」という要求・依頼となりうる。このレベルでの発話の意味を「発話内行為」と呼ぶ。また学生が教師の発話内行為を理解し、エアコンのスイッチが入り、教室が涼しくなったとしたら、それは発話のもつ「効力」としての「発話媒介行為」(perlocution)となる[5]。

　こうした「依頼」や「要求」以外にも「命令」、「質問」、「警告」、「提案」、

108　第Ⅱ部　「ことば」を問い直す

「勧誘」などの適切性の条件を挙げていくと、そこには多くの社会文化的要因が含まれているだろう。このことからも、言語人類学者にとってオースティンの理論は研究材料の宝の山となった。しかし、オースティンの弟子であるサールによる発話行為のさらなる理論化は、言語人類学者の民族誌的方法論からの発見とも、文化相対性の原理とも齟齬をきたすことになる。以下にサールの発話行為理論の素描を行い、続いてサモアをフィールドとしたデュランティ、フィリピンをフィールドとしたロザルドの研究、井出の日本語の「すみません」をめぐる事例研究から、発話行為理論の限界をみていく。

5.1.2　サールの理論と話し手中心の発話観

　オースティンの弟子であったジョン・サール (J. R. Searle) の貢献の1つに、「発話内行為」の分類をさらに系統的に発展させたことがある (Searle 1969, 1976)。サールは発話のもつ「力」としての発話内行為を次の5種類として提案した。すなわち、(1)「陳述型」、(2)「指図型」、(3)「約束型」、(4)「表出型」、そして (5)「宣言型」である。サールによれば、これら5つの遂行的な力は、主に「ことばと世界の合致する方向性」によって異なるという[6]。

　サールの発話行為の分類によれば、「指図」や「約束」の「方向性」は、「世界をことばに合致させる」(world-to-words direction of fit) ものである。これに対し、「陳述」や「記述」は「ことばを世界に合致させる」(words-to-world direction of fit) 方向性をもつ。これについて再び (3) の「約束」の例から考えてみよう。友達に「明日昼ご飯おごるね」、と言ったら、約束した人はそのことば通りに、翌日その友達と一緒に昼食を食べて友達の昼食代を支払うという行為により、「世界」を「ことば」に合致させる義務を負う(こうしなかった場合は「嘘をついた」という社会的制裁を受ける可能性がある)。(2) の例として、「窓を開けてくれる？」と聞き手にお願い(要求)した場合、そのことば通り「世界」を変えて閉まっていた窓が開いた状態になることが求められる。「世界」を「ことば」に合致させる方向性である。ちなみに

「約束」と「依頼」の違いは、「目的（ポイント）」の違いであるとされている。つまり約束は話し手に社会的義務を生じさせる行為であるが、依頼は聞き手に何かをしてもらうという点で異なる（Searle 1976: 2–3）。

これに対し、「雨が降っています」という「陳述」は「ことば」を「世界」に合致させる方向性をもち、もし雨が降っていなければこの陳述は「偽」となる（つまり世界を参照枠にして真偽が問える発話である）。ところが (4) の「謝罪」や「感謝」などのような「表出」機能をもつ発話行為は、特定の方向性をもたない。つまり「ごめんなさい」とか「どうもありがとう」と言うことで世界が変わるわけではないし、そのような感情の表出は真偽を問えるような陳述とも本質的に異なる発話行為である。

最後に (5) の「宣言」は「ことば」と「世界」の合致に関して「双方向性」をもつ。たとえば、裁判で有罪を確定する際に、裁判官が「無期懲役を命じる」と被告に言った場合、その「ことば」で実際の量刑が決まるのであり、「世界をことばに合致させる」効力が生じ、被告は一生を牢獄の中で過ごすことになる。それと同時に、その「無期懲役判決」は証拠に基づいた犯罪行為の立証という事実と合致したものでなければならないので、「ことばを世界に合致させる」という方向性にも支えられているのである。

以上みてきたサールの発話行為理論の中心となるのは、オースティンのいう話し手の意図や誠意を中心とした「適切性条件」で、それは「命題」（propositional content）、「準備条件」（preparatory condition）、「誠実性条件」（sincerity condition）、「本質条件」（essential condition）と呼ばれる概念で構成される。よって先述のように約束を例にすれば、「話者が約束する行為を行う意図がある」という話し手の「意図」（intention）や「話し手が誠実に聞き手に約束している」という「誠実性」（sincerity）が最も重要な位置を占める[7]。つまり話し手の思惑としての意図と、それを相手に伝達し、実践しようとする上での誠実さが意味を作るという見方である[8]。このことは翻せば、サールの言語哲学理論は「話し手」を中心として構築されており、発話の受け取り側である「聞き手」の置かれている立場や、それ以外の社会的文化的環境要因はほとんど考慮されていないといえるだろう。

5.1.3 発話行為理論の限界

　こうしたサールの発話行為理論に対し、言語人類学者は主に次の2つの批判を展開してきた。第1に、方法論的にサール自身の内省・直観・省察により作られたステレオタイプ的な事例だけをデータとして使っている点である (Ahearn 2017: 182, Duranti 2015: 14)。内省や直感以外にも、身の回りの実際の言語実践を観察すると、たとえば次のような "promise" を用いた発話例がみられる。学会の招待講演者が話を始める際に言う英語の常套句の1つに、"I promise not to bore you with my talk" がある。しかしこの発話は "promise" という遂行動詞を用いているものの、その意図するところは「願望的」(optative) であり、「約束」という発話行為ではない。よって上の発話は日本語では、「私の話で皆さんを退屈させないように努めます」とした方が意味的に近くなる。またAとBのやりとり (A: I have no time on Tuesday, B: Really?, A: I promise) のAの "I promise" は、すぐ直前に言った命題(「火曜日は時間がない」)に言及した発話(「嘘じゃない、本当だよ」、"It's not a lie, I promise" の意味での "promise")である。つまり約束は「未来」の行為に言及した形だけで出てくるわけではないのだ。言語人類学者のデュランティは、このように身の回りで使われる "promise" の実例をもとに、サールの作例が経験的妥当性を欠いているとの批判を展開している (Duranti 2015: 14)[9]。

　発話行為理論への第2の批判として、サールの考え方が「英語話者」という特定の行為者のみを想定しながらも、ほかの言語にも適応可能な普遍性を前提としていたことが挙げられる (Ahearn 2017: 182, Duranti 2015: 14)。また英語の一人称 "I" ではじまる発話を中心的にみることで、話し手に重きを置きすぎている点も問題とされた。たとえば文化人類学者のミッシェル・ロザルド (M. Z. Rosaldo) は80年代当時に「首狩り族」として知られたフィリピンのルソン島に暮らすイロンゴット族の研究に従事していた[10]。ロザルドは彼らの中で調査を進めるにつれ、少なくともイロンゴットの人たちの間に、英語での「約束」や「謝罪」に相当する概念がないことに気づいた。またロザルドによれば、イロンゴット語では個人の発話内で、「客観的な真実」を追求すること(つまり事実確認的な発話)は重要視されず、むしろ基本

（ディフォルト）となる発話は「指図・命令」(directive, command) であった (Ahearn 2017: 182–183)。『私たちがことばですること―イロンゴットの発話行為と哲学の発話行為理論』("What we do things with words: Illongot speech acts and speech act theory in philosophy") と題された論考でロザルドは、イロンゴットの発話行為を経験的に妥当な理論にするには、民族誌研究を実施し、社会・文化的コンテクストを考慮に入れる必要性があると論じている (Rosaldo 1982)。つまり、社会行為としての発話はエスノグラフィーとしての視点から考えられるべきだという主張である。このことについて、次に日本語の「すみません」の使われ方を例に、コミュニケーションの民族誌の視点から発話の理解に迫りたい。

5.2　民族誌の視点からの発話と社会行為
　　―「すみません」の事例

　次の場面を想像してほしい。教授との面談時間に遅れてしまった学生が、慌てた様子で研究室に入ってくると、「すみません」と頭を下げる。これに対し教授は穏やかに微笑みながら「まあ、まずはおかけください」、と椅子に座るように学生を促す。これに対し学生は「すみません」と再び頭を下げて席に座る。

　ここで学生が言った最初の「すみません」は、明らかに約束の時間に遅れてきたことに対する詫び（英語で言えば "I'm sorry"）と解釈できるだろう。しかし 2 つ目の「すみません」には "I'm sorry" という訳語はあて難い。むしろありがたみのような気持ちが入り混じる意味で "thank you" の訳の方が馴染み良いが、そこには「すみません」から伝わる恐縮の念はそぎ落とされてしまうだろう。

　発話行為理論の見解からすれば、英語の "thank you" と "I'm sorry" は、それぞれ異なる適切性条件を満たす社会的行為として、「感謝」と「謝罪」に区別できる。これに対し、日本社会で日常的に頻繁に使われる「すみません」は、詫びとも感謝ともはっきりと区別し難い。このことについて井出

112　第Ⅱ部　「ことば」を問い直す

は、発話の基盤となることばの使われ方への考え方が、イロンゴット語と同様に日本語も英語と異なることを、日本社会の「あいさつ(挨拶)」、そして「公共性」の概念を用いて考察している(Ide 1998a、井出 2009)。

　次は、都内のある眼科クリニックで録音されたやりとりだが、「すみません」は謝罪でも感謝でもない機能をもっている。

事例(1)[11]
　受付：アライさん　どうもお待［たせいたしました
　患者：　　　　　　　　　　　　［はい　((カウンターへ歩み寄る))
　受付：えっと　失礼します((診察券を手渡す))
　　　　アライさん　<u>すみません</u>　今日は 100 円でございますが

上のやりとりに見られる「すみません」は、受付スタッフが患者に支払いを依頼する行為の前置きとして使われており、話し手の謝罪や感謝の意図伝達がその直接的な目的ではない。無論、支払を要求することは相手に何らかの負担を負わせるニュアンスがあるが、ここでの「すみません」は「100 円でございますが」という支払額提示の直前に導入されており、行為要求に対して習慣的、儀礼的に使われる前置き表現として解釈した方が適している。この他にも「すみません」は、日常生活において、呼びかけの形でやりとり開始の合図となったり、やりとり終了の合図となったり、また了解の意思表示としても形式的、儀礼的に機能している。では、次のやりとりで受付スタッフが発した「すみません」はどのように理解できるだろうか。

事例(2)
　受付：((待合室に座っている患者の前に歩み寄る))
　　　　((患者に診察券を差し出す))
　患者：((診察券を受け取りながら))あ はいどうも［すみません
　受付：　　　　　　　　　　　　　　　　　　　　　［すみません

ここでの患者による「すみません」は、診察券を手渡しに来てくれた受付スタッフへの恩恵と申し訳なさとしての負債の気持ちの伝達であり、また診察券を受け取ることへの了解の合図ともいえる。これに対し、受付スタッフも患者の発話とほぼ同時に「すみません」と発している。これに似た状況として、混雑したバスの中で誤って人の足を踏んでしまい、「すみません」と謝った途端、踏まれた側の人に「すみません」と返されることがある。これらの例では隣接ペアのように「すみません」に対してすぐさま「すみません」が返されている。

　社会学者のアーヴィン・ゴフマン（E. Goffman）は謝罪や感謝を、言語表現の違いによって区別するのではなく、日常生活において人々が慣習的にくり返す「儀礼のやりとり」（ritual interchanges）として、その内容を2種類に分けて説明している。1つは「状況修復のやりとり」（remedial interchanges）で、やりとり上生じる関係性の不均衡や不快状況を正す機能をもつ。謝罪や言い訳はその例となる。もう1つは「状況維持のやりとり」（supportive interchanges）で、これらのやりとりは人間関係の維持、継続を図る機能をもち、あいさつや会話のジョークなどがその機能を果たす（Goffman 1971）。この儀礼のやりとりに照らし合わせると、純粋な謝罪としての「すみません」は状況修復として機能する。一方、事例1と2にみるような「すみません」は状況維持のための儀礼的発話と捉えられるだろう。

　しかしこの説明だけではなぜ「すみません」が状況修復と状況維持の双方のために機能するのかは理解できない。ここで必要になるのが民族誌的な視点である。そもそも「すみません」は日常的に使われる表現であるものの、通常家族や友達などの身内や「ウチ」関係にある相手には使われない。むしろ「すみません」は「ソト」や「ヨソ」の所謂「世間」の領域として公共性の高い範疇で利用されることが多い。このように考えると「すみません」は公共の場で儀礼的に使われるコミュニケーション上での暗黙知としての様相を帯びてくる。

　ここで「すみません」を日本社会の公共性を形づくる「あいさつ」というメタ語用論的枠組みに当てはめて考えてみたい。日本社会におけるあいさつ

には英語の "greetings" とは異なり、定型表現のやりとりを超えた幅広い意味がある。あいさつには会釈やお辞儀といった非言語行動、「おはよう」、「いただきます」といった定型表現だけでなく、冠婚葬祭などの形式度が高い場での「ご挨拶」(スピーチなど)の類、神社仏閣での拝礼、歌舞伎の舞台での口上、中元、歳暮、年賀、名刺のやりとりなども含まれる。また「あいさつする」や「ごあいさつに伺う」といった時の意味も、文脈によって「感謝」や「謝罪」の気持ちの表明にもなれば、「自己紹介」にもなりうる。さらにあいさつは学校教育や職場などで明示的に習得、体得が促され、「きちんとごあいさつもしませんで」、「あいさつもできない奴」といったメタ言語レベルでの評価に象徴されるように、あいさつができることは日本社会における暗黙のコミュニケーション能力とされる。つまりあいさつを通して社会的慣習を実践し、かつ社会的責任を果たすという意味合いが強いのである。こうした意味であいさつは、儀礼的であると同時に極めて公共性が高く、イデオロギー性を孕んだメタ語用的概念として理解できるだろう (井出 2009、Ide 2009)。

　研究室を訪れた学生や眼科クリニックの受付スタッフが発した「すみません」は、必ずしも謝罪や感謝の意図を伝達してはいない。むしろここでの「すみません」は、人と人とが公的な場で慣習的に交わす交感的ことばとしてのあいさつの機能を強くもつ。先述の通り「すみません」は、ゴフマンの提唱した「儀礼のやりとり」の枠組みからすれば状況修復とも、状況維持とも解釈できよう。しかしこれらの概念はコミュニケーション実践者としての話し手と聞き手のみに焦点が当たっていて、公共性、つまりヨソの人に対して自分がどのように映るかといったメタレベルでのことばの使い方については考慮されていないのだ。

　本節では「すみません」という発話を、日本社会のあいさつというメタ語用的概念を用いて論じた。これは発話行為理論でいうところの「話し手」の「意図」という見方を超えて、「日本の公共の場を構築、維持するやりとりとしてのあいさつ」という社会的慣行から発話を理解しようとする全体論的 (holistic) 視点からの例証である。このように発話について、コミュニケー

ションの民族誌の視点をもって分析することの重要性は、言語イデオロギーの視点からも裏づけられる。デュランティは『意図の人類学』(*Anthropology of Intentions*)[12] と題された著書で、オースティンやサールの発話行為理論、またグライス (P. Grice) よる「会話の協調原理」といった理論が、「自律的自己」の概念を前提とし、話者の意図がことばの意味を決めるという言語イデオロギーに強く影響を受けているとしている (Duranti 2015)。そこには話し手の抱く「責任の所在」、「義務の感覚」といった心理状態、そして話者が行為に「コミットする」という言語イデオロギーが色濃く反映される。デュランティ自身はサモアを主なフィールドとしているが、英米語と比較すると、サモア社会ではそもそも他者の意図を推し量ることそのものが文化的に強く避けられるという。つまり、「他者の心は読むことができない」というイデオロギーがサモア社会の常識なのだ[13]。

　ここでデュランティが行っているのはサモアと英語の比較であるが、フィールドワーカーが実際の発話を文脈の中で理解する際には、こうした「比較」の視点が非常に有効である。次節ではことばが事態を把握する際の言語的な異なりを、日本語と英語という 2 つの異なる言語の比較から具体的に考えてみたい。

5.3　事態把握の多様性―日本語と英語の比較より

　フィールドワーカーとしての研究者は、フィールドの中で異文化を理解しようとする際、常に自分自身の感覚と照らし合わせ、自文化との比較をどこかで行うことになる。発話の理解に関しても、母語話者としてもち合わせることばの使用に関する直感は、異なる言語の使用との比較を通して、さらにその特徴を顕在化させる。つまり比較を行うということは、対象言語や文化のみならず、その作業を通して自らの文化をも知ることができる双方向的な作業なのである。本節では、日本語と英語とがそれぞれどのような異なりをもつことばであるかを、言語学と社会言語学の研究から概観し、「比較」を通してみえてくる発話の土台の違いについて論じたい[14]。

5.3.1 「ナル」の日本語と「スル」の英語

　言語学者の池上嘉彦は、個別言語を対象とした全体論的類型について語る際に、その「表現の構成の仕方に関して、人間の認知的な営みに由来する制約が課せられるものの、その中に別々の言語ごとの何か好みの傾向のようなものがある」としている（池上 2006: 3、傍点は筆者井出による）。いわゆる対照研究は、こうした語用の上での好みの傾向を探る分野ともいえるが、これまでに日本語と英語の対照研究は、日本語が「主観的／ナル的」視点をとる傾向にあるのに対し、英語が「客観的／スル的」視点をとることを明かしてきた。

　たとえば次は、多くの言語学者が利用してきた川端康成の『雪国』冒頭の１文とサイデンスティッカーによるその英語訳である。(1) は列車に座る主人公の島村による外界の見えが内側から言語化されており、主観的な事態の把握がされているといえる。これに対し、英語訳はトンネルを抜ける列車を上から見下ろす俯瞰的、鳥瞰図的な視点がとられ、客観的把握への志向性がみえる（井出 2006、池上 2007、森山 2009）。

(1) 国境の長いトンネルを抜けると雪国であった。
(2) The train came out of the long tunnel into the snow country.

(2) については、より原文のニュアンスに近づけた形で "Having gone through the long tunnel at the border, it was the snow country" と訳すことも可能だが、ここで問題になるのはあくまでも「好みの傾向」としての指向性の異なりである。

　事態把握の上での主観／客観の視点の異なりに加え、日本語と英語とでは、行為が成される際の主体概念に関連した視点の違いがある。ここでの「主体」(agent) とは、行為者として何らかの意図や意思をもって行為し、ほかに作用を及ぼすもので、それが個人であれ集団であれ、事物を構成する中心的概念とみなされる。これについて池上 (1981) は、英語が主体の行為を中心とした「スル」的言語 (do-language) なのに対し、日本語はその行為が

自然発生的に起きる「ナル」的言語(become-language)だとしている。(3)では日本語が結婚という出来事の全体を捉え、事の成り行きという状況的視点から事態を把握しているのに対し、(4)の英語は出来事に関与する主体としての行為者("I", "We")を明文化し、それを際立たせる表現をとっている。

(3)　結婚することになりました。
(4)　I am/We are getting married.

日本語でも「私(僕／私たち)結婚します／結婚しました」と表現する場面は見受けられるが、これは話し手の意図を顕在化させての「宣言」や「告知」としての性質が高い表現だといえる(井出 2017: 182)。これに対し、(3)における話し手としての主体の在り処は、その状況に埋め込まれ、話し手の意図は明示化されない。こうした事例にみるような「好みとしての傾向」としての言語表現は、言語構造であると同時に日々習慣的に反復され、積み重ねられてきた累積としての歴史的、社会的産物である。たとえば先述の「すみません」や「ありがとう」といった慣習的なあいさつ表現は、話し手(主体)から聞き手への働きかけとしての意図の顕在化というより、語源的に「滅多にないこと(有難い)」や「気持ちがおさまらない(済まない)」といった話し手の置かれた心的状況への言及が形式化された表現である。このように日本語と比較すると、慣習的表現としての "(I) thank you" や "(You) have a good day" などにみられるように、英語は話し手(I)から聞き手(you)へ直接的に意図を明示化する指向性があることが明らかである(ibid.: 182)。

5.3.2　日本語の非対話性─映画の字幕・吹替訳から

　ここでさらに日本語と英語それぞれの発話について、井上による日本映画の字幕・吹替翻訳を用いた日英語対照談話研究から考えてみたい(井上2017)。日本映画に対する英語字幕や吹替は、字数と時間という物理的制約の中で、英語に置きかえても「つじつまのあう」自然な会話を当てることが目指される。こうして出来上がった翻訳は、同じ発話の状況で用いられると

いう意味で、「状況的等価性」(situational equivalence) をもつとされる (ibid.: 108–109)。

　しかし、こうした状況的等価性にどれだけオリジナル作品の文化的意味を反映できるのか、もしくは反映すべきか、という判断は容易にできるものではない。たとえば「よろしくお願いします」という日本語の定型表現は英語にはない表現であるが、これはどのように英語に翻訳されているのだろうか。日英翻訳の事例からみてみよう。

(5)「引っ越してきましたー。よろしくお願いしまーす。」
　　"Looks like we're going to be neighbors! Pleasure to meet you!"
　　　　　　　　　　　　(『となりのトトロ』1988/1993 年版より、井上 2017: 110)
(6)「ともかく新人ですのでよろしくお願いします」
　　"I'm a new comer here, and I look forward to your cooperation."
　　　　　　　　　　　　　　　　　(『ウォーターボーイズ』より、井上 2017: 110)

(5) の英語訳は引っ越し先という出会いの場面における状況的等価性を意識して、それに対応する英語の定型表現があてられている。これに対し (6) の英語訳は、よりオリジナルとしての意味を反映しているといえる。しかしこれにはブラウンとレビンソン (Brown and Levinson 1987) による「ポライトネス理論」(Politeness theory)[15] でいうところの連帯、独立の原理の発展形としての「対等の原理」(egalitarianism) が関わっていると井上は指摘する。「対等の原理」とは英米、つまりアングロサクソンの文化圏に特徴的な「お互いが対等」という理念を出発点にしており、そのため英語では、一方が他方に無条件に依存することをことばとして表出しない傾向にある。これに対して日本語では、「私はあなたに頼らなければやっていけない存在です」という自己卑下的な「謙遜の原理」(self-depreciation) をタテマエとしてでも言語化することが好意的に受け止められる (井上 2017: 110)。よって (6) の英語翻訳は、オリジナルの日本語のような自分を下位者とした他者依存的な依頼 (嘆願) の訳ではなく、独立と対等の原理に基づいた文化意訳となっている (ibid.:

110)[16]。

　さらに発話行為に関連した翻訳形式をみると、(7)の例のように日本語の
オリジナルでは陳述型 (declarative) であるのが、英語では行為指示型 (direc-
tive) になっているケースが多いことを井上は指摘する。日本語では話し手の
心的状況が陳述される形をとるのに対し、英語の発話では話し手から聞き手
への働きかけとしての意図が前景化されるのである。

(7)「じゃまだな」　"Move!"
　　「うるさいな」　"Will you shut up!"

（『紅の豚』より、井上 2017: 118）

　さらに井上は日本語のやりとりでは、話し手の働きかけに対して、応答が
ない場面が多いことに言及する。たとえば店員の「いらっしゃい(ませ)」と
いうあいさつに対し、客は応答をする必要はないが、こうした場面は、英語
会話としては不自然であり、時として無礼なふるまいと受け止められる。そ
のため翻訳版ではオリジナルには出てこない台詞を追加して、対話が成立し
ているように台詞を創作することが多い。たとえば『となりのトトロ』(1993
年版)で、庭にいるメイが書斎にいる父親に「お弁当まだー」と叫ぶシーン
がある。これに対し父親は、やや驚いたように「え？もう？」と、独り言の
ようにつぶやいている。しかし英語吹替版での父親は "I don't think so!" と
大声で叫んでおり、メイの「質問」(question) に対する「回答」(answer) を明
示して、「対話」の形式を成立させている。『魔女の宅急便』では、主人公の
少女キキが独り立ちのために家を出る前に、興奮気味に母親に話しかける場
面がある。そのキキに対し母親は「あなた、またお父さんのラジオ持ち出し
たでしょう？」とたしなめる。オリジナルでのキキは、この母親の問いかけ
に答えていないのだが、吹替訳では "Don't worry. He doesn't mind."、また英
語字幕では "Is it okay? I'm sorry." とキキによる台詞が新たに付け加えられ、
問いかけに対する応答が加えられているのだ (ibid.: 120–121)。

　このように日本語と英語を比較してみると、日本語の「非対話性」、もし

くは「反応不在性」ともいえる現象が明らかになる。しかしこのことは同時に、英語が本質的にもつ「対話性」としての特徴を浮かび上がらせる。このことについて、井上はエスノメソドロジーの会話分析が前提とする隣接応答（adjacency pair）の概念が、あくまでも西洋的な概念であり、日本では逆に「言わなくてもわかる（べき）」コミュニケーションの文化であると考察している（ibid.: 121）[17]。

5.4 言語人類学からみる発話―パフォーマンスの枠組みから

ここまで、オースティンとサールの発話行為理論への民族誌からの批判、さらに日本語と英語の比較を通して、いかに発話が異なる形で事態を把握するかをみてきた。この過程で明らかになってきたのは、英語を主なデータとして考案された発話行為理論が、発話の行為者としての「話し手」とその「意図」を基盤として展開し、「話者の意図がことばの意味を決める」という特定の言語イデオロギーに基づいているということであった（Duranti 2015）。同様にロザルドも、サールの発話行為の説明が西洋的な「個」の思想に基づいた個人主義的なものであり、相対的に社会的でないものに偏っていることを指摘している（ゼンフト 2017: 42）。

これに対し、言語人類学者はどのように発話と意図の問題を解釈してきたのだろうか。文化人類学の伝統において、またコミュニケーションの人類学の系譜においても、意図について論じることは基本的には解釈の問題だとして避けられてきたきらいがある。これは観察者としてのフィールドワーカー自らが文脈の中に埋め込まれている状況において、他者と関わる主体としての自己を外側からの視点から見ることは不可能だという考え方に基づく。そのため、主観に縛られた研究者の視点に偏りがあることを認めた上で、観察する人々が解釈を行うコンテクストを可能な限り忠実に記述し、多様な視点を取り込むことが文化人類学では目指された（飯田 2012: 108）。つまり個々の社会において、あくまでもエスノグラフィーとして観察可能なことを記述する中から現象を解釈しようとする立場である。上記の「すみません」の研

究も同様に、発話という小さな現象をコンテクストに基づいたエスノグラフィーの視点から分析する方法に基づいている。

　ここで最後に言語人類学の視点から、発話の社会的な力を理解するための手がかりとして、「パフォーマンス」(performance) の概念を導入したい。第1章で詳述したように、形式言語学の「パフォーマンス」は本質的言語能力としての「コンピテンス」と対比され、否定的・消極的な概念として用いられてきた。この流れと対照的に、言語人類学は「パフォーマンスの学」ともいえる (Ahearn 2017: 176–199, Duranti 1997a: 15–17, Duranti 2009, Hall 2001)。言語人類学におけるパフォーマンスは、第4章で概観した民族詩学 (ethnopoetics) に端を発し、語りやナラティブ、文化的芸術活動におけるバーバル・アート (verbal art) 研究から、ことばの審美的側面に迫る枠組みである。この意味でのパフォーマンスは、話し手を中心とした発話行為理論とは対照的に、聞き手としての「聴衆」を協働的な意味の産出者と捉える点が特徴的である。換言すれば、ことばの意味は「ことばそれ自体」でもなく「話し手だけ」にあるのでもなく、実際のコミュニケーションの「今、ここ」の場において、聞き手や聴衆とともに構築されていくという考え方である。

　こうしたパフォーマンスの1例として、井出の「スモールトーク」の研究から、テキサス州のあるコンビニのレジカウンターで収録されたやりとりをみてみたい。アメリカ社会の「スモールトーク」(small talk) とは、取るに足らない、雑談としてのおしゃべりであるが、知り合い同士に限らず、店の店員とお客などといった他人同士でも成立する。ここでは薄暗い店内で20代後半の男性店員が、客の男性とレジカウンターでスモールトークを交わしている。なお、このやりとりは20代とおぼしき白人男性客が、「ドン」と音を立てて「パイプ詰まり解消用品」の大きなボトルをレジ台の上に置くところから始まっている。

01 客　　：((カウンターに商品を置く))
02 店員　：you have a sink problem? ((レジ操作をしつつ))
03 客　　：no actually a toilet problem

122　第II部　「ことば」を問い直す

04 店員　：oh (.) a toilet problem　　　((商品を袋に入れる))
05　　　　　(3.0)
06 店員　：eat more vegetable man　　((つり銭を渡しながら))
07 客　　：thanks *hu huh hu*
08 他の客たち：((笑う))

（井出 2008: 177）

このやりとりの 02 行目で、店員は客と目を合せることもなく、商品だけを
チラリと見やると、レジ打ちを始めながら "you have a sink problem?"（流し
が詰まったのか）と客に尋ねている。「いらっしゃいませ」のようなあいさつ
もなく突如始まるこのスモールトークとしての発話は、真偽疑問文の形を
取っているが、これに対し客は「いや、実はトイレの問題で」と、流しでは
なくトイレが詰まったことを明らかにしている。流しが詰まったかどうかを
尋ねることは、コンビニ店員としての業務と直接関係のない行為なのだが、
これに対し客は "yes" でも "no" でもなく、わざわざトイレが詰まったこと
を明らかにする自己開示（self-disclosure）の発話を行っている。すると店員は
04 行目でその内容を確認するように "oh a toilet problem" とつぶやく。そし
て客が代金を渡し、店員が袋に入れた商品を客に渡し、最後につり銭を渡す
タイミングで、店員は初めて客と目を合せると、ニヤッと笑って "eat more
vegetable man"（「もっと野菜を食べろよ」）と言う。これに対し客は少し気恥
ずかしそうに笑いながら礼を言うと、その場を立ち去っている。

　初対面の、それもこの場でしか出会わないであろう店員と客の間で、なぜ
このようなやりとりが生じ、成立するのだろうか。また 06 行目の店員の発
話は明らかに客をからかっているのだが、普段親しい関係にある人や仲間内
で使われると思われる皮肉めいた軽口やからかいが、なぜこうした公共の場
で、それも他の客の面前で用いられるのだろうか。やりとりを見ると、06
行目で店員は "man" という親しみを込めた呼びかけ語を利用しているが、
これは「店員と客」という予め規定された 2 人の社会的関係性を、やりと
りの「今、ここ」において、同世代の男性同士という「対等」な関係性に位

置づけ直す。さらに 06 行目の店員によるオチは、03 行目で客が「トイレが詰まった」と、自ら情報を開示する自己開示をしていなければ創出されなかっただろう。つまりこのスモールトークは対等の原理に支えられて成立しているだけでなく、場の参与者の協働により 1 つの方向にやりとりが指向しているのだ。

　同時にこの場には、客の後ろに 3 名ほどの男性客がレジ待ちのために並んでいて、このやりとりを「もらい聞き」し、可笑しげに笑っている（07 行目）。バウマンはバーバル・アートとしてのパフォーマンスについて、それが「コミュケーション能力を聴衆に対して示すという責任があるという前提」（"the assumption of responsibility to an audience for a display of communicative competence"）を出発点とすると述べている（Bauman 2001［1975］: 168–169）。店員は目の前にいる対話者としての客だけでなく、その場にいた傍観者にも聞こえるように働きかけているのだが、このことは公共の場への働きかけとしてのパフォーマンスとして理解される。そのため公共性の高い店舗でのやりとりにおいて、話し手と発話の受け手だけでなく、その場の空気が一瞬とはいえ和みのある空間へと転換しているのだ。バウマンとブリッグスはこうしたパフォーマンスを「話すという行為への意識を高め、聴衆がパフォーマーの技量や成功度を評価する」極めて「再帰的」（reflexive）な行為だとしている（Bauman and Briggs 1990）。

5.5　おわりに

　オースティン、サールによる発話行為理論は、ことばのもつ社会的遂行力という側面に光を当て、行為としてのことばの研究、つまり語用論研究の推進力となった。しかし、英語を中心に考案された発話行為理論は、話者の意図や誠実性を中核とした適切性条件を前提に作られており、このことが非英米語圏のフィールド研究者からの批判を集めた。本章では、主に非英米語圏のフィールドからの事例をもとに、特定理論の限界を乗り越えるコミュニケーションの民族誌の視点の重要性について述べた。同時に、本章では日本

語と英語の対照分析の事例から、「比較」としてのアプローチが、自身の常識さえも普遍的ではないことを照らし出す有益な方法であることを論じた。

　フィールドワーカーは自身の母語との比較を拠り所の1つとしつつ、フィールドノートに気づきを記し、丁寧に発話を書き起こし、また発話状況をビデオでくり返し見る過程を通して、社会的行為としての発話の理解に迫ろうとする。加えて近年では、エスノメソドロジーとしての会話分析の影響力が言語人類学においても大きい。会話分析はことばが世界をただ描写するのではなく、刻々とそれを「構築」するという考え方、そしてそれが会話を通して「共同」で、「身体性」や「場所性」をもってなされるという視点を提供する。

　インタラクションが構築する社会的、文化的意味が分析される中で、西洋の言語理論が前提としてきた意図や責任といった概念は徐々に脱構築化されている（松木 2001: 10–11）。デュランティは今後、非英語圏からのエスノグラフィー研究がさらに躍進し、語用論と融合した「民族語用論」（ethnopragmatics）が盛んになる必要性を述べている（Duranti 2015: 6）。非英語圏の言語として最も研究の蓄積が多い日本語から、言語人類学の分野において成されるべき貢献は多いといえるだろう。

【本章に出てくるキーワード】

パフォーマンス（performance）

遂行性（performativity）

発話行為理論（Speech act theory）

儀礼のやりとり（interactional ritual）

あいさつ（aisatsu）

意図（intention）

【思考のエクササイズ】

①「遂行性」について、「依頼」を例に考えてみましょう。発話行為として

「依頼」が成立するにはどのような条件が必要でしょうか。また一般に、「ことばで現実が作られる」行為は「依頼」以外にどのようなものがあるでしょうか(結婚式、裁判の判決など)。いくつか例を考えて、話し合ってみましょう。

②友達や家族といった関係の場で「すみません」が使われる時はどのような時か、またそれが意味することについて考えてみましょう。

③「ことばの意味は意図性だけで決まる」という考え方に対し、「ことばの意味に意図性は関係ない」という主張は、それぞれどの程度妥当なものだと思いますか。本章のサールとデュランティの主張を参照しながら議論してみましょう。

注

1　語用論研究は学際的な広がりをもつ領域だが、そこには次の3つの基本的な言語への視点がある。第1に言語はその話者により社会的な相互行為において使用される。その上で言語は社会的な繋がりや責任関係を作る道具だとされる。第2に、発話を状況的コンテクストの一部とし、話者が社会的相互行為において、習慣、規範、規則に従って言語を使用している。第3に、語用論を言語・文化特有の表現形式を研究する領域とする視点である(ゼンフト 2017: 5)。

2　この中にはルートヴィヒ・ヴィトゲンシュタイン (Ludwig Wittgenstein)、ジョン・オースティン (John Austin)、ジョン・サール (John Searle)、また会話の「協調の原理」(Cooperative Principle)で知られるポール・グライス (Paul Grice) などが含まれる。

3　これはヤコブソンのコミュニケーションモデルにおける言語の「指令的」(「他動的」、「動能的」)機能に繋がる(第1章、図1.2 参照)。

4　1962年に出版した *How to Do Things with Words*(『言語と行為』)の中で、オースティンは、「事実確認文」(constatives)が真偽値(本当か嘘か)を決められるのに対し、「行為遂行文」(performatives)ではそのようなことが問えないとした。

5　後にオースティンは、初期の真偽値を問える「事実確認文」(constative)と真偽値ではなく適切性の条件から判断される「行為遂行文」(performatives)の2分法を破棄し、あらゆる発話は特定の社会的コンテクストで行われる行為遂行であるという立場に至っている。

6　Searle（1976）は 12 もの分類基準を挙げているが、最も重要なのは（1）発話の目的（illocutionary point）、（2）ことばと世界の一致の方向性（direction of fit）、（3）表出されている心理状態（expressed psychological state）、特に誠実性の条件、の 3 基準である。本章では（2）を中心にみる。

7　これはグライスの協調の原理から受け継いだ考え方であるが、グライスは話し手が聞き手にある信念をもたせるようにしむける「意図」をもつ（Grice 1957）としている。

8　グライスはこの点について「A が x によって何かを意味する場合、A は x により聞き手にある信念を持たせるように仕向ける意図を持っていなければならず、また自分の発話によりそう意図されていると聞き手に認識されなければならない」という言い方をしている（"For A to mean something by *x*... A must intend to *induce* by *x* a belief in an audience, and he must also *intend* his utterance to be recognized as so *intended*." Grice 1957: 441、イタリック体の強調は筆者山口による）。

9　サールに不当な評価をしないために注記すべきは、「発話行為」（illocutionary act）と「発話行為動詞」（illocutionary verb）をサール自身は同一視してはいない点である。サールは、発話行為動詞は英語、ドイツ語、フランス語など各言語により異なるものであるが、発話行為は「普遍的」であるという前提から出発している。つまり、「発話行為動詞は発話行為の分類の際、有益な手がかりとなるが、必ずしも 100%確実な発話行為の分類の源とはならない」（Searle 1976: 2）のである。

10　ロザルド自身もイロンゴット族の首狩りの風習について調査していたが、彼女がとった方法論は、「イロンゴット自身が自らの行為を語り、説明することに真摯に耳を傾けることであった」（清水 2005: 204）。その中でも特に怒りのような「自己を作り上げてゆく核となる「心」や感情に着目し」、それに関連して「さまざまな機会に彼らが話してくれるさまざまな語りのなかから、首狩について、さらには首狩も一部に組み入れて編み上げられている彼らの社会について、その特徴を照らし出す説明や解釈を引き出そう」とした（ibid.: 240–241）。

11　会話における［の印は、異なる話し手による発話が重複する部分を指す。二重丸括弧で示された部分には、主だった動作が記されている。

12　題目の「意図」が英語では複数形になっていることに注意されたい。

13　"The specific meaning of a *personal commitment sincerely made by one person to another* was not a native Samoan concept or activity when the missionary arrived in Samoa in the 1830s"（Duranti 2015: 71、イタリック体の強調は筆者井出による）とあるように、1830 年代に宣教師がサモアに上陸するまで、「個人が誠意をもって他者にコミットする」という考え方はサモアになかった。

14　なお、5.3.1 の詳細については井出（2017）を参照されたい。

第 5 章　言語人類学からみる発話　127

15　ブラウンとレビンソンのポライトネス理論は人の普遍的欲求としての 2 つの "face" をもとに考案されている。1 つは他人から認められ、好意をもって受け入れられたいとする欲求で、これは "positive face" と呼ばれる。もう 1 つは自分のテリトリーに侵入されたくない、他者から独立し、離れていたいとする欲求で、これは "negative face" と呼ばれる (Brown and Levinson 1987)。この「連帯」と「独立」の原理に配慮して、コミュニケーションを行っているというのが、ブラウンとレビンソンが英語、日本語、ドイツ語、スペイン語、ツェルタル語などの会話データをもとに導き出した理論である。

16　一方で、(6) の英語訳には対等だけでなく、協力の遂行を前提とした何らかの力関係のニュアンスも読み取れるだろう。

17　一方ネット社会では、クラウドソース翻訳やファンサブ (愛好家としてのファンが独自に作る字幕) がさらに広まり、たとえばファンサブでは、よりローカルな言語習慣 (文化) を反映した訳があてられる。さらには「ハイパーローカル翻訳」ともいえる翻訳も出ており、たとえば「夢をみていたんじゃない」というオリジナル版の日本語が、"You were seeing a dream, right?" というように本来の英語表現 ("You were dreaming, right?") とは異なる、日本語の直訳ともいえる英語に翻訳される例がみられる。こうした翻訳はローカルなサイトのコミュニティーにおいて「日本語・日本文化を知っている」という "prestige" を創り出すと井上は指摘する (井上 2018)。

第6章　ことばを身につける―言語社会化

　これまでみてきたように、言語人類学は言語使用とそれをとりまく文化的・社会的環境に相即不離の関係があるという視点で、多様な言語現象を当事者の立場から解明する学問である。本章では、子供がことばを覚え、周りの人とコミュニケーションがとれるようになる発達・発育のプロセスを、言語人類学がどのように扱ってきたのかを概説する。前章でみたように、発話には社会行為を遂行させる力があると考えれば、母語の習得も単に語彙や文法知識の習得にとどまらない。言語が使用され、それによって社会行為が遂行される現場、すなわち、コンテクストやその文化的背景知識の習得も言語習得のプロセスに重要な要素である。

　こうした言語人類学的視点で、言語習得について研究する際に重要なことは、子供の発話のみを分析対象にするのではなく大人の問いかけや関わり方と切り離さずに考察することである。すなわち子供は単純に語彙や文法といった言語構造の知識のみを習得するのではなく、養育者の言語行動を通して物語構成、社会的に適した言語使用、その背景にあることば観を習得している。このような観点からみると、母語の習得は言語知識の習得にとどまらずそのコミュニティーの一員となる過程を包括的に捉える「言語社会化」(language socialization)として位置づけられる。

　言語社会化は子供が母語を話す場面を中心的に分析することで発達した理論であるが、言語社会化の実践は生涯続く可能性のあるものである。デュランティは、乳幼児の母語習得の段階を「第1段階の言語社会化」(primary language socialization)と呼び、学校に通い始めたり、環境の変化などで人び

とが成長とともに経験する「第2段階の社会化」(secondary socialization) と
分けて説明している (Duranti 2009: 293)。

　本章では6.1節で言語社会化の概念の誕生を、その時代的背景とともに概
説し、6.2節で第1段階、6.3節、6.4節では、第2段階の社会化を扱った事
例研究を紹介する。6.5節では複数言語が接触する環境など、言語社会化の
概念の応用範囲を考察する。

6.1　言語社会化の2つの側面―文法の知識と文化の知識

　言語学でチョムスキーの生成文法が躍進していた1980年代、サモア島で
フィールドワークをしていたエレノア・オークス (Elinor Ochs) とパプア
ニューギニアのカルリ族の研究をしていたバンビ・シフリン (Bambi Schief-
felin) はチョムスキーの言語学的アプローチに疑問をもっていた。当時言語
学における子供の言語習得の研究はコンピテンスを重視するアプローチが主
流であった。つまり、文法や語彙など完成体系としての言語構造をどのよう
に習得するかという点に焦点をあてており、言葉をつかった社会知識の習得
プロセスとは切り離して考えられていた。これを疑問に思ったオークス、シ
フリンらは、コミュニケーションの民族誌 (ethnography of communication)
(第4章)、カリフォルニア大学バークレイ校の心理学者ダン・スロービン
(Dan Slobin) が実施したコミュニケーション能力習得の文化比較研究などに
影響をうけ、1984年に"Language acquisition and socialization: Three develop-
mental stories"と題した論文を発表する。このなかで、ことばを身につける
プロセスを研究するためには言語知識習得のプロセスと、その言語を話すコ
ミュニティーでの適切なふるまいを身につける、いわば社会的知識の習得の
プロセスを切り離してはいけないと提案している。この言語社会化における
2つの不可分な側面をオークスとシフリンは次のように説明している。

　　1 The process of acquiring language is deeply affected by the process of be-
　　　coming a competent member of a society.

2 The process of becoming a competent member of society is realized to a large extent through language.

(Ochs and Schieffelin 1984: 276)

すなわち、言語社会化は、(1) ことばを習得するプロセスから文化をみる側面 (socialization to language) と、(2) 文化の一員となるプロセスからことばの役割を考える側面 (socialization through language) をかねそなえているといえる。

6.2　養育者のふるまい―ことば、身体動作の習得

コンピテンス重視の言語習得研究と、言語社会化の考え方の大きな違いの1つに、養育者の言語・身体行動の扱い方が挙げられる。言語習得研究では、主に子供の発話に焦点をあてるため、その子供の周辺にいる養育者たちの言語行動は分析対象にはならない。一方、言語社会化のアプローチを用いる研究では、研究協力者である子供が通常どのような社会環境で生活しているかに焦点をあてる。したがってその子供の発話だけではなく、親、兄弟、親戚をはじめとする周辺の人々が、どのようにその子供と接し、どのようなコミュニケーション活動に日常的にたずさわっているかを観察することが重要である。子供は母語を習得する過程で、養育者を含めた周りの人々のことばの使い方や人との接し方を観察し、やがて自分も周りの人々のまねをし、同じように話し、行動しようとする。そのまねる様子が間違っていたら、養育者に直される場合もあるだろう。すなわち養育者の言語行動は、その言語においてことば(コミュニケーション)はこうあるべきであるという言語イデオロギーが観察できる場面でもある。言語習得は、文法や語彙のみならず、ことば観と切り離せないコンテクストで実践されるのである。

子供は母語を習得する過程で、言語構造や適切な言語使用の方法のみならず、適切な身体動作も身につける。言語によってジェスチャーの使い方が異なることは言語人類学の研究で多々報告されている (Enfield 2001, Haviland

132 第Ⅱ部 「ことば」を問い直す

2003, Kita 2003, Sherzer 1972, 1991、本書第 2 章参照）。子供は、異なる身体
の使い方やその社会的意味合いも言語知識とあわせて習得しているのであ
る[1]。したがって言語社会化の分析には、養育者の働きかけを、言語構造だ
けでなく、ふるまいを含めた身体化されたやりとり（embodied interaction）と
して全体的に観察する必要がある。

　本節では、オークス、シフリンらが実施した、アメリカ、サモア、カルリ
における言語社会化実践の研究を紹介し、彼らがどのように養育者の言語・
身体行動の重要性を論じたのかを概説する。

6.2.1　いつから誰が子供と会話するのか

　言語社会化の場面における養育者の言語行動を観察すると、ことば観のみ
ならず、子供を会話に参加させる時期や状況も言語・文化によって大きく異
なることがわかる。アメリカをはじめとする西洋白人中産階級家庭の例から
考えてみよう。一般的に西洋では、生まれたときから子供は大人と同様に対
話する意図があり、コミュニケーションがとれる存在であるとみなされる。
そのため、早くから子供は大人のする会話の構造に接している。次の生後
3 ヶ月のアンと母親のやりとりをみてみよう。

Mother	Ann (3mos)
	(smiles)
Oh what a nice little smile!	
Yes, isn't that nice?	
There.	
There's a nice little smile.	(burps)
What a nice wind as well!	
Yes, that's better, isn't it?	
Yes.	
Yes.	(vocalizes)
Yes!	

That's a nice noise.

(Snow 1977: 12)

　母親は 3 ヶ月のアンが微笑み(smiles)、ゲップし(burps)、声を出す(vocal-izes)たびに言葉を返している。これは、母親が言語習得前の乳児であっても、対話の相手とみなし、「話し手が発話を発したら、聞き手が反応する」という、会話のキャッチボールの構造にアンを導入していると解釈することができる。一見なにげない表情や声出しなどに、発話やジェスチャーをもって応答することでいわば原始的会話(protoconversation)が始まり、アンは母親の対話相手として位置づけられるのである。冒頭のアンの微笑み(smiles)後の母親の発言を考えてみよう。母親は「あら良いお顔できるのね。そうね、良いお顔じゃない？」(Oh what a nice little smile! Yes, isn't it nice?)と応答している。こうしたポジティブな応答は、アンが顔の筋肉を動かし口角をあげる仕草が、母親に向けられた意図を持った働きかけの微笑みと解釈されていることを示している。アメリカをはじめとする多くのヨーロッパ社会では、このように子供はその誕生の瞬間から、コミュニケーションをとろうとする意図があるとみなされ、大人の話し手と同様に会話に参加することのできる存在として認識される傾向にある。

　一方、カルリでは、子供は哀れな存在(helpless)で、会話には理解を示さないもの(having no understanding)として扱われる。したがって、養育者にとって、子供はお世話をしなければならない弱い存在であるものの、大人の話し相手にはならないと考える。こうした考え方はカルリの動作や、乳児との接し方にも反映される。たとえば、乳児が泣いていれば、すぐに母親はお乳を与えるが、そのときに積極的に話しかけたりしない。子供にお乳を与えている時、母親は食事の用意をしたり、他の人と話したりすることもある。乳児の生理的要求にすぐにこたえられるよう、母親とは常にそばにいて、首からかけるネットのような抱っこかごにいれて移動する(図 6.1 参照)。

　もちろん子供の名前を呼んだり、短く声をかける程度の働きかけはあるが、長い文で話しかけたりしない。乳児が 6 ヶ月を超えて、喃語を話すよ

134　第Ⅱ部　「ことば」を問い直す

図 6.1　カルリの母親が子供を網袋にいれて背負っている
(http://www.eco-communications.net/2010/07/01/bosavi-portraits-part-2/)

うになっても同様である。アンの母親とは異なり、カルリの母親たちは喃語を言語的に意味のあるまとまりとは考えない。カルリでは、6ヶ月を過ぎると多少の言語的働きかけが始まるが、短い命令にとどまり、その応答も行動で示すことが期待されている。ではカルリはいつから言語を使うとみなされるのであろうか。それは子供が「母親」と「お乳」の2語を習得するようになってからであり、この2語が認められると、周りの話しかけ方が大きく変化する。特に、要求など、主張しなければならない事柄を言いあらわす場合、「ɛlɛma」(こういう風に言いなさい) という表現を使って、母が子供に直接言い方を教える。

　サモアの乳児も、カルリ同様大人の会話における話し相手のようには扱われない。ソフトで柔らかい声で歌いかけることはあっても、言語的働きかけで会話に組み込まれることはない。乳児の仕草は子供の生理的欲求を解釈するためのシグナルとして解釈される。子供がはいはいができるようになると、「おいでおいで」と、初めてことばによる話しかけが始まる。「おいで」の応答には言語的反応は期待せず、自力で養育者のところまで来るという行動が期待されるのみである。またサモアの子供たちの最初のことばは「tae」(くそっ) であると報告されており、いやなことから最初に主張できるように

なると考えられている。

6.2.2　2人対話か多人数会話か

　乳児を大人が自らの会話相手として扱うか否かの違いは、コミュニケーションの現場における身体的な空間配置の違いとなってあらわれる。たとえばアメリカ社会では、原始的会話が営まれるときの基本的姿勢は対面で、母親は乳児の目を見て積極的に話しかける(図 6.2 参照)。

図 6.2　母子対面姿勢の典型例
(Oksana Kuzmina / Shutterstock.com)

　一方、乳児は理解を示さないという言語イデオロギーに基づけば、乳児は大人との一対一の対話構造に導入されないため、母子は上の図のような対面姿勢をとらない。カルリの乳児は大人との会話構造には参加しないものの、ほかの子供たちのコミュニケーションには積極的に参加するようにうながされる。実際に、カルリの母親たちは、乳児を対面ではなく外に向けて抱えることが多い(図 6.3 参照)。

　外側にむかってこのように子供をだき、母親は子供の代わりに返事をする。これは、言語社会化の対象が生まれたばかりの乳児ではなく、すこし月

136　第Ⅱ部　「ことば」を問い直す

図6.3　カルリの母子の典型的な姿勢（子供を外側に向けて背中側から抱く）
（http://www.eco-communications.net/2010/07/01/bosavi-portraits-part-2/）

齢が上のきょうだいに向けられたものであり、上の子供たちは積極的に乳児と接するように仕向けられる。乳幼児のきょうだいとのやりとりに母親がどのように関わっているのかを次の例でみていこう。母親は3ヶ月になる息子のベイジを抱えている。ベイジの兄、アビはもうすぐ3歳（35ヶ月）で、棒を肩に乗せて遊んでいる。大人の男性2人がよく1本の棒の両端をそれぞれの肩のところにのせて、重い道具箱を棒の真ん中からぶら下げて運ぶのだが、アビはそのやり方を弟のベイジと再現しようとしている。

母親	アビ
	（ベイジに向かって） ベイジ、僕の箱ここにあった？
（甲高い声で、ベイジのふりをして。アビに向いているベイジをうごかしながら） お兄ちゃん、半分もらうよ、お兄ちゃん。	
	（棒を突き出して）

　　　　　　　　　　　　　　　　　　　お母さんがベイジに半分あげてよ。
　　　　　　　　　　　　　　　　　　　ベイジ、ほら、半分どうぞ。
（甲高い鼻にかかった声で）
お兄ちゃん、何の半分のこと？何の
こと？お兄ちゃん、肩において。
（アビに普通の声で）
肩のところにおきなさい。
　　　　　　　　　　　　　　　　　（棒をベイジの肩にのせる）
注意しておいてあげなさい。
（棒が誤ってベイジにあたってしまう）
かわいそう、とめて。
　　　　　　　　　（Ochs and Schieffelin 1984: 289–290、筆者訳）

　母親は鼻にかかった甲高い声でベイジ役をやり、アビと話している。しかし
声の質を変えてはいるものの、「お兄ちゃん、半分もらうよ」など、ベイジ
の発話として発せられることばには赤ちゃんことばを使わない。すなわち、
ベイジの発話に使用される文章は、兄のアビに通じる程度の複雑な構造を
もっているといえる。
　ベイジ、アビ、母親の3人のやりとりは、会話の基本形が、話し手1人
と聞き手1人からなる2人対話ではなく、多人数会話であるという点で興
味深い。サモアもカルリと同様に、2人対話を基本としない会話のスタイル
をもつ社会である。サモアは階級社会であり、ランクづけによって発話や立
ち居ふるまいがまったく異なり、1つの社会行為も複数の異なる階層に属す
る参与者の手を介して実行されるようなことが珍しくない。したがって、養
育の実践も3人を巻き込んで行われることが多い。次の表は子供の要求が
養育者にどのように扱われるのかを順番だてたものである。

　　　子供が高い地位の養育者に訴える　　　　　（A → B）
　　　高い地位の養育者が低い地位の養育者に伝える　（B → C）

138　第Ⅱ部　「ことば」を問い直す

　　　低い地位の養育者が子供に対応する　　　　　　　（C → A）

　　　　　　　　　　　　　　（Ochs and Schieffelin 1984: 296、筆者訳）

つまり子供から母親に何かしらの訴えがあると、母親は、子供の兄などほか
の者へ指示を出す。そして兄が子供の要求に応えるといった具合の三角形で
コミュニケーションが行われる。

6.2.3　子供に合わせるか、子供が合わせるか

　オークスらは、アメリカ、カルリ、サモアの3つのコミュニティーにお
ける養育者のふるまいと子供の言語習得の実践方法を比較し、次のような2
つの適応の傾向を提案している。状況がどの程度子供のために調整されるの
かをあらわす適応の定規は、社会化の類型的パターンを位置づけるのに役立
つと考察している。

表 6.1　社会化の類型化をあらわす 2 つの傾向

状況を子供に合わせる	子供を状況に合わせる
発話を簡単にするレジスター（赤ちゃんことばなど）	簡素化しない発話で、第三者に向けて、子供に復唱させる
質問や言い換えで意味を交渉する	
養育者と子供が協力して文を作る	子供が他者の存在に気がつくように仕向けられる
子供が始めた言語・非言語行動に発話で対応	養育者がその場の状況から発生することがらに子供が対応するように求められる
典型的なコミュニケーションの状況：2 人対話	典型的なコミュニケーションの状況：多人数

（Ochs and Schieffelin 1984: 305、筆者訳）

　たとえば、赤ちゃんことばのような子供に合せた短い発話や簡単な発話を
養育者が使うスピーチ・コミュニティーでは、子供が話しはじめるようにな
ると、「それで何をしたの？」（What did you do then?）「それでどうした

の？」(Then what happened?)、「あのときのこと覚えてる？」(Remember when...?) など、質問をくり返しながら積極的に子供に発話を促して協力しながらナラティブを構築する (Ochs and Taylor 1995)。このような養育者から子供になげかけられた質問文は、養育者が情報を引き出すために質問しているのではなく、質問文を足場 (scaffolding) として提供し、子供が自らの経験を、適切な方法で語れるように手助けをしていると考えられる。つまり、経験を語るという状況のニーズを、子供に合せて養育者が調整しており、表6.1 の左側の傾向が強いスピーチパターンであるといえる。一方表 6.1 右側の傾向が強いコミュニティーでは、子供は常に外側に注意を向けるようにうながされる。養育者は、状況ごとに適切な言い回しのお手本をみせて、子供にくり返すように催促する。オークスらの研究したカルリやサモアの場合は表 6.1 右側の傾向が強いコミュニティーである。

6.3　書きことばの言語社会化

　言語社会化の概念は、さまざまなスピーチ・コミュニティーのエスノグラフィーを通じて、主に生後間もない乳児から幼児が話すことができるようになるまでの段階を観察する研究が主流であった。冒頭でも述べたように、デュランティはこれを「第 1 段階の言語社会化」(primary language socialization) と呼んでいる。言語社会化はこの第 1 段階の社会化の事例研究から発達した理論であるものの、人間は人生のさまざまな段階で、学校に入ったり、会社に入社・転職して、それまでとは異なる立ち居ふるまいを身につけなければいけない場面が多々でてくる。このような環境の変化によって新しいことばを身につけなければいけない段階における言語社会化は、「第 2 段階の社会化」(secondary socialization) と位置づけられる (Duranti 2009: 293)。第 2 段階の社会化で、まず重要な場面は文字との出会い、書きことばの習得であろう。本節では、シャーリー・ブライス・ヒースの『ことばによる道』(*Ways with Words*, S. B. Heath 1983) という書籍を紹介する。元々教員であったヒースは、白人と黒人の生徒で、書きことばに対する姿勢が全く異な

140 第II部 「ことば」を問い直す

ることに注目して、両コミュニティーにおける識字体験(literate tradition)を
明らかにした。学校のみならずそれぞれの生徒の家庭にも足を運び、参与観
察や録音を通じて子供たちがどのように文字に触れ、文字を通じて言語社会
化が実践されているのかを考察している。この研究が発表された1980年代
のアメリカは、人種差別廃止のための運動が盛んで、白人、黒人の生徒たち
は、同じ教室で学ぶようになっていた。第4章でも紹介されたように、同
時期に発表された、スーザン・フィリップスの『見えない文化』(*The Invisible Culture*, S. Philips 1983)と同様、同じ英語を話すアメリカでも、インディ
アン、白人、黒人といった人種によるコミュニティーでは、それぞれ、書き
ことばに対する姿勢、文字の導入の仕方、学習の方法、知識伝達の方法など
が大きく異なる。学校というある程度の統一された基準で学習を進め、規範
を教育しなければいけない現場で、こうしたコミュニティーによる学びの姿
勢の差異を調整することは多くの課題があった。ヒースは、この点を重要視
し、アメリカ南東部、ピードモント・カロライナにあるトラクトン(Track-
ton)とロードビル(Roadville)という2つの都市でフィールドワークを行っ
た。この2つの都市は大きさも人口も似通った隣接都市であり、両都市と
も繊維工業が中心的な産業で、労働者階級が居住していた。大きな違いは、
トラクトンは多くのアフリカ系アメリカ人が住んでおり、ロードビルは白人
社会であることだ。すなわち文字や話し方に対する考え方が全く異なるコ
ミュニティーなのである。ヒースはフィールドワークを通じて両方のコミュ
ニティーに深く関わり、双方のことば観の違いを明らかにし、それぞれの特
徴にそった学習プログラムの作成に貢献してきた[2]。

6.3.1　黒人労働者階級コミュニティーにおける識字体験(トラクトン)

　アフリカ系アメリカ人コミュニティーのトラクトンでは、新しい本を次々
と買い与えるようなことはしない。文字とのふれあいは、本という形態では
なく、日常の中に組み込まれている。新聞、車のパンフレット、広告、教会
や学校からの配布物など、日常のさまざまな場面で活字に触れる機会があ
り、子供たちはそれらの日常的なアイテムを使ってゲーム感覚で書きことば

第 6 章　ことばを身につける　141

に親しんでいく。トラクトンにおける書きことばは、日常の一部であり、問題解決や社会的活動に常に埋め込まれたものとして位置づけられている。

　たとえば郵便受けから郵便をとってきて何が書いてあるかを読み上げることは、学校に通いはじめる前後の年齢の子供たちの間では人気のゲームである。トラクトンの子供たちは、さまざまな活動に常に「読む」という行為がついてくるような環境で生まれ育つ。歩けるようになればすぐに大人たちの買い物に同行し、値段を読んだり比較するといった大人の行動を観察している。値段をあらわす数字だけでなく、いつも買うパンの名前やコーンフレークの銘柄、それらの名前が書いてあるフォントや箱のデザイン、マスコットなどの視覚的情報も子供たちはよく観察し、いつ、誰と、どのコーンフレークを買ったかといった文脈をよく覚えている。

　ヒースが子供たちに描かせた絵をみると、トラクトンの子供たちは文字概念を視覚的に捉えようとする傾向が強いことがわかる。ヒースは就学前の 3

図 6.4　未就学児の描く「活字」のイメージ
（Heath 1983: 195）

歳、4歳児に家のドア、新聞、スープの缶、お手紙のイメージを絵に描いてもらっている（図6.4）。

　左上のゲイリー（4歳6ヶ月）が描いた「新聞」の絵は、新聞には見出しがあり、見出しは本文よりも大きいフォントで書かれていることを理解していることがわかる。右上のメル（4歳）の描いた「お手紙」の絵は、上に日にち、その少し左下に宛名、本文の終わりに結びのあいさつがあって、最後に自分の名前を書くといった手紙の書式を、イメージとして認識していることが示されている。メルはスープ缶のイメージとして上部に筆記体で書かれているブランドの名前を大きく配置し、線を引いて下部には製品情報をイメージした絵を描いている（図6.4、一番下）。このように活字は日常生活の一部として視覚的に鮮明に記憶されており、活字は社会的文脈に常に埋め込まれている。トラクトンの大人たちも読むことは社会的な活動として捉えている。

6.3.2　白人労働者階級コミュニティーにおける識字体験（ロードビル）

　ロードビルでは、トラクトンと比べて本を読むことが大事とされる。子供たちはよく本を買ってもらい、親たちは幼いうちから就寝前の読み聞かせを習慣づけている。ロードビルでは、手紙を書いたり受け取ったりすること自体が会話のトピックになりうる。文字に敬意をはらい、子供たちは、大人に指導されて、お礼状を書いたりする。子供たちの書きたいことを手紙に記すというより、正しい手紙の書き方を大人がお手本として指導する。手紙だけでなく、子供たちが正しく話し、本を読み、正しく字が書けるようになることは大人の責任であると考えられている。そのため、親たちは賢明に子供たちに読み書きを指導しようとするのである。

　こうしてロードビルとトラクトンの子供たちは学校にいく前の活字との接し方や話し方が全く異なっていることがわかった。絵本を読んだり、テレビの広告を見たり、コーンフレークの箱の活字の種類や大きさなどについて観察するといった活字にまつわるさまざまな日常的な活動を「識字活動」（literacy events）という。この識字活動のやり方を比べると、それぞれのコミュ

ニティーのことば観の違いが明らかになっていく。

6.4　大人の言語社会化

　第2段階の社会化は、大人になってからも重要な側面をもつ。特に学校を卒業して特定の仕事に就くときには、その仕事のプロフェッショナルになるために新しいことばの使い方や身のこなし方を習得しなければならない。たとえば、エリザベス・メルツが2007年に発表した論文では、弁護士がいかに弁護士らしく法律の文書を扱えるようになるかをエスノグラフィーを通じてひもといた（Mertz 2007）。メルツはアメリカの複数の法学部の授業を録音し、学生が、教授主導で論争的な話し方（argumentative dialogue）に誘導されていることを指摘している。この教授との形式的なやりとりを理解し、議論を返せるようになることで、その話し方の根底にある弁護士らしいものの見方を習得していくのである。

　美容のスペシャリストになる過程でも言語社会化のアプローチが有効である。ジェイコブス・ヒューイの研究によれば、アフリカ系アメリカ人の美容師たちは、技術を学ぶセミナーなどで自分たちを「髪の医者」であると位置づけ、より科学的な言葉遣いをするように指導されるという。たとえば家での洗髪は、髪を「洗う」（washed）と言ってもよいが、美容院では、髪は「シャンプーする」（shampooed）と表現する。ほかにも髪を「アイロンする」（press）は髪を「絹化させる」（silken）と表現するほうがよいとされる。こうした違いは、髪のことに詳しいお客と、美容師としての自分たちを区別するために重要である。つまり科学的なことばを使って、美容師たちプロとしてのアイデンティティをあらわしている（Jacobs-Huey 2006）。

　弁護士、美容師のみならず、教員やそのほかの仕事場面でも、仕事の内容を学習していく過程には、このような社会化が伴うと考えられる。ある特徴的なことばの使い方を、実践を通じて習得することで、その職業の考え方や社会的背景を学び、プロフェッショナルらしいふるまいを身につけていくのである。

6.5 言語社会化の応用と可能性

　言語社会化の概念は、チョムスキーのコンピテンス重視のアプローチで言語習得の研究が広く行われていた時代に、社会・文化的側面の重要性を主張し発展した考え方である。子供が社会の一員になるプロセスは、語彙や文法能力が発達するプロセスと表裏一体である。当初、言語社会化の研究は子供の言語習得場面を中心的に分析してきたが、現在では上述のプロフェッショナルな知識を身につける場面に加え、第2外国語の学習場面（Duff 2014）、移民の言語習得場面、あるいは移住した後先祖の言語を習得し直そうとする場面（He 2014）など、さまざまな場面で応用ができる考え方である。本節では、タイのバン・コール手話のエスノグラフィー研究を例に、言語社会化と絶滅言語との関係を指摘したノナカの研究を紹介する（Nonaka 2014）。バン・コール手話（Ban Khor Sign Language）はタイ北東部にあるイーサーン地区のごく限られた村で使われる手話である。この地域はろう者の数が多く、20世紀前半に手話が発達した。バン・コール手話の普及はろう者人口が比較的多いことに起因するであろうが、その後の発展と拡散にはろう者だけでなくバン・コール手話を話す聴者の存在がかかせない。ここで、6.2.3節で概説した、オークス、シフリンらのアメリカ、カルリ、サモアの言語社会化比較研究で提案された適応のスケールをつかって考えてみよう。この比較では、子供（学習者）を環境にあわせるか、環境を子供（学習者）に合わせて調整するかの度合いで社会化の類型パターンができあがるという考察であった。ろう者は一般的に、自分たちが環境に合わせていくしかない場合が多い（表6.1の右欄参照）。たとえば、聴者の扱う書きことばを習得して筆談で聴者と意思疎通を図ったり、通訳者をともなって病院に行ったりしなければならない。ところがバン・コールでは、コミュニティーのマジョリティーを占める聴者が積極的にバン・コール手話を習得し、環境をろう者に合わせて調整しているという（表6.1の左欄参照）。その理由は多々考えられるが、1番の理由はバン・コールが位置するイーサーン地区の住民の多くはマルチリンガルな環境で生活しているためにすでに複数の言語習得に経験があり、手話を

覚えることに抵抗がない点が考えられる。ところが最近のろう者は、タイが国策として拡散を促進しているタイ手話との接触の機会が多いために、バン・コール手話でなく、タイ手話を習得しているという。したがって、バン・コール手話を使用するのはろう者でなく、バン・コールの聴者たちということになる。ノナカはバン・コール手話の習得状況は、言語社会化の概念が絶滅言語の実態を解明するために役立つ 1 例であると考察している。「手話使用者＝ろう者」という発想であれば、バン・コール手話はろう者の使用人数が減少しているために絶滅の危機にある言語ということになってしまう。ところが、実際使用している・話せるのはバン・コールの聴者という点を積極的に言語社会化の実践の一部として位置づけることで、バン・コール手話の存続が期待されるのである。

6.6　おわりに

　本章では、ことばを身につけるという一見普遍的にみえる現象を言語人類学ではどのように捉えるのかを概説した。特に 1980 年代、チョムスキーの言語学の考え方を意識して提案された言語社会化の概念の発展を、事例を紹介しながら解説した。いずれの事例研究も、言語を静的な知識体系とみるのではなく、ことばをさまざまな状況で社会的実践を通して修得される技能の一部として捉えていた。言語社会化はコンテクストと言語の切り離せない関係を指摘した重要なパラダイムであり、言語学と、社会学的アプローチから言語現象をみる言語人類学の独自性の確立に貢献している。

　言語社会化は、母語が流ちょうに話せるようになったら終了するものではない（第 1 段階の言語社会化）。住環境がかわり、新しい仕事についたり、コミュニティーのメンバーがかわることで、生涯にわたって言語社会化をやり直す可能性がある（第 2 段階の社会化）。また、これからのグローバル社会で、母語の習得が必ずしも 1 つとは限らない、複数の言語が常時接触するような場面での言語社会化を観察することも重要である。環境の変化はますます多様になることが予測され、言語社会化の現場はさらに複雑化してい

くだろう。

【この章のキーワード】

言語社会化（language socialization）
2人対話（dialogic interaction）
多人数会話（multiparty interaction）
識字活動（literacy events）

【思考のエクササイズ】

①「新生児」「乳児」「幼児」「乳幼児」あるいは"newborn""infant""toddler"など子供のカテゴリーを示す日英語の語源を考察し、その名称からどのような文化的動機づけがあるか考えてみましょう。

②下図は2才の女児が自宅で絵本を読んでいる場面の1コマです。女児は絵本をどのように読んでいるでしょうか。音読しているでしょうか、黙読しているでしょうか。またそれが判断できるのはなぜか、この図から見える女児の言語習得の実践状況を推測してみましょう。

③オークス、シフリンらの研究で提案された、社会化の類型化をあらわす2つの傾向（表6.1参考）に示された、状況を子供に合わせるか、子供を状況に合わせるかの判断について、日本語ではどちらの傾向があるか議論してみましょう。またことば以外にどのような場面で、日本人は状況を子供に

合わせたり、子供を状況に合わせているかを考えてみましょう。

注

1　高田（2010）によると、ボツワナ共和国のグイやガナの乳幼児は、言語を理解できるだろうと想定される年齢になっても西洋人や日本人の子供たちのように言語を話さない。その代わり、模倣による活発なコミュニケーション参加が早い段階から確認できるという。

2　トラクトン、ロードビルの2つのコミュニティーを比較の上で、もう1つ重要なコミュニティーがある。それは、町の人々（the townspeople）とヒースが呼ぶ、白人、黒人を含む主流層のコミュニティーである。町の人々のコミュニティーは学校や職場など、生活の構造や価値観の形成に大きな影響力を持ち、トラクトン、ロードビルのコミュニティーに住む人々もこの主流層に大きな影響を受けている。

第Ⅲ部

拡大するフィールド

第7章　変容する社会を捉える

　本書では主に第4章以降、言語人類学の範疇にある諸研究の中でも、ディスコースを文化社会的実践として捉える、ディスコース中心の文化へのアプローチをとる研究を紹介してきた。こうした研究はいずれも、特定のフィールドでのエスノグラフィー調査に基づき、具体的な相互行為の場をディスコースの中心として捉えてきた。特にハイムズ主導による初期のコミュニケーションの民族誌では、ある程度話し方の規範性を共有する集団としてのスピーチ・コミュニティーにおける相互行為に着目した研究が多く行われた（第4章のウォロフや西アパッチの例などを参照）。しかし第1章でも述べたように、1980年代後半になると、難民の誕生、移民の流入、地域紛争、サブカルチャーの台頭などによる社会の変化に伴い、こうした均質的なスピーチ・コミュニティー観そのものが疑問視されるようになってくる。

　文化人類学者のアブ＝ルゴッド（Abu-Lughod 1991）によれば、場所としての歴史社会的文脈の中に生起する文化は、本質的に均質で首尾一貫したものではなく、異種混合で、流動的で、不調和なものである（松木 2004: 219）。本章では、こうした異種混合の文化、流動性や不調和を内包する文化をいかに記述するかを追求したエスノグラフィー研究を紹介する。それに先立ち7.1節では「他者を理解する」という文化人類学における中心的命題に立ち返り、そのために試行錯誤されてきた方法について論じる。7.2節では、誰が誰をいかに表象するのかという問題について、非標準的表記をめぐる論考を紹介する。7.3節では、さまざまなレベルの言語イデオロギーの中で自らの立ち位置や生き方を交渉する言語実践の様子を、ドミニカ系アメリカ人2

世の言語使用と、日本の中学生が使用する人称代名詞のエスノグラフィー研究から考える。7.4 節では、「語り」と「場所」の関係性を解き明かしたバッソによるエスノグラフィーを中心に、ことば、人、もの、そして場所や環境との関連性と共在性について考える。

7.1 他者を理解するということ

　具体的な事例を紹介する前に、ここで文化人類学という分野において、他者を理解する、異文化を理解するということがどのような作業なのかを前川（2018）を引きながら、改めて考えてみたい。文化人類学の仕事の中心に「他者理解」がある。文化人類学者はフィールドに赴き、民族誌を書くことを通して、他者を客観的ではなく「内在的」に捉えることを目指してきた。フィールドワークを通した他者の内在的な捉え方は、経験性を基盤にしながら、ことばや感覚を交える中に構築されるプロセスである。一方で他者の内在的視点を描くことは、同時に自らの世界の相対的な差異を見出すことに繋がり、結果として「自らの世界が何であるか」に気づかされるプロセスでもある。つまりフィールドでの調査者は、他者の世界を囲い込んで包摂するのではなく、その側面を自らの中に取り込み、自らの世界をも包括的に変容させる。前川はこの再帰的な視点の移動の反復性を、「超越論的」アプローチと呼ぶ（前川 2018: 16）。この再帰的な視点の中には、自己と他者の非対称性、力関係の非均衡、歴史的に形成された従属的関係性が存在する。他者を理解しようとする場面は常に社会の力関係に根差した格差、ヒエラルキーとしての政治経済的現実の中にある。前川はその関係性の歴史から独立して存在しえないという限界を認識しつつ、それでも他者を理解し続けようとする態度が超越論的なアプローチだとする（ibid.: 22）。

　第4章でも論じたように、ディスコース中心の文化へのアプローチの系譜にあるコミュニケーションの民族誌の貢献に、「ことば観を問う」、そして「聞こえない声を描く」ことが挙げられる。このことは、単に文化を自律的で独自のものとして捉え、またその多様性を列挙する作業ではない。自らと

照らし合わせ、再帰的な眼差しの中で文化や他者を捉えようとすることが求められるわけである。またその姿勢は、他者を描くことのレトリック的な限界の中、「西洋」対「非西洋」、「調査者」対「被調査者」という概念から脱却しようとする姿勢でもあった。こうした動きは、他者を文化や実践コミュニティーといった「共同体」として描こうとするだけでなく、人という「個」、さらには「場所」や「もの」を中心としたエスノグラフィー (ethnography of the particular) を構築しようとする流れへと繋がってゆく (Abu-Lughod 1991 等)。

7.2　誰をいかに表象するか

1986 年にクリフォードとマーカスが著した『文化を書く』(*Writing Culture*) は、フィールドワーカーがテクストとして抽出、解釈し、編み出した民族誌について、その「生成過程」における表象方法に批判的な眼差しを向けた書であった。この本の出版以降、調査する側とされる側、そして誰の文化として、何を、いかに記述するかという「文化を書くことの政治性」が問題意識として共有されるようになる。

この問題はことばの研究において、正書法 (orthography) としての表記方法の問題に直結する。ことばを文字化するという行為は極めて作為的な取捨選択のプロセスである。聞こえた音をどのように分かち書きするのか、またどの既存の文字で表記するのか。標準的な表記を用いるのか、それとも非標準的な表記をするのか。笑い、くり返し、言いよどみ、咳き込み、間合い、声の震えやイントネーションなどをいかに、どこまで表記するのか。またこの表記方法の選択は誰が、どのようにすべきなのか。こうした表記の取捨選択は、同時に表記としての記号に付随する指標的意味を、テクスト化のプロセスに取り込む作業でもある。このことについて論じたものに言語人類学者ハリエット・オッテンハイマー (H. Ottenheimer) による次の論考がある (Ottenheimer 2006)。

7.2.1 「カズン・ジョーを書く」

　オッテンハイマーは大学院生時代にアメリカ、ルイジアナ州のニューオリンズでブルースやジャズ音楽の研究をしていた。そこでインフォーマントとして出会ったある黒人ミュージシャンの自伝執筆に関わることになる。「カズン・ジョー」(Cousin Joe) の愛称で知られる Pleasant Joseph 氏(1907–1989)は、ルイジアナの貧しいプランテーションに生まれた。幼少期を貧困、差別と暴力の世界に生きる中でゴスペル音楽に出会い、その後ブルース・ジャズ歌手としての才能を発揮し、ニューヨークで活躍した後、ニューオリンズに戻ってライブ活動をしていた。65 歳の時にフランスの年間ベストアルバム賞を受賞するなどの名声を得ていたカズン・ジョーは、オッテンハイマーの博士論文のインフォーマントとなることの引換条件に、彼女の助けを借りて自伝を出版している (Joseph and Ottenheimer 1987)。

　自伝のためのオーラルヒストリーの聞き取りは、それが開始された当時60 代だったカズン・ジョーに対し、白人女性のオッテンハイマーがインタビューする形で行なわれた[1]。オッテンハイマーはインタビューの場では聞き手役に徹していた。しかし、テープからの文字起こしの段階になると、彼女はカズン・ジョーのことばを文字上に表現する「アニメーター」の役を担うことになる[2]。その過程でオッテンハイマーは、彼の話すアフリカ系アメリカ英語の発音や文法をどのように表記するか試行錯誤することとなる。彼の黒人訛りの英語を標準的アメリカ英語に書き直すべきか、また書き直す場合にはどの程度直すべきなのかという問題である。

　文字化の初期段階でオッテンハイマーは、カズン・ジョーの話す "he say"(標準英語での "he said")、"they wasn't"(標準英語での "they weren't")といった話し方を聞こえたままにつづっていた。その際、彼女は本の読者層を教養のある白人男性を中心としたブルースやジャズのファンに想定していた。つまり、こうしたファンが期待する典型的なニューオリンズのブルース・ジャズシンガーの話し方として、カズン・ジョーのありのままの話し方を記述しようとしたのだ。しかし一方で、彼女はアフリカ系アメリカ人の同僚らから、こうした方言表記が自分たちの自尊心を傷つけると言われ、やめてほし

いと意見される。まだ人種差別が日常的に色濃く、またいわゆる黒人英語についての学術的理解も進んでいなかった 60 年代後半から 70 年代のアメリカ社会である。オッテンハイマーは白人音楽ファンの読み手が求めると想定した「リアルな類像」としての非標準的表記と、当時のアメリカ社会においてマイナスの社会的アイデンティティを付与された「社会的指標性」をもつ非標準的表記のはざまで悩むことになる。

しかしこの問題は、ある時内容確認のため、カズン・ジョーに文字化した原稿を郵送したことをきっかけに解決へと向かう。カズン・ジョーはタイプで清書された彼のことばに、手書きで加筆や修正を行い、その原稿をオッテンハイマーに送り返してきたのだが、その中で本のナレーターとしての彼の声の部分を標準語の正書法に直していたのだ。しかし彼が登場人物となる回想場面や、他の人々とのやりとりの場面は非標準的な文法と表記のままになっていた。つまりカズン・ジョーは、語り手としての自身の声には、標準的文法表記を通した「権威」と「尊厳」を与える一方、回顧録の中の自身自身の声には、ローカル色の濃い黒人英語を残すという選択をしていたのだ。

このことについてオッテンハイマーは、フィールドワークの最中に頻繁に訪れたライブ会場で、ステージ上のカズン・ジョーがパフォーマンスにおいて、「誇張方言」(exaggerated dialect)を使用していることを思い出していた。黒人英語(もしくは訛り)を大袈裟に用いることで、カズン・ジョーは聴衆がステレオタイプとしての南部の黒人シンガーに「期待する話し方」を演じ、それを通して彼自身と聴衆をあざけり、からかうパフォーマンスをステージ上でくり広げていた。このことからオッテンハイマーはカズン・ジョーの話す言語変種としての黒人英語が、被差別性を社会的に指標するものだけに留まらず、パフォーマーとしてのレベルにおいて自己表象の資源であるという認識に至る。

最終的にオッテンハイマーはカズン・ジョーとのやりとりを通して、ナレーター/語り手としてのカズン・ジョーの声を標準正書法でつづり、回想としての物語世界の声には引用符を付けて非標準的表記を用いるところに落ち着く。オッテンハイマーは、このテクスト化のプロセスでのチャレンジが

「話す人物を伝えること」(to convey a speaking person) だったとしている (Ottenheimer 2006: 116)。同時にこのチャレンジを巡る論考は、われわれの「声」というものが、いかに個人性、人種性、ジェンダー性、時代性、さらに他者性といったさまざまな「声」の融合体としてのハイブリッドであるかを教えてくれる[3]。

7.2.2 表記すること・表象すること

　オッテンハイマーが論じたように、話しことばとしての発話は、その受け手の解釈によって、またそれが発話される歴史社会的なコンテクストの中で記号的な意味をもつ。つまり音声を文字化する、表記するテクスト化の行為は、表記が表象する意味の構築過程そのものであるのだ。たとえば英語のカジュアルな会話では、"going to"とは言わずに"gonna"と言う場面が多い。しかし、こうした非標準的なつづりを、大統領の正式な声明として新聞記事に掲載することは滅多にない代わりに、アパラチア地方[4]の民話やブルースの歌詞が表記される際には、必ず非標準的な書き方が選択されるとオッテンハイマーは述べる (Ottenheimer 2006: 167)。このように、ある人のことばは特定の方法で表記されるのに対し、別の人のことばはそうでないという歪みが常に存在する。こうした中で他者を表象するエスノグラファーは、その書きことばから想起される「ステレオタイプ」を、そして「正しい書き方の定義」を誰が管理し、制御しているのかを考えなくてはならない(ibid.: 167)。

　このように発話の表記というのは常に「本質的に不完全」であるが、そこには会話分析の「聞いたままに忠実につづる」とはまた異なる課題が見出される (Ottenheimer 2012: 106–113)。カズン・ジョーの事例にみたように、文化社会的な文脈における相互行為は、メタ語用論的解釈が織りなすさまざまな「声」のせめぎあいの場所である。オッテンハイマーは、自身がとったテクスト化の結果について「データは、常に聞こえる範囲で最大限正確に、そしてそのプロジェクトに見合う形で文字化されなくてはならない。しかし表記としての表象は、対象、オーディエンス、政治性への心配りへの反応として構築されなくてはならない」(Ottenheimer 2012: 117)としている。

この課題は同時に、セヴェリとハンクスが問う「文化の翻訳」としてのエスノグラフィーのあり方を問い直すことにも繋がる（Severi and Hanks 2015）。音を表記する行為を含め、1つの言語をほかの言語に置きかえて説明する作業は、エスノグラファーが異文化において行う行為に限らず、話し手が常日頃から行っている行為でもある。バイリンガルやマルチリンガルな話者の多言語間での言い換え、コード・スイッチ、パラフレーズ、引用を介した説明、ジェスチャーなどのパラ言語の使用、絵などのイメージの利用などは、どれも意味を他の形態で伝えようとする翻訳作業であり、その意味で翻訳は「理解しようとする」過程そのものとみなされる（Hanks and Severi 2015: 2–3）。このように考えると、エスノグラフィーを書くということは、文化的知識を構成する言語、非言語的なコード、コミュニケーションの文脈、伝統を継続的に翻訳し続ける作業だといえる（ibid.: 16）。ボアズからウォーフに至る言語人類学者らは、その言語相対主義的な思想において「すべての言語が独自の方法で世界を詳述する」と述べた。こうした言語文化は、ただ互いに異なるだけではなく、あくまでも「翻訳可能」（translatable）である。この「翻訳可能である」（being translatable）という特質は人間のコミュニケーションのすべての形に備わっており、またこの翻訳可能性が異なりを産み出すのだとセヴェリとハンクスは述べている（ibid.: 16）。その上で少しでも良質の「翻訳」を創り出し、またそのプロセスを討議することが言語人類学者の仕事の1つともいえるだろう。

7.3　流動するアイデンティティ

次に人種・エスニシティ、ジェンダー・アイデンティティに関する研究から、変容する社会を捉えようとするエスノグラフィーの事例を紹介したい。エスノグラフィーをその中心的方法論としながら、ディスコースとしての言語実践を調査した研究は、これまで特定の話し方をする総体としての言語変種やスタイルとして捉えられてきた人種・エスニシティ、ジェンダーを、その固定的枠組みから解放しつつある。たとえばことばが創り出す「人種観」

158　第III部　拡大するフィールド

に関してサミー・アリム（S. Alim）は、言語変種を特定の「人種」のもつ特性だとする認識だけでなく、比較的固定的な「社会的属性」や「言語変種」という概念さえも疑うことにより、より流動的な「言語資源」という観点からの理解が可能だとする。つまり、言語資源を、話し手がアイデンティティを形成し、アイデンティティと対峙し、投射する過程において用いられるものとみなす視点である（Alim, Rickford, and Ball 2016: 2）。そうした研究の1つとして、次にベンジャミン・ベイリー（B. Bailey）によるドミニカ系アメリカ人2世の言語使用とアイデンティティをめぐる研究を紹介したい（Bailey 2000）。

7.3.1　ドミニカ系アメリカ人2世の言語実践と複合アイデンティティ

　アメリカ合衆国のように社会が階級、人種・エスニシティによって階層化された社会では、ことばの利用がその階層性を構築し、再構築する実践的場所になる（Eckert 1989, 2000）。同時にマイノリティーの立場からは、言語実践の場はその支配構造に抗う場所でもある。ベイリーがフィールドとしたロードアイランド州のドミニカ系アメリカ人2世の若者たちは、見た目（phenotype）は黒人ながら、スペイン語圏のドミニカ共和国の出自である。彼らは多民族がひしめきあうロードアイランド地域で、英語とスペイン語の2言語のさまざまな変種を使って生活している。それらは標準プロビンス地域英語、非標準的プロビンス地方英語、AAVE（黒人英語）[5]、標準ドミニカスペイン語、非標準・地域ドミニカスペイン語である。ベイリーは1年に渡り学校、家庭、コミュニティー内で参与観察、インタビューと会話の録音を通したフィールドワークを実施し、特に16歳から18歳の協力者6名に焦点を当て、彼らのディスコースを分析している。

　ドミニカ系アメリカ人2世の彼らは、グループ内で上記のさまざまな変種を用いてコード・スイッチをしている。"I love the way *como* the American be doing sandwich" という発話をみてみよう。この発話は英語で始まり、/como/（英語の how）の部分でスペイン語に切り替わり、その後 /be doing sandwich/（この発話の文脈内では「サンドイッチを作る」という意味）とい

第 7 章　変容する社会を捉える　159

う AAVE の文法的特徴で終わっている。

　ドミニカ系アメリカ人 2 世の彼らにとって、同じ低所得階層の人種区域
に住むアフリカ系アメリカ人は生活の上での共通項も多く、特に若者は
AAVE からの語彙や文法を、「非白人性」の象徴、そして支配層へのレジス
タンス (抵抗) の言語として頻繁に用いている [6]。一方で、彼らは自分たちの
人種性を「黒人」と同一視 (identify) せず、代わりに言語性としての「スパ
ニッシュ」(Spanish) と自分たちを同一視する [7]。たとえば、次はベイリーが
インフォーマントの 1 人のナネットにインタビューを行った際の彼女のこ
とばからの引用である。

　　ベイリー：誰かに自分が何者かって聞かれたらどう答える？
　　ナネット：スパニッシュだって言う。このことでもめたことがある。
　　　　　　　「スペイン出身じゃないのに、スパニッシュってどういうこ
　　　　　　　と？」って。スパニッシュでない人にはわからないし、私自
　　　　　　　身もちゃんとわかっているかわからないけど。でも人に聞か
　　　　　　　れたらスパニッシュ。「スパニッシュならどこの出身？」と
　　　　　　　も聞かれるけれど、私たちみんな違うところから来ていて、
　　　　　　　でもみんなスパニッシュを話すから、私たちはスパニッ
　　　　　　　シュ。「でもみんな英語を話しても、自分たちがみんなイン
　　　　　　　グリッシュとは言わないよ」とも言われるけれどそれとは全
　　　　　　　然違う。何か違う。私たちは自分たちがスパニッシュだって
　　　　　　　言う。

　　　　　　　　　　　　　　　　　　　　　（Bailey 2000: 206、筆者訳）

　彼らの生活世界における「スパニッシュ」とは言語としてのスペイン語を
指すだけでなく、人種・エスニシティのアイデンティティとして用いられて
いる。つまり見た目は黒人でも、スペイン語を話すという事実が彼らを「非
黒人」にしているのであり、こうした中で人種性は個人に付与された固定的
な属性ではなく、ローカルなコンテクストで言語的に達成されるアイデン

ティティとなる。

「スパニッシュ」という言語を自身の属性に据える行為は、「黒人」、「白人」、「ヒスパニック」といった既存の社会的カテゴリーや、アメリカの歴史的人種観を構築する「黒人対白人」という対立的人種カテゴリーを揺らがせ、それに抗う実践となる。つまりドミニカ系の人種・エスニックアイデンティティは、黒人性や白人性といった「象徴的支配」(symbolic domination, cf. Bourdieu)の構造に対する反応(リアクション)としてのアイデンティティでもあるのだ。

彼らは自分たちの立ち位置を交渉する際に、ことばの利用を通して社会的な境界線を顕在化させ、さまざまなアイデンティティの側面を実働させる。それはドミニカ系アメリカ人2世同士の仲間うち(intragroup)でも行われる。次のやりとりでは授業をさぼって校外にいるイザベラが、友達のハネルとバシルとともに、最近付き合いだしたサミーについて話している。このやりとりに先立ち、イザベラはサミーが比較的最近ドミニカから移民してきた「田舎者」(hick)で、別れようかと思っていると話している。下記のやりとりのイタリック体はスペイン語で発音されるスペイン語の箇所を示す。

イザベラ：（バシルに）Sammy and Daniel are cousins?
　　　　　　　　　　サミーとダニエルっていとこ？
バシル　：They're friends 友達だよ
イザベラ：They're friends 友達
バシル　：They know each other // (　　) お互い知り合い
イザベラ：　　　　　　　　// (del/from) Santo <Domi:ngo>,
　　　　　　　　　　ドミニカ出身
ハネル　：Are they really-// they're brothers, (　)? 本当に 兄弟じゃない？
イザベラ：　　　　　　　//<del ca:mpo> 田舎の出身
ハネル　：Son hermanos? 兄弟なの？
イザベラ：（バシルに）Son hermanos? 兄弟なの？
バシル　：They used to go to school together. 前一緒に学校に行ってた
イザベラ：They used to go to school together in Santo Domi:ngo. En el- (.) asilo.

　　　　　前一緒にドミニカで 寄宿学校に行ってた

　　　　　(2.2)

イサベラ：*el-* (.8)（（顔をしかめながら））*colegio*. > Yeah, that. < a (.8)
　　　　　private high school コレヒオ、そうあれ、私立の高校

　　　　　(.2)

ハネル　：I know, I hate that with *colegio*. It sounds like- (.2) some Catho-
　　　　　lic- or I don't know（（イザベラが静かに colegio と呟く））
　　　　　そう、コレヒオって嫌い。なんか、カトリックみたいな

イサベラ：I used to- (you know-) Oh, // (now) I understand]
　　　　　昔（向こうに行って）、あ うん　わかる

ハネル　：　　　　　　　　　　// (　　　　)], hmm. んー

　　　　　(.2)

イサベル：You're a bootleg, // I forgot. あんた海賊版だったね 忘れてた

ハネル　：　　　　　　　　// (yeah, man) そうだよ

　　　　　　　　　　　　　　　（Bailey 2000: 212、日本語は筆者訳）

　イサベラはサミーとダニエルについて話す時、スペイン語へコード・ス
イッチしているが、その際ゆっくりと、少し鼻にかけた発音で「ドミニカ出
身」(*Santo Domi:ngo*)、「田舎の出身」(*del ca:mpo*) と言う。独特の音韻的特徴
をもつこのレジスターは、田舎のドミニカ人、また最近アメリカに移民して
きたドミニカ人を侮蔑的に指標する上で、コンテクスト化の合図 (Gumperz
1982, 1992) として機能している。つまりイザベルはこのレジスターに切り
替えることで、比較的最近アメリカに移民してきたサミーとダニエル、つま
り「田舎者」の彼らと自分との間に距離を置くスタンスをとっているのだ[8]。
　その後、サミーとダニエルとが "*el asilo*"（寄宿学校）に通っていたと言った
後、2.2 秒の間を経てイザベラは、大袈裟に顔をしかめ、ことばを探してい
たかのように "*colegio*" と言い直す。この "*colegio*"（私立高校）は日常的に使わ
れるごく普通の単語だが、イザベラはこのことばに対して一瞬躊躇し、また
発話の直後に英語にコード・スイッチして、「そう　あれ」(Yeah, that) と

"*colegio*"ということばと距離を置くメタコメントを発している。これに乗じてハネルもイサベラに同調し、さらに「カトリックみたい」とドミニカ共和国の学校に「宗教性」という彼女たちにとっての負のイメージを付与して、「外側」の視点をとっている。ここでイサベラは「うん　わかる」と、ハネルと同じスタンスを共有しながらも、突然ハネルのことを「あんた海賊版だったね　忘れてた」とし、ハネルとの距離をとる[9]。プロビデンスに住むドミニカ系アメリカ人の中では、アメリカ生まれでスペイン語をあまり話さない人は、偽物の意味で「海賊版」(bootleg) と呼ばれる。実際にイサベラは6歳までをドミニカで生活し、その後アメリカに移住した後、何度もドミニカを訪れていたのに対し、合衆国生まれのハネルは、赤ちゃんの頃ドミニカに一度行ったきりであった。このようにスペイン語の使用やスペイン語に対する認識は、やりとりの場面で自分と相手との共通点や相違点を指標するだけでなく、仲間内でさえも自分をより「真正な」ドミニカ系アメリカ人と位置づける上で利用される(Bailey 2000: 213–214)[10]。

　このようにドミニカ系アメリカ人の2世たちにとって、スペイン語と英語という2つのコード、そしてそのさまざまな変種という言語資源は、ローカルな「今、ここ」の場面において彼らの複合的なアイデンティティを交渉し、構築する手段となる。そのローカルな「今、ここ」は、同時に彼らが2世として生きるアメリカ社会(そしてドミニカ共和国社会)という歴史社会的文脈、さらには黒人性─白人性といったアメリカ社会に歴史的に構築されてきた社会指標的記号性の中にある。言語的多様性としての「ヘテログロシア」(heteroglossia, cf. Bakhtin 1981) は、モノリンガルを含むすべての話者のことばが社会、歴史性を帯びた多様な声の集まりだとする概念だが、こうしたヘテログロシア性は同時に、流動的であり、多層性を帯び、常に変わり続ける。さらに次項でもみるように、ディスコースを中心に据えたエスノグラフィーは、表面的には目に見えない話者の言語イデオロギー構築の過程をも明らかにする[11]。

　主に応用言語学分野で研究されてきたバイリンガル、マルチリンガル、コード・スイッチなどの理論を、フィールドの中から捉えなおす言語人類学

の研究には、ほかにもニューヨークのプエルトリコ系移民の子供たちのバイリンガリズムを描いた Zentella (1997)、タンザニアにおける英語とスワヒリ語の使用についてまとめた Higgins (2007) などがある。さらに日本のモスクとモスク教室を主なフィールドに、在日パキスタン人の子供たちが用いるコード・スイッチとスタイルシフトを研究したエスノグラフィーとして山下 (2016) がある。山下はウルドゥー語、英語、インフォーマルな話しことばとしての日本語、そして「ですます体」としての日本語を「コード」として扱い、こうした言語資源が発話場面や発話の相手などによって異なる使われ方をされる様子を緻密に描いている。そこには学校、友人関係、マスメディア、家庭、そしてモスクコミュニティーで耳にし、くり返されてきたやりとりの蓄積から、複数のコードに社会指標的意味が付与され、それをもとにスタンスが交渉され、関係が構築される過程が明らかにされている (山下 2016: 296)。

7.3.2 日本の中学生の人称詞とジェンダーイデオロギー

次に日本の中学生が学校という舞台で使用する一人称について、日常的実践の記録とインタビュー調査から、そのメタ語用論的解釈に裏打ちされた実践を描いた宮崎の研究を紹介したい (Miyazaki 2004, 宮崎 2016)。この研究もベイリーの研究と同様に、アイデンティティが話し手に備わる普遍的な属性ではなく、やりとりの場のコンテクスト、そしてよりマクロな歴史社会的文脈を含むディスコースを通じて構築されるプロセスであることを明らかにする。

英語に代表される印欧諸語の人称代名詞と大きく異なり、日本語の人称代名詞は発話の地域性、対話者間の関係性 (親疎、上下など)、場面の改まり度、職業、性的志向性、年齢世代、家族関係などによって、選択される人称詞がさまざまに変化する。たとえば英語で話し手を指標する "I" は、日本語では「私」、「あたし」、「オレ」、「小生」などがあり、話し手を指標する以外にも、さまざまな社会的属性や、発話の文脈における意味を指標する[12]。

宮崎は東京近郊の公立中学校で長期のエスノグラフィー調査を実施し、特

に生徒たちが用いる一人称の非伝統的な言語実践について考察している。宮崎はフィールドとした桜中学校(仮名)に調査者という立場で入り、調査対象とした学年の生徒が入学して卒業するまでの3年間に渡ってフィールドワークを行っている。その際、教室では主に不登校の生徒の席に座って授業、学級活動や掃除などの活動に参加し、さらに部活や郊外での参与観察、生徒や母親へのインタビューを通して、特にジェンダーによる一人称のメタ語用を明らかにしている[13]。

下記の図は、桜中のある学級のインフォーマルな場面で生徒たちが使っていた一人称を、普段主に使われる「主要一人称」、主要一人称とともに複合的に使われる「人称代名詞」、そして「非人称代名詞」に整理して図式化したものである。

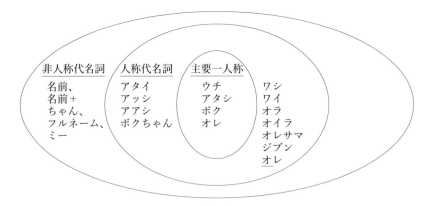

図 7.1　桜中において使用される主なインフォーマルな一人称
(宮崎 2016: 141 から一部変更)

この図によれば、生徒たちの間で恒常的に使われる一人称は、「ウチ」、「アタシ」、「オレ」、「ボク」である。主要な一人称以外にも、男子の間では「ワシ」、「オラ」、「ジブン」、「オレ」(オにアクセント)など、女子の間では「ボクちゃん」「アタイ」なども使用され、さらには人称詞でない名前なども使用されていた。こうした一人称の利用は多様であると同時に、発話の文脈や関係性によって複雑に変化し、また同一のスピーチイベントにおいてさえ

複数の一人称が使用されていた（宮崎 2016: 142）。

　また主要な4つの一人称にはジェンダーによる明確な使用領域はなく、女子の中でも「オレ」や「ボク」を使用する生徒が少なからずいた。主要な4つの一人称には、日本語の教科書に必ず掲載される一般的な一人称としての「ワタシ」は含まれていない。女子の間での「ワタシ」は、フォーマル過ぎで、「まじめすぎる」指標になり、作文や発表といった教室の公的な談話以外での使用はおかしいと捉えられていた。さらに「アタシ」さえ「まじめすぎ」て「堅い」、そして「女っぽすぎる」ことから、より中性的なイメージの「ウチ」が使いやすいとされていた（ibid.: 142–143）。

　女子の間での「オレ」は学級内でも力をもち、教師に対して反抗的な態度を示すグループの主要メンバーが利用し、女子の間では「カッコよさ」の指標として肯定的に捉えられ、学級内での力を獲得する上での資源となっていた（ibid.: 145）。その一方で、男子生徒が用いる人称詞のメタ語用論的な枠組みは、学級内での力関係に依存していた。たとえば「オレ」を普段から利用している男子にとっては、「オレ」は「普通」の男子の一人称であるのに対し（これに対し「ボク」は敬語として捉えられていた）、力関係の中で下に位置する男子にとっては、「オレ」は憧れの対象であり、望ましい男性性を指標していた。下記のやりとりは、普段「ボク」を使用しているキョウスケが、そのメタ語用について宮崎に説明している場面である。

　　宮崎　　　：オレって…オレっていう、オレっていうのは、
　　　　　　　　何で言いにくいの？
　　キョウスケ：あんね、オレってさ、男のロマンじゃん！なんか（一同爆笑）
　　ナオキ　　：何で！
　　タイチ　　：（レコーダーに向かって）取り消しでーす.
　　キョウスケ：あの、なんかさ、すごくかっこいい男のひとがさー、
　　　　　　　　オレとかいうじゃん.

（宮崎 2016: 146）

このやりとりの後、キョウスケたちは、「オレ」を使う使用条件を満たす人について、「かっこいい」、「スポーツ系」、「力持ってる人」、「オレはこう言ってんだって言って決まる人」といったメタ語用的枠組みを披露している (ibid.: 146)。

　宮崎の研究が興味深いのは、こうした生徒たちの一人称を巡る言語実践を、マクロな日本社会における言語イデオロギーとしての「女ことば」、「男ことば」との関連から分析している点である。いわゆる女ことばのルーツは女房詞、遊女詞に遡るとされるが、中村桃子や Miyako Inoue らが明らかにしてきたように、「女らしさ」や「男らしさ」という規範性や「正しさ」としての女性語・男性語の概念は、近代以降の国民国家の建設過程で構築された理念であり、言語イデオロギーである (中村 2005, 2007, Inoue 2006)。明治以降の国家建設において、日本政府は国民という概念構築に当たり、人民を性別で分類し、そこに伝統的家族制度の中での役割を付すことによって、女性国民のアイデンティティを制御していったという (中村 2005: 111)[14]。「こうあるべき」、「こう話すべき」という規範としての女性性や男性性は、特定の時代において集団の言語実践を支配する政治的な働きの中に生み出される。こうした言語イデオロギーは、作法書や教科書、婦人雑誌、新聞記事などのメディアが創り出す「ことばの使い方」についてのメタ語用的ディスコースの影響を受け、今日もなお小説、ドラマ、漫画、教科書などに登場するフィクションの人物が使うことば遣いの中に息づいている。

　桜中の生徒たちは、メディアや学校制度という場における支配的ジェンダー規範や言語規範を肌で感じつつも、実際の言語実践やメタ語用の実践では、こうした規範性から離れ、時にそれを批判し、評価し、からかったり、バカにしながら、一人称に新しい意味を付与している。生徒たちのこうした人称詞の利用は、常に揺れ動いており、また常に変化をしている。それは「教室」という公共の言説空間において、日本社会の支配的、そして伝統的ジェンダー言語イデオロギーから距離を置こうとする、またはそれを再コンテクスト化しようとする、再帰的で複雑な実践である。

7.4 場所のエスノグラフィー

　ここまで「他者を理解する」という文化人類学的テーゼへのアプローチとして、他者の表象、またアイデンティティの流動性を通して考えてきた。本節では、これに加えて「語り」と「場所」という観点から、他者の認識世界に迫るアプローチを紹介したい。

　語りという行為は、ただ個人が自身の体験や考えを表明する行為に留まらない。特に文字をもたない集団社会では、語りが「集合的記憶」を継承し、語りが「歴史」や「世界」を構築する。こうした語りの研究は主に民俗学の分野で多く扱われてきたところがあるが、語りやナラティブの研究は、ハイムズ以降多くの言語人類学者の関心を集めてきた (Tedlock and Mannheim 1995, Quinn 2005 等)。

　ここでは第 4 章でも取り上げたキース・バッソの西アパッチの研究から、『知は場所に宿る』と題されたエスノグラフィーを紹介する。題目にあるように、この研究は西アパッチの人々にとっての場所(土地)に共同体共通の経験としての智慧が宿っていることを、土地の名前とそこにまつわる語りの分析から明らかにしている。

7.4.1 『知は場所に宿る』

　バッソはアリゾナのアパッチ保留区の Cibecue という場所をフィールドに長年エスノグラフィーを行っていた。その中で Cibecue の人々が、彼らの住む土地に関してしばしば次のような話をすることに関心を抱く。"The land is always stalking people. The land makes people live right. The land looks after us. The land looks after people"(「土地はいつも人につきまとっている。土地が良く生きることを教えてくれる。土地が私たちの面倒を見てくれる。」)。これは 1989 年当時 77 歳だったアニー・ピーチスの言葉だ。1978 年当時 42 歳だったロニー・ルペも同様に、"Our children are losing the land. It doesn't go to work on them anymore. They don't know the stories about what happened at these places. That's why some get into trouble"(「子供たちが土地を失いつつ

ある。土地が働きかけてくることがなくなってしまった。あの場所場所で起きた物語を子供たちはもはや知らない。だから問題が起こるのだ。」)と語っている。

　土地が人に「つきまとう」(stalk) とはどのようなことなのだろうか。子供たちが場所の物語を知らず、よって問題が起きるとはいったい何を意味するのか。バッソが西アパッチのフィールドに入って 30 年の時を経て出版された『知は場所に宿る―西アパッチの景観とことば』(原題：*Wisdom Sits in Places: Landscape and Language Among the Western Apache*) には、こうしたことばの意味を知ろうと、バッソが信頼するコンサルタントのニック・トンプソンの元を訪れる光景が次のように描かれている。

　「名前を覚えなさい」

　　ニック・トンプソンは自らが認める通りの老人である。自分は 1918 年生まれかもしれないと一度言っていた。短く刈り込んだ雪のように白い髪の下の彼の顔は丸く、こじんまりと、でも鋭い目鼻がついている。大きな黒い輝く瞳はよく動き、笑った時の表情はいたずらっぽく、同時に威嚇するようでもある。私はかれこれ彼のことを 20 年以上知っていて、彼は西アパッチのことばや文化についてさまざまなことを私に教えてきた。(中略)

　　老人の家のそばの道にジープを停めると、ニックが Cibecue の暮らしの特色が変わってしまったこと、そしてそのことがコミュニティーの若者に及ぼす悔やむべき影響について、大声で彼の妻に文句を言っている声が聞こえてきた。こうした文句は前にも聞いたことがあるし、心に深く刻まれた気持ちだということも知っている。でも、1980 年 6 月の晴れたこの朝、私はどうしても笑みを抑えることができなかった。そのごちゃごちゃとした出で立ちからは、とても豪傑な部族の保守派の姿は見て取れないからだ。幼少期に足を悪くし、また最近脳卒中で体の一部が動かなくなった彼は、妻と 2 人の小さな孫たちと共に住む、質素な木造の小屋から数ヤード離れたハコヤナギの木陰にある椅子に腰かけてい

る。彼はセーラムたばこを吸いながら、満足そうに自分の足元を眺めている―鮮やかな青に蛍光オレンジでふちどりされた真新しいナイキのランニングシューズ。彼はまた色あせた緑色のズボンをはき、使い古しの茶色いカウボーイハットを被り、着ている白いTシャツの胸には赤い太文字で「Disneyland」と書いてある。彼が座る椅子のすぐ近くに逆さに置かれたバスタブの上には、雑誌『ナショナルエンクワイヤ』、マグカップのホットコーヒー、そしてふたの開いたチョコレートかけドーナツが1箱置かれている。ニック・トンプソンが社会変化に対抗する男だとしても、少なくともそれは彼の見かけからはわからない。しかし見かけは人をだますものだし、習熟した歌い手であり、それなりの名声のある祈祷師としての彼なら、真っ先にそのことを指摘するだろう。

　老人は目配せで私を迎え入れる。1、2分ほど会話はないが、じきに私たちは地元のニュースなどについて話し出し、そしてそろそろというところにきて、私は彼のもとを訪ねた理由について丁寧に切り出す。このあたりの地域についてアパッチの人たちが話す、奇妙な話について、それをどう解釈すればいいのか知りたいと。驚いたことに、ニックは私がどんな話を聞いたのか、誰から話を聞いたのかを尋ねはしない。その代わり、彼は腕を大きく弧を描くようにまわすと、「名前を覚えなさい」、「全ての場所の名前を覚えなさい」と言うのだった。

（Basso 1996: 41–42、筆者訳）

アメリカで2つの文学賞（ノンフィクション部門）を受賞した本著では、上記の抜粋部分のように、研究者であるバッソ自身の姿も含んだフィールドの光景が鮮やかに切り取られている。エスノグラフィーは、その後ニックとバッソがインタビューの謝礼金について相談する様子や、ニックがお決まりのジョークでバッソをからかう様子などを描きつつ、次第に土地とアパッチのことばとの密接な関係性を解き明かしてゆく。バッソは自身にとっての師でありインフォーマントでもあるニック、また「データ」の出所としてのエスノグラフィーのコンテクストを、絵画を描くかのような手法で描く。そう

することにより、他者を、そして自己と他者の関係性を歴史社会性のある文脈の中に浮かび上がらせる書き方としての手法である[15]。

　アドバイスに従い、バッソはニックやチャールズといったコンサルタントから、「白人の地図」ではなく「アパッチの場所名」を教わる。アパッチの場所名には、先祖がこの地に棲みつく以前に名づけたものがあるが、それらには「Tséé Dotł'izh Ténaahijaahá（緑の岩／隣り合わせ／水に突きささる）」といった極めて叙述的で視覚的なものがある。その一方で、先祖がこの地に棲みついて以降起きた歴史的な出来事の記録となる名前も多く存在する（Basso 1996: 23–28）。「Sáan Łeezhiteezhé（2 人の老女／埋められている）」もその1例だが、こうした名前は、いつ何が起きたのかという時系列としての史実よりも、ここで何が起きたのかという場所性が西アパッチの歴史を構築することを示している。白人の歴史観と異なり、部族の歴史としての「過去」とは、代々の世代によって踏み固められた「道」（'intin）であり、先祖の話を直接聞けない中、伝承される物語や歌、そして場所の名前がその「道」に残される「足跡」（biké' goz'aa）とみなされる（ibid.: 31）。また歴史的な場所名は先祖の声そのものであり、よって場所の名前を口にすることは、先人のことばを引用する行為だと考えられている。

　さらにこうした西アパッチの場所名には、その場所に関する「歴史物語」（'ágodzaahí）が存在する。口承伝統として主に年配者が日常のさまざまな場面で語る歴史物語は、必ず「それは（場所の名前）で起きた」という決まり文句で始まり、その決まり文句に終わる。またその内容は、その場所でかつて起きた事件や出来事が、登場人物の声の引用などを織り込んでリアルに再現され、同時にアパッチとして生きることへの教訓が示唆される[16]。つまりアパッチの場所名を口にする行為は、即ちそれに付随する物語を想起することになり、その物語に込められた教訓が思い起される。こうした歴史物語は、通常特定の誰かに向けて語られることが多く、物語を通して、直接的ではなく婉曲的に、その人の言動や態度についてたしなめ、意見することが行われる。つまり歴史物語を語る行為には、間接的ながら「批判」や「忠告」といった発話行為的機能があるわけだが、ニック・トンプソンはそのことを

「ハンティング（狩猟）」の比喩を用いて、物語という矢で誰かを「射る」行為として表現する（Basso 1996: 50–60）。

このようにアパッチの地理的な場所には、その景観を明晰に脳裏に描くことを可能にする場所名があり、同時にそこで起きた出来事としての物語が習慣的に語られてきた。そしてその物語を語る行為は、人の生き方についての教訓を語ることになり、その物語を共有する人々が、生き方について振り返り、戒める行為を呼び起こす。だからこそ Cibecue の人々はその風景を目にし、場所の名前を耳にする度に、祖父母や曾祖父といった先祖の声を聞き、それがアパッチとして良く生きる上での規範や価値体系を形作ってゆく。知が場所に宿り、場所が人につきまとうわけである。

7.4.2　場所・ことば・感情

本章で紹介する最後の事例として、『鳥になった少年』の題目での日本語訳があるスティーブン・フェルド（S. Feld）による研究を紹介したい。原題を『音と感情』（*Sound and Sentiment*）とするこの 1 冊は、パプアニューギニア高地の熱帯雨林に暮らす人口 2,000 人ほどのボサビ人、その中の 1 集団のカリ族の人々を対象に、「音」の世界がどのように「感情」の世界と有機的に結びついているかを論じたエスノグラフィーである。作者のフェルドは人類学者であると同時に、ミュージシャンでもある音楽学者（musicologist）である。

カリの人々は狩猟農耕民族であり、電気や水道のない森の中で暮らしている。その暮らしの場所は、鳥、虫、蛙の鳴き声、雨や小川の流れ、風の音などが 1 日中、そして 1 年中途切れることなく音のサイクルを奏でる「音景」（soundscape）の中にある。カリの人々は、こうした音が自分たちの声を含めて繋がり合い、溶け合う多層的な世界にあるとし、そのことを「ドゥルグ・ガナラン」（*dulugu ganalan*）と名づけている。

カリの人々は森にすむたくさんの種類の鳥たちについて、その鳴き声を基準とした独自の分類体系をもつ[17]。また鳥にはその色形や習性にまつわるタブーや、隠喩などの社会的意味がある（たとえば、空を飛ばない「土ハ

ト」は、歩けなくなることから子供に見せてはいけない等)。こうした鳥と
その鳴き声は、「アネ・ママ」(ane mama)と呼ばれる先祖の世界と霊の象徴
だと考えられている。フェルドは、カルリの鳥の分類を進めるにつれ、鳥や
その鳴き声が、彼らの語るさまざまな鳥に関する物語や歌、詩、また泣き歌
と結びついており、さらにそれが悲しみや喪失としての感情と密に結びつい
ていることを明らかにする。

　たとえば、ヒメアオバト類のムニ鳥の甲高い声は、悲しみやすすり泣きと
され、特に子供が哀れっぽく年上に食べ物を乞い、面倒をみてほしいと訴え
る声として解釈される。このムニ鳥は「ムニ鳥になった少年」という神話に
登場するが、この神話は次のようなお話である。幼い姉弟が小川でザリガニ
捕りをしている。姉は採れるのに弟は1匹も採れない。姉(アデ)に対し、
弟はカルリの語用論的に正しい方法で、「アデ、ニ　ガリンニンドマ」と姉
にザリガニを分けてくれるよう嘆願する。しかし姉は「これはお母さん用だ
よ」、「これはお父さんに」などと言って弟に冷たくあたる。とうとう、弟は
ザリガニの殻を鼻に乗せると、その鼻は赤く染まり、くちばしへと変わり、
翼が生えた彼はムニ鳥に姿を変え、森へと飛んで行ってしまう。戻ってくる
ように姉が呼びかけても、甲高いムニ鳥の声がするだけである。

　本書の言語社会化の章(第6章)にも説明があるように、カルリの社会で
は年上の兄弟が下の兄弟の面倒をみるが、その関係性は「アデ」(adε)と呼ば
れている。カルリでは年齢や立場に関係なく、平等に食べ物を分ける互酬の
システムで社会が成り立つが、神話での姉はアデとしての義務を果たさな
かったことから、弟は孤立し、鳥になってしまった(「死」の隠喩)。西ア
パッチの場所の名前に、生きる上での教訓が織り込まれているのと同様に、
カルリ社会では鳥の存在が、世界観、そして悲哀、喪失といった特定の感情
と分かちがたく結びついているわけである。外界にあるムニ鳥の鳴き声は、
喪失や遺棄の悲しみの象徴となり、こうした感情がカルリの語りや、泣き
歌、歌と有機的に結びつくことをフェルドは解き明かしてゆく。

　フェルドは『鳥になった少年』の第2版の出版に際し、初版の内容をカ
ルリの人々に読み聞かせ、彼らの本の内容に対する評価や彼らとの対話をエ

スノグラフィーに盛り込んでいる。『文化を書く』以来の民族誌批判では、調査者側の特権的テクスト作成への懐疑が投げかけられたが、フェルドの多声的で対話的なテクストは、実験的、かつ前川のいう超越論的なテクストとして評価されている(cf. 松村 2011)。

　カルリの人々が暮らす熱帯雨林の環境は、その後主に天然ガス発掘に伴う森林伐採などの影響から大きく変化してきている。森林が消滅し、鳥そのものが減り、人々の鳥に関する知識も相対的に減っていく中で、カルリの言語は世界で増えつつある消滅の危機に瀕した言語の1つである。言語人類学者が調査することばは常に変容する社会の中にあり、その姿を変え続けている。

7.5　おわりに—変わりゆく社会を捉える

　本章では、「他者を理解する」という概念を出発点としながら、その試みへの試行錯誤の過程を、事例としてのエスノグラフィーを紹介することを通して説明してきた。これらは「生きた」ことばをいかに表象するかの問題であり、社会変化に伴う流動的アイデンティティへの近接であり、またことばだけでなく、環境や場所が人の感情や生き方と分かちがたく結びついている様子をつづった卓越したエスノグラフィーだといえる。

　松村(2011)が文化人類学者のアパデュライ(A. Appadurai)による『さまよえる近代』を引きながら詳述するように、現在の民族誌は集団的アイデンティティの社会的、領土的、文化的な再生産の変動という現実に直面している(松村 2011: 209)。

　　アパデュライは、現代の人類学の中心的課題が、世界のコスモポリタン的な文化形式やトランスナショナルな文化フローを研究し、脱領土化された文化的力学に焦点を合わせることだと論じる。(中略)民族誌家は、観察している日常生活をめぐる現実に多くの意味が含まれていることを踏まえ、想像力と社会生活とのグローバルで脱領土的な結びつきを表象

174　第Ⅲ部　拡大するフィールド

　するあらたな方法を見つけなければならない。

(ibid.: 209)

　ここでいうところの見つけられるべき新たな「方法」は、グローバル化や
デジタルテクノロジーの進化の直中において、ローカルなコンテクストに焦
点を絞りつつも、調査者各々の気づきや問いによって編み出されていかなく
てはならない。こうした変容する社会を捉えるための方法論として、近年、
批判的談話分析（critical discourse analysis）が広まりをみせ（cf. Fairclough
2010, Wodak and Meyer 2009 など）、また電子メディアの仮想的現実のロー
カリティーを対象とした研究が急増している。こうした流れを踏まえつつ、
次章では主にアメリカ社会を舞台に、人種的、社会的差別や不調和、不均衡
の現場でもある社会を読み解くエスノグラフィーを紹介することにする。

【この章に出てくるキーワード】

人種・エスニシティー（race and ethnicity）

ジェンダー・アイデンティティ（gender identity）

メタ語用論（metapragmatics）

語り（narrative）

【思考のエクササイズ】

①自分自身が誰かと自然な環境で話している場面を数分間録音してみてくだ
　さい。それを聞いて、なるべく聞いたままに書き起こしてみてください。
　そのうえで「聞いたまま」と「あるべき表記」のギャップがどのようなと
　ころにあらわれるかを考えてみましょう。

②テレビやインターネットなど、メディアで見るさまざまな表記方法が、ど
　のようなカテゴリーやステレオタイプを表象しうるのか、データを集めて
　考えてみましょう。

③日本では女性はスーツも着て、ズボンもはくけれど、基本的に男性はドレ

第 7 章　変容する社会を捉える　175

スを着たりスカートをはいたりしません。この理由は何でしょうか。話し
合ってみましょう。

注
1　テープ 24 時間分ほどのインタビュー内容が文字化され、編集されたその内容は、
　　出版にこぎつけるまでに 20 年ほどの歳月がかかっている。
2　ゴフマンは「話し手」という概念を、その役割をもとに 3 つのカテゴリーに分類
　　する。産出された発話内容に責任をもつ「プリンシパル」(principal)、実際の発話
　　内容を (誰かの主旨に沿って) 作り出す「オーサー」(author)、そしてその内容を
　　(誰かの代わりに) 発する主体としての「アニメーター」(animator) の 3 つである
　　(Goffman 1981)。たとえば首相が出した声明について、内閣が「プリンシパル」、
　　スピーチライターが「オーサー」、そして首相や官房長官が「アニメーター」な
　　どになりうる。
3　なお、この自伝は結果として好評をもってさまざまな読者層に受け入れられてい
　　る。
4　アメリカ合衆国東部のニューヨーク州からミシシッピ州にまたがる地域で、アパ
　　ラチア山脈に囲まれたその地理的特徴から他地域との交流が少なく、発展が遅れ
　　た貧困地帯としてのイメージがある。
5　African American Vernacular English の略で、主にアフリカ系アメリカ人の話す言
　　語変種。英語と西アフリカ諸言語が混合してできたクレオールがその起源とさ
　　れ、「エボニックス」(Ebonics) の名称でも知られる。文法体系の特徴に、"he go"
　　などの三単現の -s の欠如、"she really nice" など現在形における copula (be) の欠如
　　といった標準変種との異なりがある。
6　AAVE がアフリカ系アメリカ人以外のグループにおいてもさまざまな権威をもっ
　　て使われる様子は、カルフォルニアの高校でスラングの研究をした Bucholtz(2007,
　　2010)ほか、さまざまな調査からも明らかでる。
7　ドミニカ人はその 90%がサブサハラ・アフリカをルーツとし、人種的にはアフリ
　　カ系アメリカ人とされる。
8　これは、イザベラがバシル向かって話すスペイン語 (*Son hermanos?*) や自分の母親
　　に話すスペイン語とは異なるレジスターである。
9　ある対象に対して同じ立場をとることはアラインメント (alignment) と呼ばれる
　　が、ここでのイサベラの発話は、ハネルと異なる立場をとるディスアラインメン

ト（disalignment）の動きだといえる。

10　本稿では省略してあるが、このやりとりに続き、イサベラは自分がかつてドミニ
　　カに帰った頃のことを話し出し、自分の「真正性」をアピールしている。

11　ベイリーもまた、上記の言語使用とアイデンティティの表象は、ドミニカ系アメ
　　リカ人2世に限った実践であり、よりスペイン語話者が減ることが予測される3
　　世以降では、異なる表象がされるだろうと推測している。

12　鈴木孝夫は日本語の人称詞のシステムについて、その欧米諸語との根源的な性質
　　の違いから、自称詞・他称詞と名づけている（鈴木 1973 など）。

13　宮崎の研究は、フィールドワークから長い年月を経て、協力者の生徒たちが成人
　　し、意思決定ができるようになったと調査校により判断されてはじめて、日本語
　　での出版の許可を得ている（宮崎 2016: 149）。

14　このことは「国語」の概念についても同様であろう（イ 2012）。

15　語りとしてのライフヒストリーの研究で、人類学者がインフォーマントとしての
　　ある個人と出会い、交渉の過程を描いた古典的な作品に、クラパンザーノの『精
　　霊と結婚した男』(1991)がある。

16　たとえばこうした歴史物語には、「自分の役割をわきまえずに行動して殺された
　　女の話」、「近親相姦を犯した男が殺害され葬儀もあげてもらえなかった話」、「白
　　人のようにふるまいすぎたアパッチの話」などがある（Basso 1996: 52–54）。

17　たとえば鳥の種類は、その鳴き声が「騒音を出す」グループ、「自分の名前を言
　　う」グループなどに区分される。

第8章　指標性から読み解く対立・差別・不調和

　言語人類学、そして（広義の）社会言語学の分野には、語用論における「協調の原理」（Grice 1975）に端的にみられる予定調和的「協調、合意、親和」の前提をとらず、インタラクションにみられる「対立、差別、不調和」に注目する研究が存在する（Briggs 1997, Grimshaw 1990, 武黒編 2018）。分析の対象はさまざまであるが、近年では社会的に不適切な発言がネット上で「炎上する」ことが頻繁に起こることから、マス・メディアや SNS（ソーシャル・ネットワーキング・サービス）でのコミュニケーションをデータにした研究も盛んである（Hill 2008, Chun 2016, 野澤 2018）。このような現象は、日本でも政治家による女性や性的マイノリティーに対する差別的発言のネット上での炎上など事例に事欠くことはない[1]。本章では、日常的インタラクションやメディアにみられる「対立、差別、不調和」という現象を的確に読み解くために、「指標性」と「言語イデオロギー」という2つの概念が強力な分析上の武器となることを読者に示したい。
　以下ではまず言語人類学の鍵となる概念の1つである「指標性」（本書第1章）を再び導入し定義する。指標性という観点からことばの使用を分析する最大の利点の1つは、「今・ここ」という場面での発話者のスタンスを明らかにすることで、対立や衝突がみられるインタラクションを正確に理解することができる点である。この指標性への焦点化は「ディスコース中心の文化へのアプローチ」（本書第4章参照）とも共鳴する。このような理論的前提から、現代アメリカ社会の「アイデンティティの対立や衝突」を浮き彫りにすることで、拮抗する現代社会の一面を明らかにすることが本章の第1の目

的である。事例研究として、現代アメリカ社会のアイデンティティの対立を
シカゴ都市部にある高校の教室での教師と生徒のインタラクションの分析か
ら読み解いたウォーサム(Wortham 2006)を紹介する。

　一方、このような「今・ここ」でのことばの使用は「マクロな社会現象と
どのように関係するのか」という問いを立てる際、ことばに対して人々がも
つ信念としての「言語イデオロギー」(language ideologies)という概念が有効
となる。つまり、「今・ここ」でのことばの使用と、時間・空間的に広がり
をもつマクロな社会現象との関わりを探求するのが第 2 の目的である。言
語イデオロギーに注目し、現代社会の差別を明らかにした事例研究として
は、白人人種主義を(再)生産することばの使用例をみる。まずヒル(J. H.
Hill)による『白人人種主義の日常言語(*The Everyday Language of White Rac-
ism*)』と題された著書(2008)の概説を「言語イデオロギー」の視点に的を絞
り行う。特に英米語圏で支配的言語イデオロギーである「話者の意図でこと
ばの意味が決まる」あるいは「話者の心の中は他者にはわからない」という
「話者中心主義的言語イデオロギー」(personalist language ideology)がいかに
人種差別の否定と再生産に繋がるのかを、有名な政治家の人種差別発言とい
う社会的失態(gaffe)の事例分析から論じる。

　次にヒル(2008)に触発された研究として、白人人種主義の「典型例」と
みなされる YouTube の炎上ビデオである「図書館のアジア人(“Asians in the
library”)」の分析をしたケーススタディー(Chun 2016)をみる。この研究は
そのビデオで使われたアジア人への差別語の 1 つである “ching-chong” をめ
ぐる YouTube 上での視聴者のコメントから、言語イデオロギーと人種イデ
オロギーを解明したものである。最終節では、現代社会における「対立・差
別・不調和」をテーマにした日本における言語人類学の研究動向(武黒編
2018)と言語人類学の現状への批判(van Dijk 2009)を述べて将来の展望とす
る。

8.1 なぜ「指標性」なのか

　本書第1章でみたように、「指標性」とは「類像性」及び「象徴性」からなるパース記号論の「三項対立概念」(trichotomy) の1つである。この3対からなる概念は、「記号表現」(sign) と「指示物」(object) の関係性を指す。ハンクス (W. F. Hanks) によれば「指標性」とは、記号表現が「隣接性」(contiguity) の原理に従い対象物を指し示すことである (Hanks 1996: 46)。言い換えれば、記号表現が対象物と「動的な共存 (dynamical coexistence) の関係」にある場合、2者は「指標的」な関係にある (Hanks 1999: 124)。例えば、「風見鶏と風の向き」、「煙と火」、「発疹・熱と病気」の関係性は時間・空間・因果的連続性を示しているので指標的な関係である。言語現象に焦点を当てれば、話者のアイデンティティを指標する「地域方言やお国訛り」や敬語などの「きちんとした言葉使い」を指標する言語形式、あるいは、指示物が言語使用の状況と不即不離である人称代名詞と「コ・ソ・ア・ド」表現や「(現在か過去かを指標する)時制」など多様な現象が挙げられる (Hanks 1999 から一部改変)。これらの言語現象は「自然言語における発話の徹頭徹尾に状況に依存した性質」(pervasive context-dependency of natural language utterances) (Hanks 1999: 124) を考慮しないと完全な理解ができない。

　翻って、ソシュールから始まる現代言語学は「象徴性」の学問であるといえる。たとえば、「犬」という「言語記号」とその「指示物」の関係は「慣習的」で「恣意的」であり(英語では "dog"、ドイツ語では "Hund" を参照)、ことばの使用のコンテクストは、捨象されるべき「雑音」となる。それに対し、言語人類学は「象徴性」をタイプ・レベルの現象として理論化しつつ、「指標性(及び類像性)」を分析の中心に据える学問であるといえる。ではなぜ言語人類学は「指標性」に注目するのだろうか。簡潔な答えは、発話の「今・ここ」での意味の生成を、1回限りしか起こらない「トークン・レベル」(token-level) として分析するからである。レナード・ブルームフィールドの古典的例を使えば "I am hungry" というトークン(生起)は、寝床につくことに抵抗し駄々をこねている子供が言えば「まだ寝たくない」という意

味になりうるし、路上生活のホームレスが言えば「食べ物かお金を恵んで下さい」という意味にもなる。

　つまり、言語人類学者は「今・ここ」で生成される意味（「状況的意味」とも呼ばれる）を基本と考えるのである。それは、人間が日常生活でことばを使う場合、その「意味」というのはトークン・レベルでの意味であり、"I am hungry"という記号表現のタイプ・レベルでの「一般的意味（意味論的意味）」ではないからである。したがって、この「文」をトークン・レベルで分析するということは、文法的規則性に見出させる「象徴性」だけではなく、いつ、どこで、誰が、どのような目的で誰に何を言ったのかという「コンテクスト」を考慮しなければならい。つまり、ことばの分析の基本単位として、「文」（sentence）ではなく「発話」（utterance）を言語人類学者は用いるのである。誤解がないように付け加えると、パース記号論でいう「指標性」、「象徴性」、「類像性」は「関係」であるので、上記の"I am hungry"（及びすべての記号現象）は、同時に3つの性質を持ちうる。つまり、英語の恣意的で慣習的な象徴性をもつ「文」であり、特定のコンテクストで「発話」としての「指標性」ももち、口に食べ物を入れるジェスチャーをしながら言えば「類像性」を帯びるのである。

　このようなパース記号論の指標性への焦点化は、文化の理解には「今・ここ」で起こっている「ディスコース」を分析するという「ディスコース中心の文化へのアプローチ」（discourse-centered approach to culture）（Sherzer 1987）と符合するのである（本書第4章）。つまり、文化の理解のためにディスコースを分析するというアプローチをとれば必然的に言語及びその他の記号論的現象の「指標性」に注目することになるのである。それと同時に、言語人類学者は「パンドラの箱」を開けてしまったともいえる。それは、指標的意味の分析にはことばだけでなく、ことばが使われた外的状況や参与者の背景や信念などさまざまな要因が関係してくるからである。つまり、非常に厄介な「コンテクストとは何か」という問題に常に直面するのである。これに対し、ハイムズから始まる「コミュニケーションの民族誌」は、一定の成果を上げることに成功したといえるが（本書第4章参照）、この問いに対す

る完全な答えは未だ出ていない。近年の動向として、「マクロな社会的コンテクスト」を射程に入れた分析が必要とされているが、そのような研究を触発したのがシルヴァスティンの「言語イデオロギー」に関する論考である（Silverstein 1979）。この論考及び英語とオーストラリア・アボリジニの言語の文法的範疇の違いという証拠に基づいて新たな言語相対論（Neo-Whorfianism）として発展させた論考（Rumsey 1990）について以下で詳しく解説したい。

8.2　言語イデオロギーとは

　近年の言語人類学の動向として「言語イデオロギー」に関する研究が増加傾向にある。この分野の先駆けとなったシルヴァスティン（M. Silverstein）の論考では、「言語イデオロギー」という概念は "any sets of beliefs about language articulated by the users as a rationalization or justification of perceived language structure and use"（「知覚された言語構造・言語使用を合理化又は正当化したものとして言語使用者により明示的に言いあらわされた言語に関する信念の集合」(Silverstein 1979: 193)と定義されている。この概念が有用である第一の理由を挙げる。それは、言語使用者は無意識に複雑な構造をもつことばを普段は使いこなしているにもかかわらず、「意識的（イデオロギー的）」に自分たちのことばの構造や使用を理解しようとすると「歪んで」認識する傾向にあるという現象を捉えられるからである（小山 2009: 163–169）。第5章でみたように、オースティンの発話行為理論の「約束する」という例は "I promise you that…" という構造をとっているが、これは人々が無意識に「約束する」という行為に際して使うことばとしては「不自然」であり、表層的な言及指示的機能だけに特化した「歪んだ」言い方であるといえる。つまり、一人称単数代名詞の主語と二人称代名詞の目的語、そして現在時制の動詞という表層構造は意識化可能な構造である。オースティンはこの「明示的遂行文」を「約束する」という発話行為と一対一で結び付けているのである。これは、英語話者の「言及指示的機能の特権化」(referential-denotation-

alism）という言語イデオロギーによって「歪められた」ことばの使用の理解
に基づく理論化だとされる。したがって、発話行為理論は「意識的（イデオ
ロギー的）」言語使用から生まれた「歪んだ」言語構造を使った理論化であ
るといえる（Silverstein 1979: 209）。

このような「歪み」現象の発見はボアズに遡り、ブルームフィールドに
よっても認識されていて、人々がことばについて「2次的に」語ることは
「誤った」データを生み出すものと考えられた。しかし、人々のことばに関
する「（誤った）信念（言語イデオロギー）」が、実際の言語使用・構造に影響
を与えることが1990年代以降、ラムジー（A. Rumsey）から主張され出し、
それを皮切りに多くの研究が生み出されることになったのである（Rumsey
1990, Kroskrity 2000, Schieffelin et al. 1998, Woolard and Schieffelin 1994）。

ラムジーは英語とオーストラリア北西のアボリジニの言語であるヌガリン
イン語（Ngarinyin）のいくつかの文法範疇を比較し、言語イデオロギーの観
点からその違いを説明している（Rumsey 1990）。概略を述べると、英語では
「直接引用」と「間接引用」では異なる文法形式が存在し、前者では「引用
されたことば」と「引用していることば」を文法的に明示的に区別して言い
あらわす。例えば、"He said, 'It doesn't work; it's broken; You'll have to get it
repaired'"（「動かないな、壊れているから直さないといけないね」と彼は言っ
た）は直接引用であり、引用されたことばの内部は時制、人称代名詞、その
他のダイクシスなどの指標性の高い表現が「その時のままの」ことば使いで
ある。それに対し、"He claims that it needs mending"（修繕の必要があると
彼は主張している）という言い方は間接引用であり、引用された人物の言っ
たことばの「概要」（gist）だけを伝える言い方となっている（Rumsey 1990:
347）。この区別は、英語話者の「ことば（話すこと）」と「現実（行為）」は
異なるものであるとする言語イデオロギーに密接に関連している。つまり、
直接引用は実際使われた「ことばの形」（wording）、つまり、「現実（行為）」
をあらわすのに対し、間接引用は「ことばの意味」（meaning）をあらわすと
いう言語イデオロギーである。この区別は、英語話者には非常に強力なイデ
オロギーとして作用しており、政治、経済、司法、教育など社会的に「高い

第 8 章 指標性から読み解く対立・差別・不調和 183

文化」と考えられる制度的場面では重要な区別となっている。

　それに対し、ヌガリンイン語には引用に関し英語のような直接引用と間接引用の文法上の区別が存在しない。これは、「ことば」と「現実」を別のものと考える言語イデオロギーがヌガリンイン語話者には欠如していることと合致している。更なる証拠は、英語における談話の「結束性」(cohesion) を創る文法的手段である「照応」(anaphor) と「省略」(ellipsis) の区別[2]にもあらわれており、先の直接引用と間接引用の区別と併せて英語の「好まれる言い回し」(fashions of speaking) (Whorf 1956) となっている。要約すると、引用の文法上の 2 種類の区別とテキストの結束性を創る際の照応と省略の区別という英語の文法的手段は「話すことと行為を行うことは別である」という英語話者の言語イデオロギーと弁証法的に関連しているという仮説をラムジーは提出している。先述したシルヴァスティンの言語イデオロギー論の観点から言えば、英語話者はことばの主要な機能を「言及指示」と考えているのであり、(直接引用に対する)「間接引用」や(省略に対する)「照応」という文法的装置は「言及指示的機能の特権化」という言語イデオロギーと密接に関連しているのである。

　以下では本章のテーマに沿い、人々がことばに関してもつ信念としての言語イデオロギーを白人人種主義のことばの分析に応用した、言語人類学の第一人者の 1 人であるヒル (J. H. Hill) を中心にみていく。ヒルによれば言語イデオロギーにはいくつかの種類があるが、特に重要なのが、発話行為理論者サール (Searle 1976) の理論にもみられる「個人主義的言語イデオロギー」(personalist language ideology) である。つまり、「ことばの意味は話者の意図に大きく依存している」というイデオロギーである。次節では、「指標性」を分析の中心にした事例 2 点を紹介することで現代社会の対立・不調和について「アイデンティティ」という観点から考察する。そうすることで言及指示機能の特権化という言語イデオロギーの限界も示す。

8.3 アイデンティティの対立—事例紹介

8.3.1 学校でのアイデンティティの対立と排除

　ウォーサム（S. Wortham）は、指標性の観点から、教室談話を分析することにより「今・ここ」における意味の創造によるアイデンティティの対立の問題に迫っている。このアプローチは、インタラクションを行う際に話し手と聞き手は情報を交換しながら、同時に互いの社会的立場の「位置づけ」（positioning）を行うという前提から出発する。複数の参与者からなるインタラクションにおける「位置づけ」を理解するためには、言語の多機能性に注目する必要がある。言及指示特権化の言語イデオロギーの限界を超えて、発話の「言及指示」（reference）という機能だけではなく、「社会指標的」（social-indexical）機能も考慮するのである（Silverstein 1976）。具体的には、「人称代名詞」の使用を中心に分析することで社会指標的機能としての発話者間の位置づけが明らかになる。

　以下で詳しくみるのは、アメリカ合衆国の大都市シカゴの高校での授業場面で、教師が主導するディスカッションにおいて、教科書に出てくる「登場人物」と授業内での「参与者（教師及び学生）」の位置づけが並行関係（パラレル）となる「参与者例」（participant example）と呼ばれる現象である（Wortham 2006）。ここでは、歴史教科書の登場人物であるローマ帝国時代の独裁者「シーザー」と部下の「キケロ」との関係が、実際の授業の場面の参与者である（独裁者のような）男性教師「スミス先生」と（独裁者に反抗的な部下のような）男子生徒の1人「モリス」との関係とパラレルになるようなインタラクションを「参与者例」としてみる。以下、指標性の概念を実際の談話分析に応用した「位置づけ」の考え方を例示していく。

　データ8.1はシカゴ都市部のある公立高校の授業の録音からの書き起こしである。ここでの主な参与者は、アフリカ系アメリカ人の男女の生徒たちと教員2名である。ディスカッションは、教員の1人T/S「スミス先生」とアフリカ系アメリカ人の男子生徒MRC「モリス」を中心に展開しているが、他の参与者も重要な役割を果たしている。以下のインタラクションを理解す

第 8 章　指標性から読み解く対立・差別・不調和　185

るために、背景として知っておくべき要因を述べる。このシカゴ都市部にある公立高校は、他の都市部の公立高校と同様に概して生徒の学力が低い(Allensworth and Easton 2007)。そのような生徒に対し、特別な教授法(「パイデイア」(paideia)アプローチと呼ばれる)が提案され、古典的名作(この授業では『キケロの書簡集』)を読むことで、低学力層の生徒に新たな視点から学びの機会を与えるという「歴史」と「英語」の共同授業が行われることになった。この授業では教員として、T/S「スミス先生」(男性)と T/B「ベイリー先生」(女性)という教養のある中流階級の白人アメリカ人 2 名がいる。授業中、スミス先生が、モリスに教科書の登場人物である独裁者としてのシーザーを自分(スミス先生)だと仮定し、他の男子生徒たちが自分を階段から突き落として殺す陰謀が企てられているというシナリオを提示する。そして、モリスがその陰謀を知ってしまったという仮の状況を提示するのが以下のデータである。

　以下のやりとりの背景としてこのシカゴ都市部の高校では、大部分を占めるアフリカ系アメリカ人生徒の中で、男子生徒は基本的に白人教師と敵対する関係にあった。このような人種間対立は歴史的には 17 世紀から本格化したアフリカからの奴隷貿易制度に遡る(西出 2005)。特にシカゴ(及びニューヨーク、デトロイトなどの)北部都市に関しては、1900 年頃から 1970 年代まで南部より移住したアフリカ系アメリカ人が大量の失業者として都市中心部に集中し「ゲットー」と呼ばれる貧民街を形成したという事実を知っておく必要がある(古矢 2005、川島 2005)。このようなマクロ社会的、歴史的事実を背景にして次の教室でのディスカッションをみると理解が深まるだろう。ここでは、黒人男子学生のモリスと白人でアイビー・リーグの修士号をもつというエリートのバックグランドをもつスミス先生は学期中、授業内で何度か口論をくり広げていた。注意すべき点は、モリスは他の男子生徒と比べ学力が高く、知的な内容のコメントを授業中にするという「優等生」の側面もあり、アイデンティティとしてはアフリカ系アメリカ人男子生徒の歴史的に形成されたステレオタイプにはまらない「中間的」な立場にあったということである(Wortham 2006: 252)。

186　第Ⅲ部　拡大するフィールド

　以下のインタラクションの直前で、スミス先生はモリスに「陰謀があること
とを自分にこっそり教えてくれるか」、と聞く。しかし、モリスは「もし他
の生徒がそのことを発見したら自分の身が危うくなるから、陰謀の密告はし
ない」と答える。それに対し、スミス先生は「独裁者シーザーを暴君と思う
か」とモリスに尋ね、モリスは「はい」に答える。するとスミス先生は、
「暴君は人々を苦しめる悪い人間であるから殺しても何の罪にもならないの
だから、陰謀に加わればいいではないか」、とモリスを問い詰める。それに
対し、モリスは「自分がそのような陰謀には加わると苦境に陥るので関わら
ない」と答える(Wortham 2006: 256)。

　この直後のスミス先生(T/S)、ベイリー先生(T/B)、そしてモリス(MRC)
のインタラクションのデータを、女子生徒のキャンディス(CAN)と他の生
徒たち(STS)の反応も入れつつ提示する。まず原文データを再掲し、そのす
ぐ後に日本語対訳を付け分析する。その際、通しで番号を振った点、矢印
(⇒)と太字体は分析の焦点を際立たせるために筆者が付したものであり、原
典にはないことを注記する。

データ 8.1(Wortham 2006: 259、日本語対訳は筆者による)

221 T/S	: gee you sound terribly confused Maurice.
222	sort of like Cicero here.
223 T/B	: what w- if you knew that they actually you know
224	there's a group of kids that are actually going to do:
225	this dastardly deed. and you know that there's going to be some reaction.
226	what might you do th- and you kn- you know basically while you might
227	not be- enamored totally of Mr. Smith or myself
228	you- basically: don't wish that
229	we were crippled for life or whatever, what might
230	you do that day. you know that's going to come
231	that this is all going to happen on Wednesday,
232 ⇒	what are **you** going to do that day.

233 ⇒ CAN : I would try to warn you.

234 ⇒ STS : right. I would [overlapping comments

235 ⇒ T/B : [he's- he's not- he's not

236 going to warn us though.

237 T/S : no.

238 T/B : what- what are you going to do that day Maurice. (1.0)

239 ⇒ MRC : stay away. [2 syll]

240 ⇒ T/B : what are you going to do?

241 ⇒ MRC : I'm going to stay, away so I won't be- be:

242 T/B : so you're not going to come to school on Wednesday.

243 MRC : no

244 ⇒ CAN : that way he's a coward.

245 ST? : what would you do.

246 MRC : what would you do.

247 ⇒ T/S : a coward.

248 CAN : yeah 'cause he's scared.

〔日本語対訳〕

221 スミス先生 ：ああ、モリス、君はすごく頭が混乱しているようだね

222 ((この教科書に出てくる))キケロみたいだよ

223 ベイリー先生 ：もし君が他の生徒が 何人かの生徒が実際この

224 とんでもない行為をする計画を知ったら

225 つまり何らかの反乱があるだろうと知ったなら

226 そもそも君ならどうする スミス先生のことも

227 私のこともすごく好きではないとしてね

228 でも私たちが一生肢体不自由になることは望んで

229 いないとしてとにかく

230 その日に君ならどうすると思う この計画が進んで

231 この陰謀が今度の水曜日に決行されることを知ったら

232 ⇒　　　　　　　　その日に君はどうする

233 ⇒キャンディス　：私だったら先生に警告するわ

234 ⇒生徒たち　　　：そうだわたしだったら〔複数の発言の重なり合い

235 ⇒ベイリー先生：　　　　　　　〔でもこの人(he)はこの人(he)は

236　　　　　　　　　私たちに警告しないわ

237 スミス先生　　：そうだね

238 ⇒ベイリー先生：モリス、君はその日にどうするつもり(1.0秒沈黙)

239 ⇒モリス　　　：学校から離れている〔2音節の発話〕

240 ⇒ベイリー先生：どうするつもり

241 ⇒モリス　　　：学校から離れているつもりだから学校にはいない

242 ⇒ベイリー先生：つまり水曜日に君は学校に来ないのね

243 モリス　　　　：うん

244 ⇒キャンディス：じゃあこいつ(he)は臆病者だ

245 STS生徒？　　：君ならどうする

246 モリス　　　　：君ならどうする

247 ⇒スミス先生　：臆病者

248 キャンディス　：そうだわだってこいつ(he)は怯えているんだよ

　上記データを指標性の高い人称代名詞を中心に分析することでアイデンティティの対立が創造されていることがわかる。まず、221–222行目のスミス先生の発話を受けて、223行目からベイリー先生がモリスにしている質問とそれに続く答えの部分をまず分析する。232行目で「その日に君はどうする」とモリスに対し再び聞いている。この質問はスミス先生が考案したシナリオから生まれ、モリスが「登場人物」となっている。この質問に対し、モリスではなくキャンディスと他の生徒たちが仮定法過去の *would* を使い「モリスの立場であったら」として答えている（233–234行目）。

　次に、先生2人の235–237行目の対話があり、代名詞の "he" を用いることでモリスに「対して」ではなく、モリスに「ついて」話していることになる。最後に238、240、242行目で、ベイリー先生が再びモリスに質問をし、

239、241、243 行目で、モリスはそれらの質問を受けている。注意すべき
は、このやりとりの後、聞き手であるキャンディスが 244 行目で三人称単
数の “he” を用い、モリスを「臆病者」(coward) と呼び、スミス先生も 247
行目で同様に「臆病者」と呼んでいる。同時に、モリスは何も発話を行って
いない。つまり、モリスはこのインタラクションの参与者であるにもかかわ
らず「いない存在」として指標され、更には「臆病者」というレッテルを貼
られているのである。

　このようなモリスを排除するインタラクションにおける「位置づけ」はモ
リスにとって非常にダメージの大きなものである。それは、先生と他の生徒
たちがモリスを “he” と指示することで「標的」として位置づける役割を果
たしていることから見て取れる。以上の言及指示機能と社会指標的機能を同
時に考慮した分析では、タイプ・レベル(「ステレオタイプ」)での、「白人教
師」対「アフリカ系アメリカ人」というアイデンティティの対立では説明で
きないニュアンスも含め正確に理解できたといえる。モリスは教員に反抗し
授業に参加しないアフリカ系アメリカ人男子ではなく、議論に参加すること
で白人教師に対抗するアフリカ系アメリカ人男子である。それに対し、白人
教員とアフリカ系アメリカ人の女子生徒が結託してモリスと「対立」し、彼
を「排除」していることが人称代名詞を中心にした指標性分析から読み解く
ことができたのである。次節では指標性分析の射程をマクロな社会的コンテ
クストに広げるために、メディアによる白人人種主義の再生産という現象を
言語イデオロギーに焦点を当てながら解明する。

8.4　ディスコースが創る差別―事例紹介

8.4.1　白人人種主義の日常言語
　ヒル (J. H. Hill) は、アメリカ政府の 2000 年における国政調査で、白人と
非白人(ヒスパニックとアフリカ系アメリカ人)の経済面(収入、失業率な
ど)・医療健康面(平均寿命や出生死亡率)・社会面(結婚率、大学卒業率、投
獄率など)の統計を比較し、あらゆる指標が白人の圧倒的優位を示している

ことに注目した[3]。このような統計的数字を見ると、白人人種主義は昔の話しであり、現在では一部の教育を受けていない偏狭な白人だけが信じる狂信であるという「俗説」(folk theory)は疑問視されるべきである。そこで、「文化的プロジェクトとしての白人人種主義(White racism as cultural projects)」という前提から「人種主義の科学的(批判的)理論(Scientific/critical theory of racism)」の必要性を説いている(Hill 2008)。

　ことばの研究が白人人種主義を解明する「科学的理論」にどのような貢献ができるのであろうか。ヒルは、白人英語話者が非白人(アメリカ先住民、ヒスパニック、アフリカ系アメリカ人、アジア系アメリカ人など)への抑圧を合理化し、正当化するためのステレオタイプの再生産の手段としてのディスコースの研究が白人人種主義の再生産の解明に重要な貢献をすることができる、としている。そこでまず、白人人種主義のことばの分類を以下のように示し、メディア・ディスコースを主なデータとして分析を行っている。(1)差別語及び忌避語(slurs and epithets)、(2)失言(gaffes)、(3)(メタファーや嘲りなどの)潜在的人種差別のディスコース(covert racist discourse such as metaphors and mocking)である。(1)に関しては次項でみるので、本項では、(2)の社会的実態としての人種差別的「失言」の例を、話者の意図性を中心にした「話者中心主義的言語イデオロギー」の観点から考えていく。本章では(3)は扱わないが、英語話者が使う「嘲りのスペイン語(Mock Spanish)」に代表される非明示的・潜在的人種差別のことばの研究も重要である点を特記しておく[4]。

　具体的にはミシシッピー州選出の上院多数派のリーダーであるロット議員(Trent Lott)が、2002年12月5日に首都ワシントンで行われたサウス・キャロライナ州選出の当時の共和党上院議員サーモンド氏(Strom Thurmond)の100歳の誕生日に贈った祝辞を分析する。背景として、サーモンドは最長老の議員として長年人種隔離政策を推進した遍歴を持っており、1948年にアメリカ大統領に出馬した際には「人種隔離を永久に」(Segregation Forever)をスローガンに掲げた候補者であった。当然、現代社会の立場では、許されがたい人種差別政策であるのは言うまでもない。しかしロット上院議員は、以

下の 45 語を述べて炎上した。

データ 8.4(Hill 2008: 99、筆者訳)

"I want to say this about my state: When Strom Thurmond ran for president, we voted for him. We're proud of it. And if the rest of the country had followed our lead, we wouldn't have had all these problems over all these years, either". (ミシシッピー州民に言いたいのは、サーモンド上院議員が大統領選挙に出馬した時、我々は彼に投票して、今もそれを誇りに思っております。もしアメリカの残りの人々が僕たちの言う通りにしていたらあれからずっとこのような問題はずっとなかったと思うのです。)

データ 8.4 で指標的に示された意味を明示すると、人種隔離主義を推進し白人と黒人を別々の社会空間に隔離することができたなら、今のような黒人とホテル、レストラン、その他の公共施設を共有するといったあらゆる「問題」はなかったであろうに、という明らかに人種差別主義的「失言」である。C-SPAN という主要テレビ局で放映されたこの発言には多くの人々が反応し、リベラル派の有名なブロガーであるマーシャル氏(Joshua Micah Marshall)などはロットに「人種差別主義者」(racist)のレッテルを貼った。

この発言後、ある種の「モラル・パニック」と呼ばれる炎上現象が起き、おびただしい数の報道がなされ新聞記事が書かれた。しかし、ニューヨーク・タイムズをはじめとする主要メディアでの議論は、「これは公共の(public)場での真剣な議論での発言か、それとも個人的(private)な集まりの場での軽いノリのおしゃべり(light talk)か」、更には、「ロットは本当に人種主義の信念を持った偏狭な人間か」などに論点が集中した。このような主要メディアの議論の仕方はロットを「人種差別主義者」と呼ぶことを避ける方向に働く。前者の議論では、ロットは「間違ったこと」(mistake)を個人の集まりのなかで軽いノリで言ってしまったのであり、後者の議論ではロットの「(白人よりも黒人が生物学的に劣っていることを信じているという信念としての)人種主義」は証明できないこととなる。更に、このような議論に強力

192 第Ⅲ部 拡大するフィールド

に作用するのが「個人主義的言語イデオロギー」である。この「俗説」に従えば、ことばの意味は「ことばだけの意味」ではなく、「話者の意図」で決まるというものである（Searle 1976 参照）。このイデオロギーでは、誰もロットの「真意」（heart）を知ることはできないのであり、「頭（head）」で判断を誤っただけで「心の底」（heart）から人種主義の思想を抱いていないのではないか、という擁護論に繋がっていく。つまり人種主義に関する俗説では人種差別主義は個人のもつ偏狭な誤った信念であるが、そのような信念は決して他者にはわからないのであるから、「人種主義のことば」を使ったロットは、そのような「偏見」をもった人間ではなく、一時的な「間違い」を犯しただけだという論理から、人種差別主義の否定に繋がるのである。このような「俗説」を批判する科学理論としての言語人類学は、上記のような人種主義の否定と再生産に対し、鋭い分析のメスを入れてその欺瞞性を明示することを行っている。以下では更に、このような俗説と結びついた言語イデオロギーがいかに差別語の使用に作用するかを「図書館のアジア人」と題されたYouTube ビデオの視聴者のコメントの分析からみていく。

8.4.2 「図書館のアジア人」

前項でみたヒルの分類のうち、(1)の差別語や忌避語は、公には言うことが禁止されているし、辞書などにも載っていない。それにもかかわらず、差別語を含む人種主義的発言がメディアにより拡散され、無限にくり返されることにより、更に多くの人々によって再生産され維持され、再び使われるのである。このような例として YouTube で炎上し、2013 年 3 月現在までに300 万回以上再生された「図書館のアジア人（"Asians in the library"）」と題されたビデオで使われた "ching-chong" という差別語の分析を取り上げる（Chun 2016, Yamaguchi 2013）。

この炎上事件の背景は、2011 年 3 月に意図せずに「誤って」公開された上記のビデオが発端である。それはアレクサンドラ・ウォレス（Alexandra Wallace）というカリフォルニア大学ロサンジェルス校の学部に通う白人女子学生による「アジア人」に対する図書館での携帯電話使用のマナーに関する

苦情であった。その一部を書き起こした原文に和訳を付して示す。

データ 8.5（Chun 2016: 81、下線部筆者訳）

Hi. In America we do not talk on our cell phones in the library, where every five minutes I will be – okay not five minutes, say, like fifteen minutes – I'll be like deep into my studying, into my political science theories and arguments and all that stuff, getting it all down, like typing away furiously, blah blah blah. And then all of sudden, when I'm about to like reach an epiphany, over here from somewhere, "Ooooh. **ching-chong**? ling-long? ting-tong? Ooooh." Are you freaking kidding me? In the middle of the finals week.（下線部日本語訳）勉強していて突然のひらめきが来そうな時に、図書館のどこからか、「オー、**チン・チョン**、リン・ロン、ティン・トン、オー」って聞こえてくるの。冗談じゃない。期末試験勉強の最中ですよ。

太字で示した "ching-chong" は「アジア人一般」の話し方を英語話者がまねた「意味不明なことば」であり、「意味内容のない」ことばである。その一方で英語の音韻規則に則った音の構造をもつ点で英語の意味のある同じ音韻パターンをもつ語（flip-flop, hip-hop, tick-tock など）とも連想される「両義 (bivalent) 語」でもある。つまり英語の音韻構造をもつ架空の「東洋人ことば」である。

　ここでのチャンの分析の焦点は、この YouTube ビデオの視聴者のコメントをデータにしてそこに隠れた言語イデオロギーを解明することである。この研究で特に優れているのは、ことばの意味に関する言語イデオロギーを、多角的視点から分析している点である。つまり、ことばの意味に関するイデオロギーを時間軸と空間軸の 4 極の観点から包括的に理論化していると同時に、このようなイデオロギーが後述するように「反人種主義的ストラテジー」にどのように使われているかも示している。次の図 8.1 の概略を説明すると、横軸は「意味はどこにあるのか（意味の場所性）」であり、意味は

「ことば自体」にあると考える立場を「語彙主義」(lexicalism)と名づけている。これに対し、ことばの意味は使われるコンテクストに依存しているという対極の考え方を「コンテクスト主義」(contextualism)としている。

一方、縦軸は「意味はいつ作られるのか（意味の時間性）」に関する言語イデオロギーである。これに関しては、ことばの意味は永遠に固定されているという「決定主義」(determinism)があるのに対し、意味は必然的に変わるものであるという「潜在主義」(potentialism)の両極の言語イデオロギーがある。

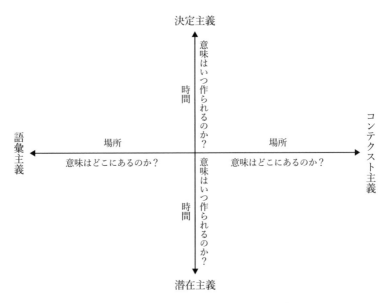

図 8.1　ことばの意味の 2 基軸と 4 つの立場

(Chun 2016: 83)

この 4 極の言語イデオロギーを "ching-chong" という人種主義のことばの使用に即して考える。まず、ことば自体に意味があるという「語彙主義」の言語イデオロギーから考えると、"ching-chong" は「意味をもたない」語であり、辞書にも掲載されていないので「本当のことば」ではないという結論

に達する。多くの人々が知っている語ではあるが、アジア人の「他者性」を
あらわすオノマトペ的語である。そこでこの「語彙主義」の言語イデオロ
ギーからウォレスを批判するコメントは、「アジア人は ching-chong-chang
なんて話さないんだ。もっと複雑なことばを話すんだ」というコメントのよ
うに、この語の真正性を否定するものとなっている。この種のコメントは語
彙主義というイデオロギーに由来しているのである。

　このような非難に対し、ウォレス自身は「ユーモア」を意図したという弁
明と謝罪を行っている。しかしこの弁明はアジア人のマナーの悪さを非難す
るという「真剣な」発話時に起こった人種差別的ことばの使用であるため、
状況的には「ユーモラスな」発話とは言い難い。このようにどのような状況
でどんな種類の発話を行ったのかという「コンテクスト主義的言語イデオロ
ギー」から多くのアジア系アメリカ人は、ウォレスの発話を「冗談だった」
とは受け入れられないとコメントしている。しかし、白人のウォレス擁護者
は、ユーモアを意図した「面白おかしい」ビデオである、というコメントを
出している点で、「コンテクスト」の解釈に齟齬がある。これはヒルでみた
「話者中心主義的言語イデオロギー」を使った擁護である点も指摘してお
く。つまり、ことばの意味は話者の意図で決まるというイデオロギーであ
る。

　次に、縦軸である「時間性」に関しては、ある特定のことばや行為（この
事例では "ching-chong" という発話）が「永遠に」人種主義的であるという
「決定主義」が１つの立場にある。それに対し、言語人類学者は「潜在主
義」の立場からある発話がどのような軌跡をたどり、人々にどのような影響
を及ぼしたかに焦点を当てる。この「潜在主義」の立場では、ことばが人々
を実際に「傷つける」力をもつとする。チャンの例では「そのことばは人々
を傷つける（"that can hurt people"）」や「このことばで本当に気分を害した
（"I am very offended by this"）」にみられることばの人を傷つける遂行的力で
ある（Austin 1962 参照）。この点は重要であるので最後に再び述べる。

　次にチャンは反人種主義的ストラテジーが以上の言語イデオロギーをいか
に利用するのかを詳述している（図 8.2 参照）。概略を述べると、左上の「使

用禁止」と右上の「規制、婉曲表現、引用」は共に「決定主義」の言語イデオロギーが内在している。人種差別語の使用を「禁止」するストラテジーにはことば自体に意味があるという語彙主義も内在する。例えば、"nigger"という語は現在では公の場ではいかなる状況でもその使用が禁止されている。それに対し、黒人同士の親密な会話では使っても良いとする立場が「規制」であり、他の人々が使う場合は "n-word" という婉曲語法でなら許容される、あるいは "Wallace said *ching-chong*" のような引用であれば「安全である」とする立場は、コンテクスト主義に影響された決定主義のストラテジーである。

　最後に、左下の「再歴史化」と「再盗用」に関しては、歴史的に差別されているグループが内輪で自分たちに向けられた差別語を使うことであり、そうすることで、ことばの意味を変えようとしている。例としては先ほども挙げたアフリカ系アメリカ人同士で使う "nigger" やアジア系アメリカ人が仲間内で使う差別用語 "chink" や英語が話せないアジア人の蔑称の "fob（fresh-off-the-boat")がある。これに対し、右下の「風刺」は差別語を再コンテクスト化（recontextualization）して使うことで、皮肉の意味を作り出すことである。チャンは Jimmy Wong というアジア系アメリカ人のタレントがウォレスに対して "ching-chong" というナンセンス語を "I love you" という意味になるようなコンテクストで使うバラードソングに仕立てたパロディービデオを例としている（その他のパロディービデオの分析は Yamaguchi（2013）を参照）[5]。チャンは反人種差別主義ストラテジーにはそれぞれ長所と短所があるが、最後の「風刺」は、多くの人々の差別語に対する「意識」(consciousness)を変革させる可能性が一番高いストラテジーであると結論づけている。

　ここで、ヒルのロット発言の分析で焦点となった話者の「意図性」に重きを置く「個人主義的言語イデオロギー」と「遂行的言語イデオロギー」の関係を述べる。先述した通り、人種主義のことば（"nigger", "ching-chong" など）を発した白人は自身の人種主義的「意図」を否定するが、そのようなことばを向けられた人々（アフリカ系アメリカ人、アジア人など）は話者の「意図」ではなく、そのことばがもたらす影響として、「心の傷」を負う点を認

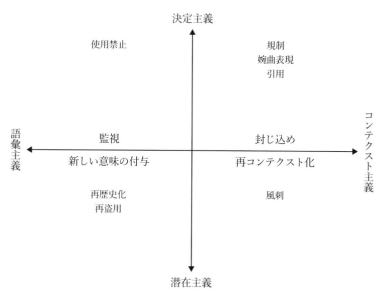

図 8.2　反人種主義のストラテジー

（Chun 2016: 89）

識しなければならない。このような話者の「意図」よりも発話の「影響」に焦点を置く言語イデオロギーは「遂行的言語イデオロギー（performative language ideologies）」である。つまり英語話者にとっても意図性だけでなく発話がもたらす効果、影響の方が重要である点は差別語を向けられている人々には認識されているのである（Hill 2008: 40–41）。

　またチャンが詳しく分析したように視聴者のコメントはアジア人へのステレオタイプ的知識の共有を前提にして行われているのであり、そのような知識はしばしば明示化されない。管見によれば、このようなことばの使用の前提となるしばしば暗示的な「共有された知識」への指向性が現代言語人類学では希薄である点が問題である。この点は8.6節で今後の展望として述べる。

8.5 ディスコーダンスの視点

　本章で扱った「対立、衝突、差別」に関する邦語での言語人類学的研究に、武黒麻紀子編『相互行為におけるディスコーダンス』(2018) がある。パース記号論的立場から武黒は「ディスコーダンス」を「あらゆる記号的な空間における事物と事物の間に、調和や一致がない関係性」と定義し、ことばによるコミュニケーションが生起する「社会文化的、記号的空間において、一致や調和、協調、和合、協和がない状態」(ibid.: 6–7) としている。この本に載せられた事例は、在米日系企業における日米工員間のディスコーダンス (砂押 2018) から、ニュース・ディスコースにおける原文と翻訳の「ずれ」としてのディスコーダンス (坪井 2018) など 8 本である。本章の Chun (2016) との関連でいえば、野澤 (2018) のオンラインでの「荒らし」と呼ばれる現象の分析が関連している。また社会言語学とパース記号論を中心にした広範な社会科学の先行研究を統合したディスコーダンスに関する学説史的概観として小山 (2018) も参照されたい。その中で日英バイリンガルの白人オーストラリア人が筆者に日本語で語ったとある日本人女性に関する「危険な」ゴシップに潜在するディスコーダンスを分析した山口 (2018) を簡単に紹介する。

　この論考は、オーストラリアのブリスベンをフィールドとし、白人豪州人と日本人調査者(山口)が行ったミクロなインタラクション分析とマクロな国家政策としての公定多文化主義の影響を接続する試みである。前者に関しては、豪州人の「如才なさ」の感覚から生まれる衝突を避ける巧みな言語的ストラテジーの発見に注意を傾けた。後者に関しては、「ホワイト・ネーション」という概念により、公定多文化主義を標榜するオーストラリアは、実は「管理する主体」としての白人と「管理される客体」である非白人住民の不平等な関係を隠蔽しつつ再生産する「ホワイト・マルチカルチュラリズム」であるというマクロ社会分析である (ハージ 2003)。一見「均衡」しているように見えるインタラクションにも、重層的に存在する目に見えない対立としての「ディスコーダンス」現象は、一歩間違えば「衝突」に至ることを山

口は論じている。同時に、社会全体としての不平等な人種関係がゴシップの語りに影を落としている点も見逃してはならず、白豪主義に由来する「ホワイト・ネーション」という人種イデオロギーの歴史・社会レベルでの広がりにも目を向けた研究である。

8.6 おわりに―今後の展望と未発展分野

　本章では指標性の定義から始まり、事例として4例の研究を主にみた。その中で拮抗する現代社会のアイデンティティの対立・差別・不調和の問題を指標性と言語イデオロギーの観点から明らかにした。本章の事例はアメリカ合衆国やオーストラリアという特定のコンテクストから採られたものであり、日本の読者には「対岸の火事」と思えるかもしれない。つまり、日本に住む「普通の日本人」には本章でみた「対立・差別・不調和」は遠い世界の話であると感じるだろう。しかし、ネットでの誹謗・中傷や連日の新聞・テレビ報道に対する韓国人や中国人への偏見に満ちたコメントは日本にいても痛切に実感できる問題である。

　更に、「グローバル化」と呼ばれる現代社会において、「他者」とのコミュニケーションは多くの人々が経験している、もしくはやがて経験するであろう。仮にそのような「異文化間コミュニケーション」の経験をしなくとも、ことばを通し、「自己」と「他者」を表明することは極めて日常的な行為である。その際「対立」や「不均衡」が起こる可能性は誰にでもある。本章はそのような「ディスコーダンス」を考える契機になることを意図している。

　本章では言語人類学の潮流を概観し、その貢献として「今・ここ」でのことばの使用のミクロな分析からのみわかるアイデンティティの対立や社会的に形成された言語イデオロギーを応用した分析について概観した。一方でその限界は、言語イデオロギーへ注意を向けているにもかかわらず、「共有された知識」への理論的指向性が現代言語人類学には概ね欠如している点である。この点でQuinn編（2005）の『文化をことばの中に見つける』(*Finding Culture in Talk*) は示唆的である。認識人類学者の先駆的研究者であるクイン

（N. Quinn）、ストロース（C. Strauss）、ダンドレード（R. D'Andrade）などが寄稿したこの編著の方針は、特定の社会集団に暗黙の前提として共有された知識を「スキーマ」と定義し、ディスコースの規則性からスキーマを発見するという手法である[6]。興味深いことに、ヒル（Hill 2005）もこの編著に寄稿しており、構造化されたナラティブ分析を例に、指標性分析は決して1回限りで起こるトークン・レベルの現象に限らないことを認識させてくれる優れた論考である。ヒルの先述の著書（Hill 2008）も文化的スキーマが社会集団の成員に広く共有された認知的「文化モデル（民俗モデル）」を背景に書かれている。それは白人人種主義が社会に広く共有された認知的現象であるからこそ、今なお絶大な力をもつのである。更に、この白人人種主義的文化モデルは、単に「共有された知識」であるだけではなく、時には白人至上主義者によるヘイト・クライムなどの暴力的行為として発現することもある（ちなみに、トランプ政権下の2019年現在、そのような事例の枚挙にいとまがない）。

　最後にこの章で触れた最大の難題である「コンテクストとは何か」という問いに対して、「話者が発話時に、意味あるものとして解釈した主観的構築物としての認知モデル」、つまり話し手が外的状況の中で自分にとって意味があると主観的に判断している意識や認識のモデル、と定義したヴァン・ダイクも言語人類学の「反認知主義」（antimentalism）に対する批判として重要である。ヴァン・ダイク（van Dijk 2009）は、グッドウィンとデュランティ（Goodwin and Duranti 1992）による「コンテクスト」に関する論考に反論した著書である。具体的には、言語人類学をはじめとして談話分析では、「個人の心」（the mind of a single individual）という概念を西洋的個人主義イデオロギーの構築物であるとし、分析に「認知」や「個人」という単位を導入することを否定してしまっている。しかし、そのような「個人の心」の問題を否定するのは、実在しない架空の人物を攻撃する「ストローマン」（straw man）論法である（van Dijk 2009: 186）としており、本質的に正しい指摘であると思われる。本章との関連でいえば、Chun（2016）の分析のキーワードは「視点」、「概念」、「意識」、そして「イデオロギー」であるが、文化的グルー

プの成員としての個人及び集団の「認知」という問題が全く示されていない。これは現代言語人類学の「反認知的傾向」を典型的にあらわしていると思われる。

　まとめとして、言語人類学の理論化に、文化的に「共有された知識」及び個人の外的状況の主観的判断としての「認知」という要因を組入れることが今後の課題であると本章筆者は信じる。

【本章のキーワード】
指標性 (indexicality)
アイデンティティ (identity)
言語イデオロギー (language ideology)
位置づけ (positioning)
対立 (confrontation)
差別 (discrimination)

【思考のエクササイズ】
①指標性がことばに明示的にあらわれる例として英語の人称代名詞 (I, you, we, they, etc.) があります。他にどのような文法範疇や語彙が「指標性」が高いといえるでしょうか。反対に「指標性」が低い(つまり「象徴性」が高い)文法範疇や語彙にはどのようなものがあるか考えましょう。

②日本語における「言語イデオロギー」について「役割語」(金水 2007)から考察しましょう。「役割語」とは、「ある特定の言葉遣い…を聞くと特定の人物像…を思い浮かべることができるとき、あるいはある特定の人物像を提示されると、その人物がいかにも使用しそうな言葉遣いを思い浮かべることができるとき、その言葉遣いを「役割語」と呼ぶ」である(金水編 2007: 1)。例えば「ラーメン食べるあるよ」といった「ピジン日本語」はどのようなアイデンティティを指標するのか、また、日本語話者に共有されたどのような言語イデオロギーを前提にしているかについて考察しま

202　第Ⅲ部　拡大するフィールド

　しょう。

③ 8.5 のディスコーダンスの定義を参考に、本章で扱われた「対立・差別・
　不調和」といった現象が観察できるオンライン上での「炎上事例」をみつ
　けましょう。それぞれの事例で、どのような「言語イデオロギー」が観察
　できるか指摘しましょう。

注

1　たとえば「女は産む機械」発言が問題となった。これは 2007 年 1 月 27 日に柳澤
　伯夫厚生労働大臣（当時）が島根県の講演で「産む機械っつっちゃなんだけども、装
　置がですね、もう数が決まっちゃったと、機械の数、機械っつっちゃ…けども、そ
　ういう時代が来たということになると、あとは一つの、まあ、機械って言ってご
　めんなさいね　その、その産む、産む役目の人が、一人頭で頑張ってもらうしか
　ないんですよ、そりゃ」と言ったとされることがきっかけとなった。また「同性
　愛カップルは生産性がない」は、自民党の杉田水脈衆院議員が「彼ら彼女らは子
　供を作らない、つまり『生産性』がない。そこに税金を投入することが果たして
　いいのかどうか」と雑誌に寄稿した際の発言を指す（朝日新聞 2018）。

2　「省略」とは、(a) "Raylene told her very best friends" (b) "Then Bruce told his" とい
　う 2 文がテキストとして結束性（cohesion）をもつ際に、(b) では "very best friends"
　が省略されていると英語話者が考えることを指す。もし (a) の後、(c) "Then Bruce
　told them" が続いた場合、"them" は (a) における "her very best friends" と同じ指
　示対象（referent）を指すことを「照応」と呼ぶ（Rumsey 1990: 349）。この区別の背
　後にある「言語イデオロギー」を述べる。「省略」は「ことばの意味」（meaning）
　ではなく「ことばの形」（wording）に関するものであり、「照応」は「ことばの意
　味（言及指示機能）」に特化した用法である。この区別は先に述べた、直接引用が
　「ことばの形」をあらわし、間接引用が「ことばの（言及指示的）意味」に特化し
　ていることとパラレルであり、英語話者の「好まれる言い回し」となっている。

3　「黒人」対「白人」を比較する主な国政調査における数字を挙げると、一世帯の
　平均収入（35,158 ドル対 56,700 ドル）、平均寿命（73.3 歳対 78.3 歳）、出生死亡率
　（1,000 件で 13.65 人対 5.65 人）、結婚率（41.0％対 61.0％）、18 歳以下の子供をも
　つシングルマザー率（52.0％対 18.0％）、大学卒業率（17.6％対 28.0％）などである
　（Hill 2008: 2）。

4　「嘲りのスペイン語（Mock Spanish）」とは、スペイン語では特に否定的・侮蔑的

意味のないことばを白人モノリンガル英語話者が発音を極度に英語化し、意味・用法の点では否定的・侮蔑的意味を込めて使う、言語的借用（borrowing）あるいは「盗用（appropriation）」を指す。例えば、"mañana"は「明日」という中立的な意味を指すが英語話者が使う嘲りのスペイン語では怠け者で仕事を先延ばしにするメキシコ人のステレオタイプを喚起した、「後でまたやるよ」のような使用法がみられる（Hill 2008: 147–153）。

5　チャンに先立ち、山口（Yamaguchi 2013）は、このオリジナルビデオとそのパロディー版4本とを比較分析している。その分析で、いかに人種的ステレオタイプ（「可愛いアジア人女性」、「知性が欠如したブロンドの白人女性」など）がYouTubeというメディアで再生産されつつ、ビデオ作成者及び視聴者の知識としての「コミュニケーション能力」として共有されているかを認識人類学的視点から論じている（本書第5章参照）。つまり、ステレオタイプの知識の共有はYouTubeビデオのパフォーマンスの理解の前提となっているのである。

6　この手法を用いた分析の1つに、日本人女性とアメリカ人女性の育児に関するナラティブから浮かび上がる話し手とその夫とのスタンスについて分析した井出（2016）がある。

第9章 メディアとコミュニケーション

　筆者が留学時代に言語人類学を専攻しながら、インターネットやメディアの研究をしているというと、一瞬ぴんとこない顔をされることがしばしばあった。その理由の1つに、人類学の伝統的フィールドワークは遠方に出向き、その場所のみで調査を行うという前提があることが挙げられる。「人類学者」といってまず人々が想像する姿の代表といえば、考古学者であるインディ・ジョーンズのように、遠方に旅し、遺跡を発掘・発見するような研究者像が挙げられる。あるいは、クイズ番組に出てくるように、肌の色も言語も、着るものも、食べるものも全く異なるコミュニティーに出向いて調査し、その違いを明らかにする仕事をするような研究者像もある。いずれも、遠方に出かけて、調査者の生活圏とは別の場所でフィールドワークを実施することが特徴的である。このような「調査地は1つの場所に位置づけられる」という前提は、メディアやインターネットを介したコミュニケーションの研究においては当てはまらない場合が多い。例えば、遠隔地に住む家族同士が定期的にウェブカメラをつかってコミュニケーションをとるような場合は、そのコミュニケーションはどこで起きていると考えていったらよいのだろうか。本章では、この疑問に答えるため、最近の事例研究を紹介しつつ、これからの言語人類学とその研究対象としてのメディア・コミュニケーションについて考える。

9.1　言語人類学の研究対象としてのメディア研究

　2000年前後から、メディアに関する研究のしづらさに疑問をもつ研究者

があらわれはじめた。インディ・ジョーンズと同じく考古学者である、テキサス大学のサミュエル・ウィルソンと考古学者兼言語人類学者のレイトン・ピーターソンは、2002年 *Annual Review of Anthropology* に発表した論文のなかでこの疑問の背景にある人類学的思考の特徴をまとめている（Wilson and Peterson 2002）。この論文でウィルソンらは、人類学におけるメディア研究の遅延の要因について、それがメディア研究における人類学の貢献度の低さにあると指摘する。人類学者の中には、メディアは文化理解の背景、あるいは周辺的なもので、忘れてはいけない要素であるものの、文化理解そのものに主要な役割はないと考えるものもいたという（Dickey 1997）。ウィルソンらの後を追うように、2年後の2004年、言語人類学者のスーザン・クックが同じく *Annual Review of Anthropology* に発表した論文では、ウィルソンらよりさらに詳しくメディアと言語に関する研究の傾向が概説され、人類学全般に限らず、言語人類学の研究対象としての実証研究の少なさが指摘されている（Cook 2004）。これからますますメディア、インターネットが発展するなかで、ことばとメディアの関連を積極的に言語人類学の研究対象としていくにはどうしたらよいのだろうか。この問いに答える上でまず重要なことは、メディアをいかに理解するかというメディアの理論的位置づけであろう。その答えは1つではないが、9.1節では伝統的なエスノグラフィーの利点を生かしつつインターネット、メディアを言語人類学的研究対象とするための理論的立場を考察する。まず、文化的産物としてのメディアという考え方を紹介し、関連研究としてルーシー・サッチマン（Lucy Suchman）の仕事や電話のエスノグラフィー研究を紹介する。

9.1.1 文化的産物（cultural product）としてのメディア

インターネット上のコミュニケーションの場は、現実（リアル）に対する仮想（バーチャル）と呼ばれ、日常から切り離して考えられてきた。この二項対立にみられるバーチャル空間の現実世界からの分離は、エスノグラフィーを通して「リアル」なコミュニケーションをメインに観察してきた言語人類学の研究者にとって、インターネットを研究の対象としづらくしている原因の

1つであろう。この困難を解消するには、刻々と変化する情報技術やメディアを、真新しい、現実離れしたものと考えるのではなく、人類がその歴史の中でくり返し生産してきた文化的産物(cultural products)の1つとして捉えることが大切である(Wilson and Peterson 2002)。人間は多くの道具を発明し、その発明によって社会・文化は大きく変化してきた。たとえば、製紙や印刷技術の発明によって、知識は大衆化した。それまではアクセスすることが不可能だった知識が手軽に手に入るようになり、また習得した情報を他者と共有することができるようになった。すなわち人間は道具を作って技術を生み、実際の社会生活の場での使用・応用をくり返してきた。

　この視点にたつと、道具は単なる物質的なものではなく、社会・文化的コンテクストに状況づけられた文化的産物であり、その使用者と、使用者をとりまく環境を媒介する役割がある(Vygotsky 1978)。デュランティはヴィゴツキーの媒介(mediation)の考え方を引用しつつ、言語人類学における人間とそれを取り巻く環境、環境の中にある「もの」の関係について、図9.1を利用しつつ説明している。

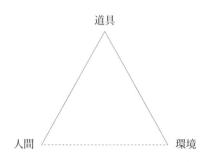

図9.1　人間と環境の媒体としての道具

(Duranti 1997a: 40、筆者訳)

　たとえば雨が降った時、傘を差さずにずぶ濡れになるような場合、人間は雨を引き起こしている自然環境と直接的な関わりをもつといえる。一方、傘をさせば、当然ずぶ濡れになることは回避される。この場合、自然環境との関わり方は直接的ではなく、傘という道具を通じた、媒介された関わり方を

する。このような視点で文化を考えると、文化には傘のような物質的な「も
の」(material objects) と、言語や信念といった概念的な「もの」(ideational
objects) の双方を含むと考えることができる (ibid.: 41)。この考え方を研究に
応用すると、たとえば、ビデオデータを分析する際、単に研究協力者の発話
にのみ焦点をあてるのではなく、話し手がどのような道具を使い、その使い
方が、発話とどのように関わっていくのかを詳細に観察することで、協力者
たちが道具をつかってどのような社会的行為を達成させようとしているのか
を理解することができる。

9.1.2　目的達成のための道具

　人間と道具、その周りの社会的状況の関係を実践の場において考察するア
プローチを取り入れたのが人類学者のルーシー・サッチマンである。1987
年に発表された論文 (Suchman 1987)[1] でサッチマンは、さまざまなことがで
きるように作られた最新のコピー機を、なぜ人々が使いこなせないのかを明
らかにすべく、実際に使っている様子をエスノメソドロジーの手法を用いて
分析している。この研究で明らかになったのは、あらかじめ決められた手順
や方法 (プラン) は、人間の活動をある程度方向づけるが、絶対的ではないと
いう点である。サッチマンの研究は、人類学のみならず、機械を作る工学
者、認知科学や人工知能の研究者にも大きく影響を与えた。この研究の初版
の序文は次のような興味深い引用から始まる。

　　トーマス・グラッドウィン (1964) は、ミクロネシアのチューク人と、
　　ヨーロッパ人が大海原を航海するときの方法を比較して興味深い解説を
　　している。ヨーロッパ人は普遍的なルールにのっとり、海図という「プ
　　ラン」(コース) 設定から始め、そのコース設定に沿うように自らの行動
　　を合わせる。航海中は予定通りすなわち「オン・コース」であるように
　　つとめる。予期せぬ事態に遭遇した場合、ヨーロッパ人はまずコース設
　　定を修正し、それに沿うように自らの行動も対応させていく。一方
　　チューク人航海者は、コースを決めるというより目的設定から始める。

目的に向かって出発し、その都度状況に応じて対応していく。風や波、潮のながれ、動物、星、雲、ボートに打ちつける海水の音などから現状に関する情報を得て舵を取る。目的を達成するために必要なことはなんでも行うようにつとめる。いつでも目的地を指さすことができるが、そこまでのコースは説明できない。

（[Berreman 1966: 347], Suchman 1987: vii、筆者訳）[2]

　この引用が示唆するのは、「プラン」(plan) という考え方の問題点である。「プラン」とは、例えば、ある程度経験のある航海人が、目的地に到達するためにどのルートを何時にたどるといった計画をあらかじめ設計するようなものである。人工知能や認知科学では、何度も同じルートを通ったことがあるような場合、その航海人の行動のパターンは、航海する前からあらかじめ組み立て、プランを立てておくことができると考える。したがって、目的を達成するためには、完全なプランをつくることが重要とされてきた。上記の引用に登場するヨーロッパ人航海人の記述が指し示すのは、この「完全なプラン作り」を目標とする専門家である。しかし、いかに完全を目指して練られた航海プランも実際には、天候の変化や波の状態などの加減で、想定していたとおりに航海が進まない場合も多々ある。トラブルに遭遇すれば、人間はその都度状況を判断し、経験値やほかの情報を照らし合わせてアドホックに対応している。チューク人航海人のやり方は、このような実践の場におきる人間の対応方法・対応能力を示唆している。サッチマンは、実践の場で何が起きているのかを視野に入れないプラン設計を批判している。道具を使って、何かしらの目的を達成させる場合、人々は必ずしも事前に設計されたプランに従って行動する・できるわけではない。プランはある程度人々の行動を方向づけ、次に何が起きるのかを予測したり、現状把握やトラブル修正のための指標にはなるものの、プランの完成が目的達成に直結するわけではない。プランは、人々の行動を確実に予測するものではなく、人々が実践の場で参照するリソースとして使われるものである。

　この主張を裏づけるため、サッチマンは、エスノメソドロジーの手法を用

210　第Ⅲ部　拡大するフィールド

いて、実践場面を詳細に記述し、人々が目的達成のためにどのような方法を用いるかを明らかにしている。サッチマンの研究は、社会成員の方法論を明らかにすることを目的としたエスノメソドロジーを情報機器の設計やその機器を使ったビジネスの分野に応用させるきっかけをつくった。その1つが「コンピューター援用協同作業」(Computer-Supported Cooperative Work、通称CSCW)とよばれる研究領域である。これは、人間の協同作業支援としてコンピューターを位置づけ、コンピューターを使ったグループ作業がどのように達成されるかを、学際的に明らかにしようとする分野である。CSCW研究の分析結果は、ソフトウェアの開発者や機器の設計者へのフィードバックとなり、実践現場の実態を反映したものづくりへ役立てられている[3](水川・秋谷・五十嵐2017)。

9.1.3　電話文化のエスノグラフィー

　道具としてのメディア・コミュニケーション研究で一番の古典といえば、固定電話に関する研究が挙げられるだろう。ウィルソンらの研究と時を同じくして、コミュニケーションの媒体としての電話使用に関するエスノグラフィー研究が人類学の領域を中心に報告されはじめる。たとえば、20世紀前半、アメリカ社会に初めて固定電話が導入されると、女性たちのアイデンティティに変化が起こった。機器に弱いと思われがちな女性たちは電話を好んで使い、また電話によって活性化されるネットワークを通じて活発に社会活動が行われるようになった(Fischer 1992)。携帯電話の普及に伴い、固定電話・携帯電話にまつわるエスノグラフィー研究は「コミュニケーションの人類学」と呼ばれるようになる(Horst and Miller 2005, Livingstone 1998)。ジャマイカの低所得層の暮らす地域では、固定電話の所有経験を経ずに携帯電話がいきなり導入された。人々は既存のコミュニティーを強化し、貧しさによるさまざまな困難を解消するための道具として積極的に携帯電話を使っていった(Horst and Miller 2006)。日本の携帯電話使用の実態をエスノグラフィーを通じて長期的に調査した研究も同時期に報告されている(松田他2006)。この研究では、モバイル・フォン(mobile phone)やセル・フォン(cell phone）の訳語としての「携帯」ではなく、日本という特定の社会に埋め込まれたメディアとして携帯電話を位置づけるため、携帯電話を「ケータイ」とカタカナで表記している。また「携帯」と「電話」という2つの単語から成り立つ表現が、それぞれの頭文字をとって「携電」と省略されず、「電話」部分がそぎ落とされ「ケータイ」となったことに注目している。若者にとって「電話」は一対一の声の会話を達成させる機器ではなく「メール機」と化しており、「携電」の呼び方が浸透しなかったことを裏づけている（松田 2006: 3）。この研究はスマートフォンが広く普及する以前に行われた調査をもとにしているが、電話機能より、メールのようなテキストベースのコミュニケーション機能がさらに重要視されることが予測できている点が興味深い。

　携帯電話を使って、人は遠く離れた人とどのようにコミュニケーションをとるのだろうかという問いに対しては、会話分析やエスノグラフィー、エスノメソドロジーの手法を使って多角的にその実態を解明しようと試みる研究も報告され始めた。2006年に出版された『モバイルコミュニケーション―携帯電話の会話分析』には、固定電話、携帯電話など、通信機器を介したさまざまな場面における会話分析の事例が多くまとめられている（山崎編 2006）。これらの事例研究を検証し、遠隔地間における協同的作業の機会が増えるこれからの時代の社会的課題に応えようとする試みである。

　9.1.1で概説したように、メディアを人間が自然・社会・文化的環境と関わるための重要な道具の1つと位置づけることは、メディア使用を「リアル」な生活に引き寄せ、エスノグラフィーを通じた観察をしやすくするであろう。また、道具としてのメディアは、単に「電話をかける」や「メールを送信する」といった目的達成のためではなく、慣習的に培われた人々の社会・文化実践に変化や新しい可能性をもたらす役割があろう。

212 第Ⅲ部 拡大するフィールド

9.2 インターネット「革命」がコミュニケーションにもたらす影響

現代社会における情報技術の開発と発展は、15世紀の印刷技術の発明と同様、人類の歴史に「革命的」な変化をもたらすといわれる(Crystal 2001, Poster 1984)。すなわちインターネットやコンピューター、携帯電話など、コミュニケーションテクノロジーの発展と普及は、我々の生活のさまざまな側面に、急速に影響を与えている。たとえば遠隔テレビ会議システムの普及によって、遠隔地間でのビジネスや、テレワークが容易に可能になった。あるいはMOOC (Massive Open Online Course) のようなシステムの普及により、インターネット上で無料公開される複数の大学の講義が、キャンパスに足を運ばずに受講できるようになった。こうした通信・デジタル技術の発展と普及は、これまでの社会活動の認識に変化を与えている。たとえば、「職場」や「学校」といった概念は「オフィス」や「校舎」といった物理的な建物と直接的な相関関連があるように思われてきた。しかし、テレワークによりオフィスに出向かずとも仕事ができ、校舎に通わなくても学校に通えることが社会的実践として定着していけば、「職場=オフィス」、「学校=校舎」の等号は成立しなくなるかもしれない。通信技術の普及は、われわれが培ってきた社会的実践に変化を与えるだけでなく、これまでになかった新しいコミュニケーションの場を創り出してきている。ではこうした新しいコンテクストの発生は、ことばの実践にどのように影響を与えているのだろうか。次にメディアの普及、通信技術の開発によるコミュニケーション形態への影響を、具体的な事例研究の紹介を通して概説する。

9.2.1 コンピューターを介したコミュニケーション

インターネットを介したコミュニケーションがもたらすことばの変化にいち早く気がついた研究者たちは、学際的なアプローチを用いてその変化の実態理解を試みている。たとえばCMC (Computer-Mediated Communication) とよばれるアプローチでは、バーチャル空間における人間の行動を社会心理

学的に明らかにすることを試みる。IM（Instant Messaging）やチャット、メール、掲示板など、コンピューターによるテキストのやりとりを分析し、バーチャル空間におけるアイデンティティや社会性を考察する。分析対象となる言語も英語に限らず、中国語、日本語を含むさまざまな言語やそれらの言語のコード・スイッチなどが起きる場面も含まれている（Danet and Herring 2007, Herring and Paollillo 2006, Su 2004）。

こうした CMC アプローチを用いた実証研究により、コンピューターを介したやりとりの場面は、コミュニケーション研究の分析対象として徐々に認識されるようになっていった。CMC 研究の貢献は言語人類学にも影響を与えたが、両者のスタンスには異なる点がある。その1つは CMC 研究ではバーチャル空間における文字のやりとりを主な研究対象としているため、同一人物が対面場面など、ほかの状況でどのようにコミュニケーションをとっているのかを関連づけて分析しない点である。伝統的なエスノグラフィー[4]を分析方法として採用する言語人類学では、話者（あるいはユーザー）を実空間に状況づけて、あらゆる場面でのコミュニケーション実践を包括的に観察する。したがって、実空間を主軸にその話者の対面場面でのコミュニケーション、携帯電話、ほかの媒体でのコミュニケーション実践を多角的に分析するが、CMC アプローチでは文字媒体のメディアに特化して分析を展開する傾向にある。

この点を指摘しながら、言語人類学的なアプローチを用いて、アメリカの大学生のメディア使用場面を分析した研究がある。グラハム・ジョーンズとバンビ・シフリンは 2003 年と 2006 年に、アメリカの大学生がどのようにインスタント・メッセージ（IM）を使っているのかを調査した。特に、若者言葉の1つである *be + like* という表現について、対面場面と IM によるテキストのやりとりでどのような違いがあるか分析した。*be + like* 表現の事例は多々あるが、たとえば、「もうどうしようって感じだった」（"I'm like OMG"）のように、感情やモラルの認識など、多声的（polyphonic）なスタンスを表現するスタイルで、大学生の間で頻繁に使われる表現である。次の図は 2003 年、2006 年のそれぞれの調査で、*be + like* 表現の表出頻度の違いを

媒体ごとにグラフ化したものである。

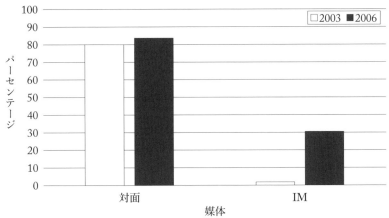

2003 対面 n = 40; 2003 IM n = 45; 2006 対面 n = 43; 2006 IM n = 52

図 9.2　媒体の違い（対面か IM か）による話者の be + like 表現の頻度

(Jones and Schieffelin 2009: 100)

　2003 年の調査では、be + like 表現の使用頻度は、対面場面の方が圧倒的に高く、IM 場面との差が著しい。一方 2006 年の調査で興味深いのは、対面場面における be + like 表現の使用頻度は 2003 年の調査結果と同程度だったが、IM 場面での使用頻度が高くなったことである。

　わずか 3 年で、IM 場面での be + like 表現の使用頻度が急増したことからどのような考察が導けるのだろうか。まず、「話しことば」や「書きことば」の定義が複雑化していることが挙げられる。be + like 表現は、元来、主に話し言葉で、インフォーマルな親しい間柄同士の間のおしゃべりには登場するものの、フォーマルな場面の発話や、書きことばには使用しない表現である。IM は文字を画面にタイプして文章を作り上げるという側面からみれば、書きことばの要素を含む媒体である。アメリカの大学生たちは、話しことばの特徴である be + like 表現を、IM でも積極的に使い、友人とのおしゃべりの現場を対面のみならず、IM 場面にも拡大している。

　ここで注意したいのは、ジョーンズらの研究は、IM の存在と導入が、コ

ミュニケーションを変化させたという、技術決定論的な立場をとらない点である。それよりも、大学生たちが自分たちのコミュニケーション実践に IM を組み込んでいくプロセスを重要視している。IM は文字という書きことばの媒体を使用しながら、対面会話での応答のような即時性を有することが可能なコミュニケーションの場である。大学生らへ行った聞き取りでは、IM はトーク（talk）であるとの認識が研究の初段階からあったという。この意識は、単に、対面会話のようなスピードでメッセージ送受信が可能であるという IM の代表的な機能を、対面場面の会話のようだと直接的に認識したわけではない。IM を使用する大学生が、IM を使いこなす過程（users' domestication of the medium）[5]で、文字を使った即時的な「トーク」の類似点や相違点を発見・理解し、次第に IM を自分たちの「トーク」に位置づけていったと考えている（ibid.: 109）。ジョーンズらの、対面場面と IM を介した場面の比較は、媒体の有無によるコミュニケーションの違いを明らかにし、媒体の技術的特徴とコミュニケーションのパターンを相関的に結びつけている。この分析結果は単に統計的な傾向を示すだけでなく、*be + like* 表現の使用実態を通じて「アメリカの大学生」というスピーチ・コミュニティーの特徴が明らかになった点で重要である。

　IM のような、文字を瞬時に送り、即時に文字を返信することが可能な媒体のやりとりでは、表記文字の選択、コード・スイッチから指標されるスピーチ・コミュニティーやバイリンガルのアイデンティティ調整も観察できる（Angermeryer 2005）[6]。次に筆者がアメリカの日本人留学生を対象に行った IM の研究を紹介する（Sunakawa 2008）。データ収集時のアメリカは、まだ電話代が高額で、携帯電話を外国人留学生が気軽に購入できるような状況ではなかった。そのために、パソコンで気軽に友人と連絡がとりあえる IM はすぐに普及していった。IM に使用する言語は日本語であるが、そのやりとりに多くの英語単語が出てくることが観察された。特に、話者の住む都市の群（county）名や道路の名前、地元スーパーの名前、大学のビルの名前など、話者同士が同じ地域に居住しているからこそ共有する地理的な知識に関する話題の時、その多くの名称が英語表記であった。たとえば研究協力者た

ちが在籍する大学キャンパスに、グアダループ（グアダルーペ）[7]という大きな道路があり次のような道路標識で通り名と番地の番号が表示される。

図 9.3　グアダループ通りの道路標識のイメージ
(Sunakawa 2008: 159)

たとえばこの通りで待ち合わせを決めていた研究協力者たちは、IM 上でこの通りについて言及する際、通りの名前を「グアダループ」ではなく "Guadalupe" と表記していた。さらに、データ収集後に行ったインタビューでは、彼らはこの通りを「グアダループ」あるいは「グアダルーペ」とカタカナ表記にすると違和感があるという。これはすなわち、研究協力者たちにとって、"Guadalupe St." は図 9.3 のような道路標識の形で、自分たちの日常生活圏内において、頻繁に目にする光景の一部に埋め込まれているからである。したがって、図 9.3 の状態で「見慣れている」Guadalupe 通りを、わざわざカタカナで「グアダルーペ」や「グアダループ」と表記することは見慣れていないため、不自然なのである。

　カタカナ表記か英語表記かの判断は、研究協力者たちが日本語話者でありつつも英語圏で生活をする、という複雑なアイデンティティを示唆している。これは単に、英語が堪能な日本人留学生が日英語を混ぜてやりとりができるというバイリンガルのアイデンティティを示しているだけではない。日本語でかわされる IM のやりとりで、ローカルに特有の地名をあえて現地の表記通りにすることは、話者同士がお互いに同じ地域に留学しており、そこの地域性に精通し、知識を経験的に共有しているという一種の同胞アイデン

ティティを示す。表記文字を英語かカタカナかで選択するということは、対面の音声会話では必要のないコミュニケーション作業であろう。IMという、書きことばをキーボードで打ち込みながらの、即時的コミュニケーションに携わってきた過程で、地名にまつわる文字の選択という課題に直面し、その判断を通して同胞アイデンティティが可視化されているといえる。研究協力者らへのインタビューによれば、日本にいる家族に、地域特有の地名や知識に関して言及せねばならない時は、メールではカタカナを使うよう心がけたり、実際の対面場面での家族会話ではなるべくその地域に居住せねばわからないような事象は会話の話題に取り入れる際に配慮しているという。ジョーンズらの研究で、アメリカ人大学生の IM 分析によって、話しことばと書きことばの境界線の複雑さが浮かび上がったように、筆者の分析では、IM の場が、話者のアイデンティティ調節の資源として使われているということが浮き彫りになったといえる。

9.2.2　ウェブカメラを介した手話話者の会話

　コンピューターを介した場面は文字のやりとりにとどまらない。近年のカメラ技術の発達とインターネットの高速化に伴い、ウェブカメラを介したコミュニケーションが普及しはじめた。手話話者コミュニティーにおけるウェブカメラの使用は手話によるコミュニケーションのやり方に大きく影響を与えている。

　アメリカ手話話者のスピーチ・コミュニティーに伝わるエピソードの 1 つに、ろう者は話すために話し相手の家をめざして歩いたり車を運転したりするが、みんなそうやって外出しているので話し相手の方も留守で結局話せない、といったものがある (Lucas et al. 2013)。笑い話とも解釈できるこのエピソードは、ろう者同士のコミュニケーションは常に相手と同じ空間にいることが必須であり、電話などを介した遠くの声とのやりとりに慣れ親しんだ聴者文化との違いをあらわしている。

　グラハム・ベルが電話を発明したとき、ベルはろう者を救済するための技術開発に興味があったという (Keating and Mirus 2003)。その意図は固定電

話の発明という形で実を結ぶが、聴者にとっての画期的な道具としての固定電話の発明は、皮肉にもろう者を除外するような結果となった。聴者用の電話から遅れること約100年、1960年代にはいってようやくテレタイプ端末（teletypewriter、以下 TTY）という文字送信式の通話システムが開発された。図9.4 は TTY を使用して実際にろう者が遠方のろう者と電話を通じてやりとりをしている場面である。TTY 上部にある2つの黒い円部分は、固定電話の受話器にあたる部分で、手前には文字を表示する画面とキーボードが設置されている。通話中、ろう者は文字表示を読んだり、自分の返信をタイプしながら会話をすすめる。

図9.4　ろう者の TTY 使用場面
(Keating and Mirus 2003: 698)

では TTY を介した会話を実際にみてみよう。以下はエリザベス（E）とジーン（G）の2人の間で交わされた TTY によるテキストのやりとりである[8]。

(1) A TTY "conversation"
01 G: HI GA
02 E: HI THIS IS ELIZABETH, IS ALL FINE WITH GENE THER4 AND THE COMPUTER GA
03 G: UV THIS IS GENE AND I JUST DOWNLOADED NETMEETING

```
        AND AM GETTING READY
04      TO HAVE IT INSTALLED GA
        (…)
05 G:   SURE AND DI00 DID YOU FIND THE D CDS CD GA
06 E:   NO NOT YET IM STILL AT HOME GA
07 G:   K CATCH YOU LATER THANKS SK
08 E:   SK
```

（Keating and Mirus 2003: 698）

　このやりとりの特徴は、文字の省略や複数トピックの同時進行が、IM に
おけるテキストでのやりとりと似ている点である。たとえば 7 行目の "K"
は "OK" の "O" を省略したものである。1、2、4 行目の末尾などにみられる
GA は "go ahead" の略で、話し手のターンが終了したことをあらわすと同時
に、相手にターンをとることを促す。TTY の技術的特徴から、2 者が同時
にタイプすると、文字表示に混乱を来たすことがあるため、会話のターンを
有する話者はその終了を GA で明確に示す必要性があった。会話最終部に
のみ使われる SK は stop keying の略で、会話をそこで終了させる際のあい
さつのような役割がある。また 2 行目の「すべて順調ですか？（IS ALL FINE
WITH GENE）」の問いに対する「はい（SURE）」という答えが質問の直後
の 3 行目ではなく 5 行目に遅延している。その間に「こちらはネットミー
ティングをダウンロードして準備できています」と次の話題に進んでいる。
　TTY におけるろう者の会話は、文字を打ち込んでいる点から、聴者の
IM を介したやりとりと似た状況である。その一方で、同じ英語でも、前述
したジョーンズらの研究におけるアメリカ人大学生（聴者）同士の IM でのや
りとりとは基本的に大きく異なる。それは、多くのろう者（上記例の「G」）
にとっては、TTY の英語文は、母語ではなく一種の第 2 言語である点であ
る。書きことばとしての英語は、聴者の発話言語としての英語がタイプされ
たもの（a typed version of a spoken language）であるため、ろう者でかつ、ア
メリカ手話が母語の G にとっては自分の母語とはいい切れないのである[9]。

220　第Ⅲ部　拡大するフィールド

したがって、同じアメリカ人でも、聴者とろう者では、書記英語に対するス
タンスも異なれば、対面で話す場合と、IMやTTYのような通信機器を介
してやりとりする場合との間で話者が感じる差異や違和感、不自然さも大き
く異なる。特にろう者は手の動きや顔の表情など、視覚的に対話相手が見え
ることが情報伝達にかかせない。こうした背景を考えると、ウェブカメラ技
術の発展と普及が手話コミュニティーに与える影響の大きさを容易に想像で
きよう。

　上記のTTYのやりとりにも登場したエリザベス・キーティング（Elizabeth
Keating）とジーン・マイルス（Gene Mirus）は、いち早くこの点に着目し、
ウェブカメラ導入による手話コミュニケーションへの影響を調査した。彼ら
は電話会社の協力のもと、アメリカ手話話者にウェブカメラを導入して、ど
のようにろう者がウェブカメラを使っていくのかを観察した。その研究成果
が発表された2003年の論文では、次のような興味深い点が報告されてい
る。ウェブカメラは手や顔が映し出されるために、ろう者の共通語である手
話を使った会話が行われると思われていた。しかし実際は、指文字などを
使って（聴者の使う）英語のような手話を導入したり、本来ならば使わないよ
うな手話空間を利用して、会話を進行させていた。大げさに体を前にした
り、大げさに手を上にあげるといった身体的な調整は、手話としての言語構
造を変化させるほどのインパクトがある。聴者でも、音声が途中で途切れた
り、ビデオの画像がフリーズするような技術的問題に遭遇することは珍しく
ない。こうした技術的な問題は、話者がおかれた状況に多かれ少なかれ制限
を与えることを指し示す。そのような状況下で、どのように話者が困難に対
処していくかを観察することで、そのことばのもつ言語的特徴、現行する社
会活動を話者がどのように解釈しているかを観察することができる（Sunakawa
2012）。こうした技術的特徴による制限に対する手話話者の対応には一定の
パターンも観察されている。たとえば、スマートフォンでの会話は、片手で
スマートフォンを持ちながら会話する場合が多い。その際、片手がふさがれ
るために、本来両手で行う手話が制限され、片手のみしか使えなくなる。こ
うした新しい表現方法が頻繁に観察され、ある程度パターン化される傾向も

考えられることから、機器を介した場面の手話は本来対面場面でのみ可能であった手話とは区別するべきであると考える研究もある。ルーカスら（Lucas et al. 2013）は機器を介した手話は、聴者の発話や書きことばの特徴などを取り入れた「新しいテクノロジーのディスコース」（new technology discourse）の1つと位置づけている。

9.3　メディアやインターネットコミュニケーションの研究方法

　これまで紹介してきた事例研究の多くに共通するのは、メディアやネットが新しいコミュニケーションの場を形成しているという点である。言語人類学のアプローチを使って、そのような新しい現場をどのように調査していったらよいのだろうか。これまでスピーチ・コミュニティーといえば、典型的には物理的・地理的に区切られたボーダー内にあると想定され、言語人類学者たちはその特定の場所に出向いて時間をかけてフィールドワークしてきた。メディア普及によってコミュニティー形成がグローバル化し、ボーダーレスになりつつある現代社会では、フィールドワークの方法を再考する必要があるだろう。またリサーチ・クエスチョンの立て方も、情報技術の開発速度に惑わされないように考えていかねばならない。特定のデバイスや、ウェブサイトに特化しすぎると、フィールドワークが終わって論文を書き上げるころにはフィールド初期に観察していた時に使用されていたデバイスや現象は「一時代まえのもの」となっていることもありうる。次にいくつかの事例を紹介しながらフィールドとの対話の必要性（第3章参照）について再考する。

9.3.1　コミュニケーションはどこで起きるのか―フィールドの設定

　筆者が携わったスカイプ家族会話（Sunakawa 2012）や、オンラインゲームをする大学生のコミュニケーションに関する研究（Keating and Sunakawa 2010, 2011）では、フィールドワークの設定にさまざまな困難とそれを解消する段階があった。コンピューターを介するインタラクションの場合、コ

ミュニケーションの現場は、複数の地理的に離れた場所をつないだバーチャル空間で起きるために、フィールドワークを設定するプロセスにさまざまな調整が必要である。オンライン・ゲーマーの参与枠組みの調整に関する研究（Keating and Sunakawa 2010）では、スピーチ・コミュニティーをサイバースペースの中に位置づけてその様子を観察するバーチャル・エスノグラフィー（Hine 2000, Turkle 1995）ではなく、大学生ゲーマーの会話をあくまでも実空間に展開されるさまざまなコミュニケーションの一環とし、伝統的なフィールドワークを計画した。そこで、大学キャンパスにある LAN パーティーといわれる、いわばオンラインゲームのサークルのような活動をしている場所を、縁あってフィールド先にすることができた。LAN パーティーとは高速インターネットを使うことができる大学の教室を借りて、大学生がオンラインゲームを放課後に楽しむというものである。自分のパソコンを車に積み、仲間と一緒に会場にはこび、キャンパスの外れにある駐車場に車を止め、歩いて会場に戻る、といった大掛かりな作業を、グループごとにあちこちでやっていた。こうした協同作業には友人グループの強い結びつきがうかがえる。このサークルのリーダーに事情を説明し、ビデオカメラを持って撮影する許可を得た後、筆者はもう 1 人の同僚と協力し、ビデオカメラを 2 台持ってこの LAN パーティーに足を運んでみた。行ってみるとそこは 100 人規模の学生を収容することができる大教室で、何十人ものゲーマーでごったがえし、各グループがそれぞれ思い思いのゲームに興じていた。そこで、ある 5 人組に声をかけて、このグループに密着してやりとりを観察した。興味深いことに、このグループのメンバーは「5 人」ではなく「7 人」で、だいたいその 7 人で同じオンラインゲームをしているとのことだった。つまり、そのうち 2 人は家に高速回線が敷いてあるために家からゲームに参加するが、5 人は寮住まいであまり回線が速くないためにわざわざ学校に来ていた。つまりその場の「会話」を観察する場合、会話参加者の 5 人は同じ部屋にいるが、残りの 2 人はその場に居ないという複雑な参与構造をくり広げていたのである。

　多人数会話において、その会話の参加者全員が 1 つの同じ場所にそろっ

ているわけではないという状況は、データの収集方法にも工夫が必要である。たとえばリーダー格の1人が、同空間にいるほかのメンバーと次のゲームをどのように始めるか議論し、その議論の要点を、その空間にはいないほかのメンバーにチャット機能を使って同時進行でメッセージを送って伝えるというようなことがよく見受けられる。調査者が部屋の隅でこの様子をカメラを構えて観察しているような場合では、チャットの画面が見えず、どのような会話が進行しているのか瞬時に理解できないという場合も生じる。このような場合、フォローアップ・インタビューであとから聞き取り調査したり、ある程度参与者のコンピューター画面を見ることができる位置から観察するなど、カメラの設置方法を再考する必要がある。また、参与者の積極的な協力が得られる場合は、参与者自身が録画のためにボタンを押したり、自身のコンピューターの画像を録画・録音してもらうのも一案である。筆者のスカイプを介した遠隔家族の会話に関する研究では、研究協力者がコンピューター精通者で、音声や画像の録画方法にさまざまな提案をしてくれたことが少なくなかった。データ収集の過程に研究協力者を巻き込むことで新しい発見もある。データ取りに積極的に協力してくれた研究協力者は、遠く離れた実家のコンピューター環境を整備したり、問題が起きたときに対処する、いわばヘルプデスクのような役割を担っていた。メディアや機械の導入に消極的な高齢の両親も、何か問題があると、機材のメーカーが提供するヘルプ・デスクに問い合わせるのではなく、遠くに住むテクノロジーに精通している子供に助けを求めていたのである。遠隔地に住む子供が、高齢の両親の住む実家のメディア環境を整備・調整することは、バーチャル空間における親孝行実践の一例であるといえる（Inoue-Sunakawa 2012）。

9.3.2　コミュニケーションはどこで起きるのか―理論的枠組みへの挑戦

　コンピューターを介したコミュニケーション実践の多くは、複数の空間を巻き込む。複数の空間で、複数の活動が同時に進行するような場合、参与構造をどのように位置づけるのかといった理論的課題が生じる。たとえば、ゲーマーたちは、ゲーム対戦中もチームメイトとさまざまな方法で会話し、

実空間での会話と、ゲーム空間のやりとりの間をたくみに行き来する。こうしたマルチ・タスクが許容されないような環境もある。会話進行中に電話に出たり、携帯をチェックしてメールを見たりといった行為は、たとえやむを得ない場合でも、メインの会話のポライトネス維持が困難になり不快感をうむ可能性がある（見城 2006）。このようなポライトネスの判断は、会話の参与者が空間内で自分の身体をどのように配置しているのかにもよる。

　対面場面では、会話を維持する状況を保つために、参与者たちはある一定の姿勢を形成し、それを保持する。この姿勢をお互いが維持することによって、会話が進行する。この姿勢配置を、ケンドンはF陣形（F-formation）と呼ぶ（Kendon 1990）。

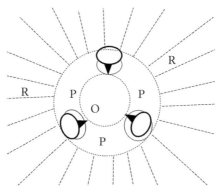

図 9.5　ケンドンの F 陣形
（Kendon 1990: 235 より、筆者図式化）

　F陣形はもともと、屋外で人々が自由に歩き回れる環境で作り出す身体行動を記述したものである。会話参与者1人1人の前方に作り出される操作領域（transactional space）が重なってできるO空間（orientation space）を参与者それぞれが維持しようと努める。3人の立ち話に途中から他の人が加わる場合は、R空間（region space）からP空間（participant's space）を経てタイミングを見計らいながら会話に参加する[10]。F陣形の維持や変動を適切に行うことは、ポライトネスの維持とも関連がある。たとえば会話が進行中でO空

間が形成・維持されている状態で、携帯の着信があったり、参与者の1人が、突然携帯を取り出してメールを送りはじめたりする行為は、不快感を与える可能性がある。ところが昨今では、参与者がO空間を形成しつつも目線はそれぞれのスマートフォンであるといった場面にも遭遇する。ゲーマーたちの場合は、それぞれの身体の前方には常に、パソコン画面が設置され、耳にはヘッドフォンをつけており、一見、円形に形作られたチームメンバーとの空間に参加していないようにみえる。こうした状況下で、どのようにコンピューター画面を位置づけていくのかは、研究者がリサーチ・クエスチョンに照らし合わせつつ考えていかねばならない課題の1つであろう。例えば、コンピューター画面を単なる「もの」と捉えれば、画面は、個人の操作領域の一部にすぎない。一方、コンピューター画面を隔てたバーチャル空間の相互行為も考慮する場合、実空間にいる参与者の操作領域は、空間を隔ててくり広げられる参与構造の重要な構成要素と考えられる。

　会話参与者たちは、複数の空間をたくみに行き来している。その様子は話者の目線移動、マウスの動かし方といった小さな仕草からも読み取れる (Keating and Sunakawa 2011)。ゲーマーたちのやりとりの実例からみていこう。ゲーマーはそれぞれがアバターという形で自らの分身的キャラクターをゲーム内で設定してプレイする。そのアバターの自分は、敵からの攻撃で殺されてしまったような場合、「覚醒」(awaken)という機能を使って、チームメイトから生き返らせてもらわねばならない。次の例は対戦前に誰が誰の「覚醒」アイテムを持っているかという確認を行っている場面からの抜粋である。

01 James:　Who has my:: awaken?　誰が僕の「覚醒」を持ってる？
02 David:　I have it.　僕が持っているよ。
03 James:　Cool.　了解。
04 David:　Oh no wait. (.)　あ、ちょっとまって
　　　　　　HE has it. (.) I have Gray's and Caitlin's.
　　　　　　彼が持ってるよ。僕はグレイとケイトリンのを持ってる。

(Keating and Sunagawa 2011: 199 より抜粋、筆者訳)[11]

　ジェイムズの、誰が自分の「覚醒」を持っているのかという確認の質問(1行目)に対し、デイビッドが自分であると一度は答えるが、勘違いに気がつき、自分が持っているのはグレイとケイトリンのでありジェイムズの「覚醒」は持っていないと間違いを正す。興味深いのは、デイビッドが正しい所有者を指摘する4行目で、「彼(HE)」と強調して発話している時にその「彼」の居る方向に一瞬視線をうつすことである。

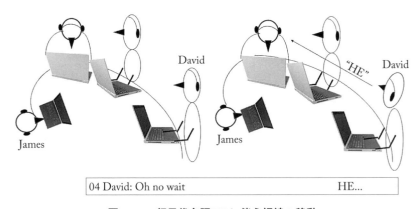

図9.6　4行目代名詞 HE に伴う視線の移動
(Keating and Sunakawa 2011: 200 より、筆者図式化)

　英語では本人のいる場所ではその人を「彼」や「彼女」といった人称代名詞で言及することは極力しない傾向にある。ところがこの例ではデイビッドは「覚醒」アイテムの本来の持ち主の方向に視線をむけつつ「彼」と言及している。このような代名詞の使用が許容されるのは、「彼」が実空間にいる"HE"でもあり、その彼が操っている分身のアバターでもあるという「彼」が指し示す対象が二重であるということが会話参加者の間で共有されているからである。言語人類学をはじめ関連分野では古くから代名詞は空間認識との関連で分析されてきた。人称代名詞以外にも、「これ」や「それ」「あれ」といったダイクシス表現、「あっち」「こっち」または「右」「左」などの方

向をあらわす表現は、言語表現を対象物の埋め込まれた空間的、社会・文化的環境と結びつける作業である(空間認知については第2章参照)。ところがこの結びつけ作業は、オンラインゲームのように空間や、参加者が二重で存在すると複雑になり、参与構造は均等なものではなくなる(片岡・池田・秦 2017)。したがって、複数の空間の間で、話者がどのように自らと他者を位置づけ、その場で誰がどのように発話し、どのようなふるまいを行うべきかといった文化的知識としてのわきまえ(井出 2006)を実践するプロセスの解明はより複雑になるであろう。

9.4 おわりに―学際的アプローチをめざして

本章では、インターネットやメディアにおけるコミュニケーション実態を言語人類学ではどのように扱うことができるのか、また、言語人類学的思考が、これからのインターネットやメディアにおけるコミュニケーション研究にどのような貢献ができるのかを、事例研究を紹介しながら考察した。

従来言語人類学は、コミュニケーションが起きている「リアル」な現場に研究者が足を運び、コミュニケーションを観察・記録することが分析の基本であった。したがって、インターネットやメディアといった「バーチャル」な場で起こるやりとりは、分析対象として扱われにくい傾向があった。これは対面場面が人間の日常的なコミュニケーションを観察するのに最も適していると考えられてきたからであろう[12]。本章では、バーチャルとリアルを二項対立的に分けるのではなく、バーチャルな場面でのやりとりをリアルな日常生活に位置づけることで言語人類学的研究の発展と貢献がみられることを考察した。人々は古来から道具を作り、改良して社会・文化的発展をくり返してきた。固定電話、携帯電話、インターネットなど、通信技術の発達もこうした道具の発明の一例と位置づけると、メディアやインターネットが社会・文化実践や環境との関わりに重要な要素の1つであることがわかる。人々はこうした新しいツールに出会うと、それまでに習慣的に培った言語的・社会的・文化的実践をコミュニケーションの現場で調整して目的を達成

228 第Ⅲ部 拡大するフィールド

する。本章で紹介した事例研究は、学際的なアプローチでこの調節のプロセスを観察し、コミュニティー成員のことば観を再確認したり、ことば観への変化を明らかにしようと試みていた。

　IT 化が進み、実空間に多様なメディアやインターネットを介したツールが普及するようになった。日常的なコミュニケーションは対面場面にとどまらず、バーチャル空間と常時接続しているような日常が珍しいものではなくなりつつある。こうした時代的背景を考えると、メディアやインターネットはますます多様なことば観やイデオロギーが出会う場所となろう。言語人類学の研究は、これからもメディアやインターネットを積極的に分析対象に取り入れ、時代背景を反映したスピーチ・コミュニティーの構築・調整の過程を明らかにする必要がある。

【この章に出てくるキーワード】

コンピューターを介したコミュニケーション（Computer-Mediated Communication, CMC）

コンピューター援用協同作業（Computer-Supported Cooperative Work、通称 CSCW）」

F 陣形（F-formation）

参与構造（participation framework）

【思考のエクササイズ】

①親しい人との LINE、Messenger、iMessage などを介したテキスト・メッセージのやりとりを観察し、リサーチ・クエスチョンを考えてみましょう。

②①で抜粋したやりとりを「書き起こし」てみましょう。すでに書きことばを使っているやりとりをどのように「書き起こす」ことが可能か考えてみましょう。①のリサーチ・クエスチョンに答えるためにどのような情報が必要か考えてみましょう。

③喫茶店やコーヒーショップなどのエリアに1時間座り、会話している人々が所有している機器(スマートフォンやノートパソコンなど)をどのように扱っているか観察してみましょう。会話中に何回機器を触ったか、目線を送ったかなど、回数を数えてみましょう。

注

1　1999年に『プランと状況的行為―人間 - 機械コミュニケーションの可能性』というタイトルで日本語への翻訳本が出版されている。

2　2007年に出版された第2版でサッチマンはこの引用に関して追記している。グラッドウィンが1970年に出版した研究によればヨーロッパ人とミクロネシア人の航海のやり方の違いはもっと複雑であると指摘している。

3　CSCWについての詳細は、水川他(2017)を参照。

4　ここでいう伝統的なエスノグラフィーとは主に第3章で紹介したフィールドワークの実践方法や調査方法を指す。メディア研究ではバーチャル・エスノグラフィー(Hine 2000)やオンライン・エスノグラフィーといったエスノグラフィーをオンライン空間に応用させているアプローチもある。これらを用いた研究に共通するのは、オンラインとオフラインの差異と区別を認める点であろう。たとえば、ロールプレイゲームは、オンライン空間でのコミュニケーション行動やアイデンティティ表示などがオフライン空間の場合と大きく異なる(Turkle 1995)。

5　ここでいうdomesticationは、機器の使い方に慣れるだけでなく、使う側が、自らのニーズを満たすために機器をコントロールするという一種の支配関係が示唆される。

6　Angermeyer(2005)は、ニューヨークのロシア人街における、広告や看板のローマ字とキリル文字の使い分けを調査した。その結果、商品名をどちらの文字で表現するべきか、あるいは並記すべきかの判断は複雑で、言語の境界線はあらかじめ文法構造によって固定的に決まっているのではなく常にスピーチ・コミュニティーで調整されることがわかった。

7　グアダルーブはGuadalupeを英語風に発音したものであるがグアダルーペはGuadalupeをスペイン語として発音したものである。テキサスはメキシコ国境に接し、歴史的背景からスペイン語との接触場面が多く、地名もスペイン語由来のものが多い。

8　エリザベス・キーティングはアメリカ手話を研究する聴者で、ジーン・マイルス

230 第III部 拡大するフィールド

はろう者の大学院生である。両者はこの TTY のやりとりで研究の相談をしてい
る。
9 多くのろう者は手話を第1言語、そのろう者の生活する場所での聴者言語の書き
ことばを第2言語として使用する、いわばバイリンガルである。社会・文化的背
景によって手話の扱い方は多様であるが、日本でも 2008 年に初めて、手話を第1
言語として獲得し、日本語の読み書きを第2言語として獲得するというバイリン
ガル教育を目的とした教育機関が設立されたという (坊農 2015)。
10 F陣形に関する詳細は坊農・高梨 (2009) を参照。
11 ：は音の引き延ばしをあらわす。(.) は短いポーズをあらわす。大文字はその語が
強調して発話されたことをあらわす。
12 お互いが視野に入り、そのことがお互いで認識されているという相互的に観察で
きる状況 (mutual monitoring) が、社会的なものが生まれる基本的な条件である
(Goffman 1964, Goodwin 1980)。

参考文献

Abu-Lughod, L. (1991) Writing against culture. In R. G. Fox (ed.) *Recapturing Anthropology: Working in the Present*, pp. 137–162. Santa Fe, NM: School of American Research Press.

Agar, H. M. (1986) *Speaking of Ethnography*. Newbury Park, CA: Sage Publications Inc.

Agar, H. M. (1996) *The Professional Stranger. An Informal Introduction to Ethnography*. San Diego, CA: Academic.

Ahearn, L. (2001) *Invitations to Love: Literacy, Love Letters, and Social Change in Nepal*. Ann Arbor, MI: University of Michigan Press.

Ahearn, L. (2017) *Living Language: An Introduction to Linguistic Anthropology*. 2nd edition, Malden, MA: Wiley-Blackwell.

Allensworth, E. M. and J. Q. Easton. (2007) What Matters for Staying On-Track and Graduating in Chicago Public High Schools: A Close Look at Course Grades, Failures, and Attendance in the Freshman Year. *Research Report*. ERIC (Institute of Education Science).

Alim, H. S., J. R. Rickford, and A. F. Ball. (eds.) (2016) *Raciolinguistics: How Language Shapes Our Idea about Race*. Oxford: Oxford University Press.

Anderson, B. (1983) *Imagined Communities: Reflection on the origin and spread of nationalism*. London: Verso.

Angermeyer, P. S. (2005) Spelling bilingualism. *Language in Society* 34(4): pp. 493–531.

アパデュライ・アルジュン　門田健一訳(2004)『さまよえる近代―グローバル化の文化研究』平凡社.

朝日新聞デジタル版(2018)「同性カップル「生産性ない」　自民・杉田氏の寄稿に批判」https://www.asahi.com/articles/ASL7S46J3L7SUBQU00H.html (2018 年 12 月 18 日閲覧)

朝妻恵里子(2009)「ロマン・ヤコブソンのコミュニケーション論―言語の「転移」」『スラヴ研究』56: pp. 197–213.

Austin, J. L. (1962) *How to Do Things with Words*. Oxford: Oxford University Press.

Bailey, B. (2000) The language of multiple identities among Dominican Americans. *Journal of Linguistic Anthropology* 10(2): pp. 190–223.

Bakhtin, M. M. and M. Holquist. (1981) *The Dialogic Imagination: Four Essays*. Austin, TX:

University of Texas Press.

Basso, K. H. (1970 [2007]) "To give up on words": Silence in Western Apache culture. In L. Monaghan and J. E. Goodman. (eds.) *A Cultural Approach to Interpersonal Communication: Essential Readings*, pp. 77–87. Malden, MA: Wiley-Blackwell.

Basso, K. H. (1979) *Portraits of 'the Whiteman': Linguistic play and cultural symbols among the Western Apache.* Cambridge: Cambridge University Press.

Basso, K. H. (1983) Review of "In vain I tried to tell you": Essays in Native American poetics by Dell Hymes, *American Ethnologist* 10(2): pp. 374–375.

Basso, K. H. (1996) *Wisdom Sits in Places: Landscape and Language Among the Western Apache.* Albuquerque, NM: University of New Mexico Press.

Bauman, R. (1975[2001]) Verbal arts as performance. In A. Duranti (ed.) *Linguistic Anthropology: A Reader*, pp. 165–188. Oxford: Wiley-Blackwell.

Bauman, R. (1977) *Verbal Art as Performance.* Prospect Heights, IL: Waveland Press.

Bauman, R. (1986) *Story, Performance, and Event: Contextual Studies of Oral Narrative.* Cambridge: Cambridge University Press.

Bauman, R. (1998) *Let Your Words Be Few: Symbolism of speaking and silence among seventeen-century Quakers.* Quaker Books.

Bauman, R. and C. Briggs. (1990) Poetics and performance as critical perspectives on language and social life. *Annual Review of Anthropology* 19: pp. 59–88.

Bauman, R. and J. Sherzer. (eds.) (1974) *Explorations in the Ethnography of Speaking.* Cambridge: Cambridge University Press.

Bell, A. (1984) Language style as audience design. *Language in Society* 13(2): pp. 145–204.

ベネディクト・ルース　米山俊直訳 (1934 [1973])『文化の型』社会思想社.

ベネディクト・ルース　長谷川松治訳 (1946 [1967])『菊と刀―日本文化の型』社会思想社.

Bernstein, B. (1971) *Class, Codes and Control: Theoretical Studies towards a Sociology of Language.* London: Routledge & Kegan Paul. (バジール・バーンスティン　萩原元昭編訳(1981)『言語社会化論』明治図書.)

Berreman, G. (1966) Anemic and emetic analyses in social anthropology. *American Anthropologist* 68 (2): pp. 346–354.

Bloch, M. (1976) Review of Richard Bauman and Joel Sherzer (eds.), Explorations in the Ethnography of Speaking. Cambridge: Cambridge University Press, 1974. *Language in Society* 5(2): pp. 229–234.

Blum, S. D. (2016) *Making Sense of Language: Readings in Culture and Communication*, 2nd edition. Oxford: Oxford University Press.

坊農真弓 (2015)「身体に刻み込まれた記憶―音声から手話へ、手話から触手話へ」『言語・音声理解と対話処理研究会』73: pp. 53–60.

坊農真弓・高梨克也共編　人工知能学会編 (2009)『多人数インタラクションの分析方法』オーム社.

Bonvillian, N. (2013) *Language, Culture, and Communication: The Meaning of Messages*. 7th Edition. London: Pearson.

Bourdieu, P. (1977) *Outline of a Theory of Practice*. Cambridge: Cambridge University Press.

Briggs, C. (1984) Learning how to ask: Native metacommunicative competence and the incompetence of fieldworkers, *Language in Society* 13: pp. 1–28.

Briggs, C. (1986) *Learning How to Ask: A Sociolinguistic Appraisal of the Role of the Interview in Social Science Research*. Cambridge: Cambridge University Press.

Briggs, C. (1988) *Competence in Performance: The Creativity of Tradition in Mexicano Verbal Art*. Philadelphia, PA: University of Pennsylvania Press.

Briggs, C. (ed.) (1996) *Disorderly Discourse: Narrative, Conflict, and Inequality*. New York: Oxford University Press.

Brown, P. and S. Levinson. (1987) *Politeness: Some Universals in Language Use*. Cambridge: Cambridge University Press.

Bucholtz, M. (2007) Word up: social meanings of slang in California youth culture. In Monaghan, L. and Goodman, J. E. (eds.), *A Cultural Approach to Interpersonal Communication: Essential Readings*. Oxford: Wiley-Blackwell, pp. 243–267.

Bucholtz, M. (2010) *White Kids: Language, Race, and Styles of Youth Identity*. Cambridge: Cambridge University Press.

Chomsky, N. (1965) *Aspects of the Theory of Syntax*. Cambridge, MA: MIT Press.

Chun, E. W. (2006). Taking the mike: Performances of everyday identities and ideologies at a U.S. high school. *SALSA XIII: Proceedings of the Thirteenth Annual Symposium about Language and Society-Austin*, pp. 34–49.

Chun, E. W. (2016) The meaning of ching-chong: Language, racism, and response in new media. In H.S. Alim, J. R. Rickford, and A.F. Ball (eds.) *Raciolinguistics: How Language Shapes Our Ideas about Race*, pp. 81–96, New York: Oxford University Press.

クリフォード・ジェームス、ジョージ・マーカス編　春日尚樹ほか訳 (1996)『文化を書く』紀伊國屋書店. (Clifford J. and G. E. Marcus. (eds.) (1986) *Writing Culture: The Poetics and Politics of Ethnography*. Oakland, CA: University of California Press.)

Cook, S. E. (2004) New technologies and language change: Toward an anthropology of linguistic frontiers. *Annual Review of Anthropology* 33: pp. 103–115.

Crystal, D. (2001) *Language and the Internet*. Cambridge: Cambridge University Press.

Danet, B. and S. C. Herring. (eds.) (2007) *The Multilingual Internet: Language, Culture, and Communication Online*. Oxford: Oxford University Press.

Dickey, S. (1997) Anthropology and its contributions to studies of mass media. *International Social Science Journal* 49: pp. 413–432.

ドイッチャー・ガイ　椋田京子訳（2012）『言語が違えば、世界が違って見えるわけ』インターシフト.

Duff, P. (2014) Second language socialization. In A. Duranti, E. Ochs, and B. B. Schieffelin. (eds.) *The Handbook of Language Socialization*, 2nd edition, pp. 564–586. West Sussex: Wiley Blackwell.

Duranti, A. (1986) The audience as co-author: An introduction. *Text* 6(3): pp. 239–247.

Duranti, A. (1988) Ethnography of speaking: Towards a linguistics of the praxis. In F. Newmeyer (ed.) *Language: The Socio-Cultural Context*, pp. 210–228. New York: Cambridge University Press.

Duranti, A. (1997a) *Linguistic Anthropology*. Cambridge: Cambridge University Press.

Duranti, A. (1997b) Universal and culture-specific properties of greetings. *Journal of Linguistic Anthropology* 7: pp. 63–97.

Duranti, A. (2001) *Linguistic Anthropology: A Reader*, Malden, MA.: Wiley-Blackwell.

Duranti, A. (2009) *Linguistic Anthropology: A Reader*. 2nd Edition. Malden, MA.: Wiley-Blackwell.

Duranti, A. (2015) *The Anthropology of Intentions: Language in a World of Others*. Cambridge: Cambridge University Press.

Duranti, A. and C. Goodwin. (eds.) (1992) *Rethinking Context: Language as an Interactive Phenomenon*. Cambridge: Cambridge University Press.

Eckert, P. (1989) *Jocks and Burnouts: Social Categories and Identity in the High School.* New York: Teachers College Press.

Eckert, P. (2000) *Linguistic Variation as Social Practice*. Oxford: Blackwell.

江口一久（1993）「カメルーン北部・フルベ族の挨拶の言語表現」『国立民族学博物館研究報告』17(3): pp. 489–521. 国立民族学博物館.

Enfield, N. J. (2001) 'Lip-pointing': A discussion of form and function with reference to data from Laos. *Gesture* 1(2): pp. 185–211.

エンフィールド・ニコラス・ジェームズ　井出祥子監修　横森大輔・梶丸岳・木本幸憲・遠藤智子訳 (2015)『やりとりの言語学―関係性思考がつなぐ記号・認知・文化』大修館書店.

エヴァレット・L・ダニエル　屋代通子訳 (2012)『ピダハン―「言語本能」を超える文化と世界観』みすず書房.

Fairclough, N. (2010) *Critical Discourse Analysis: The Critical Study of Language*, 2nd edition. London: Routledge.

フェルド・スティーブン　山口修ほか訳 (1988)『鳥になった少年―カルリ社会における音・神話・象徴』平凡社.

Fischer, C. S. (1992) *America Calling: A Social History of the Telephone to 1940*. Los Angeles, CA: University of California Press.

Foley, W. (1997) *Anthropological Linguistics: An Introduction*. Malden, MA.: Blackwell.

Foucault, M. (1972) *The Archaeology of Knowledge and the Discourse of Knowledge*. New York: Pantheon.

藤井洋子 (2005)「*骨をこわす vs. break the bone―認知カテゴリーと文法項目のタイポロジー」『講座社会言語科学第 1 巻 異文化とコミュニケーション』pp. 156–169. ひつじ書房.

古矢旬 (2005)「アメリカニズムと「人種」―その原点と現在―」川島正樹編『アメリカニズムと「人種」』pp. 1–34. 名古屋大学出版会.

Gal, S. (1989) Language and political economy. *Annual Review of Anthropology* 18: pp. 345–367.

Gal, S. (1991 [2001]) Language, gender, and power: An anthropological review. In A. Duranti. (ed.) *Linguistic Anthropology: A Reader*, pp. 420–430. Malden, MA: Wiley-Blackwell.

Geertz, C. (1973) Thick description towards an interpretative theory of culture. In C. Geertz. *Interpretation of Cultures*, pp. 3–30. New York, NY: Basic Books.

Geertz, C. (1974) "From the Native's Point of View": On the Nature of Anthropological Understanding, *Bulletin of the American Academy of Arts and Sciences* 28(1): pp. 26–45.

Gladwin, T. (1964) Culture and logical process. In W. Goodenough (ed.) *Explorations in Cultural Anthropology: Essays in Honor of George Peter Murdock*. pp. 167–178. New York: McGraw-Hill Book Company.

Goffman, E. (1964) The neglected situation. *American Anthropologist* 66(6): pp. 133–136.

Goffman, E. (1971) *Relations in Public: Microstudies of the Public Order*. New York: Basic Books.

Goffman, E. (1981) *Forms of Talk*. Philadelphia, PA: University of Pennsylvania Press.

Goodwin, C. and A. Duranti (1992) Rethinking context: An introduction. In A. Duranti and C. Goodwin (eds.) *Rethinking Context: Language as an Interactive Phenomenon*, pp. 1–24. Cambridge University Press.

Goodwin, M. H. (1980) Processes of mutual monitoring implicated in the production of description sequences. *Sociological Inquiry* 50: pp. 303–317.

Goodwin, M. H. (1990) *He-Said-She-Said: Talk as Social Organization among Black Children*. Bloomington, ID: Indiana University Press.

Goodwin, M. H. (2006) *The Hidden Life of Girls: Games of stance, status, and exclusion*. Malden, MA: Wiley-Blackwell.

Grice, H. P. (1957) Meaning. *Philosophical Review* 67: pp. 53–59.

Grice, H. P. (1975) Logic and conversation. Peter Cole, & Jerry L. Morgan (eds.) *Syntax and Semantics, 3, Speech Acts*, pp. 41–58. New York: Academic Press.

Grimshaw, A. (ed.) (1990) *Conflict Talk*. Cambridge: Cambridge University Press.

Gumperz, J. (1982) *Discourse Strategies*. Cambridge: Cambridge University Press. (ジョン・ガンパーズ　井上逸兵ほか訳(2004)『認知と相互行為の社会言語学』松柏社.)

Gumperz, J. (1992) Conetxtualization and Understanding. In A. Duranti and C. Goodwin. (eds.) *Rethinking Context: Language as an Interactive Phenomenon*, pp. 229–252. Cambridge: Cambridge University Press.

Gumperz, J. and D. Hymes. (eds.) (1972) *Directions in Sociolinguistics: The Ethnography of Communication*, New York: Basil Blackwell.

ハージ・ガッサン　保苅実・塩原良和訳(2003)『ホワイト・ネーション―ネオ・ナショナリズム批判』平凡社.

Hall, K. (2001) Performativity. In A. Duranti. (ed.) *Key Terms in Language and Culture*, pp. 180–183. Malden, MA: Blackwell Publishers.

Hall, K. and M. Bucholtz. (eds.) (1995) *Gender Articulated: Language and the Socially Constructed Self*. London: Routledge.

Hanks, W. F. (1996) *Language and Communicative Practice*. Boulder, CO: Westview Press.

Hanks, W. F. (1999). Indexicality. *Journal of Linguistic Anthropology* 9(1–2): pp. 124–126.

Haring, L. (2008) Review of "*In vain I Tried to Tell You*": *Essays in Native American Poetics* by Dell Hymes; *Now I Only Know So Far: Essays in Ethnopoetics* by Dell Hymes, *Western Folklore* 67(1): pp. 130–132.

Haviland, J. B. (2003) How to point in Zinacantán. In S. Kita (ed.) *Pointing: Where Language, Culture, and Cognition Meet*, pp. 139–169. New York: Psychology Press.

He, A. W. (2014) Heritage Language Socialization. In A. Duranti, E. Ochs, and B. B. Schieffelin. (eds.) *The Handbook of Language Socialization*, 2nd edition, pp. 587–609. West Sussex: Wiley Blackwell.

Heath, S. B. (1983) *Ways with Words: Language, Life, Work in Communities and Classrooms*. Cambridge: Cambridge University Press.

Herring, S. C. and J. C. Paolllillo. (2006) Gender and genre variations in weblogs. *Journal of Sociolinguistics* 10: pp. 439–459.

Higgins, C. (2007) Constructing membership in the in-group: Affiliation and resistance among urban Tanzanians. *Pragmatics* 17(1): pp. 49–70.

Hill, J. H. (1995) The voices of Don Gabriel. In B. Manhei and D. Tedlock. (eds.) *The Dialogic Emergence of Culture*, pp. 96–147. Urbana, IL: University of Illinois Press.

Hill, J. H. (2005) Finding culture in narrative. In N. Quinn (ed.) *Finding Culture in Talk: Collection of Methods*, pp. 157–202. New York: Palgrave MacMillan.

Hill, J. H. (2008) *The Everyday Language of White Racism*. Oxford: Wiley-Blackwell.

Hill, J. H. and J. T. Irvine. (1993) Introduction. In J. H. Hill and J. T. Irvine. (eds.) *Responsibility and Evidence in Oral Discourse*, pp. 1–23. Cambridge: Cambridge University Press.

Hill, J. H. and B. Mannheim. (1992) Language and world view. *Annual Review of Anthropology* 21(1): 381–404.

Hine, C. (2000) *Virtual Ethnography*. Los Angeles: SAGE Publications Ltd.

Horst, H. and D. Miller. (2005) From kinship to link-up: Cell phones and social networking in Jamaica. *Current Anthropology* 46(5): pp. 755–778.

Horst, H. and D. Miller. (2006) *The Call Phone: An Anthropology of Communication*. Oxford: Berg Publishers.

Hutchins, E. (1995) *Cognition in the Wild*. Cambridge, MA: MIT Press.

Hutchins, E. (2006) The distributed cognition perspective on human interaction, N. J. Enfield and S. C. Levinson. (eds.) *Roots of Human Sociality: Culture, Cognition and Interaction*, pp. 375–398. Oxford: Berg Publishers.

Hymes, D. (1972a) Models of the interaction of language and social life. In J. J. Gumperz and D. Hymes. (eds.) *Directions in Sociolinguistics: The Ethnography of Commnications*, pp. 35–71. New York: Basil Blackwell.

Hymes, D. (1972b) On communicative competence. In J.B. Pride and J. Holmes (eds.) *Sociolinguistics: Selected Readings*, pp. 269–293. Harmondsworth: Penguin.

Hymes, D. (1974) *Foundations in Sociolinguistics: An Ethnographic Approach*. Philadelphia: University of Pennsylvania Press.

Hymes, D. (1981) *"In Vain I Tried to Tell You": Essays in Native American Ethnopoetics*. Lincoln, NE: University of Nebraska Press.

Hymes, D. (1989) Ways of speaking. In R. Bauman and J. Sherzer. (eds.) *Explorations in the Ethnography of Speaking*. 2nd edition. pp. 433–452. Cambridge: Cambridge University Press.

Ide, R. (1998a) "Sorry for your kindness": Japanese interactional ritual in public discourse. *Journal of Pragmatics* 29: pp. 509–529.

Ide, R. (1998b) *"Small Talk" in Service Encounters: The Creation of Self and Communal Space through Talk in America*, Unpublished Ph. D. dissertation, The University of Texas at Austin.

井出里咲子 (2008)「スモールトーク」唐須教光編『開放系言語学への招待—文化・認知・コミュニケーション』pp.171–192. 慶應義塾大学出版会.

井出里咲子 (2009)「スモールトークとあいさつ—会話の潤滑油を超えて」井出祥子・平賀正子編『講座社会言語科学 1　異文化とコミュニケーション』第 2 版, pp. 198–214. ひつじ書房.

Ide, R. (2009) Aisatsu. In G. Senft, J. Östman, and J. Verschueren. (eds.) *Culture and Language Use*, pp. 18–28. Amsterdam: John Benjamins Publications.

井出里咲子 (2016)「妻へのインタビュー談話に表出する子育てスタンスの日米比較」『国際日本研究』8: pp. 1–16.

井出里咲子 (2017)「ことばの研究における自己観と社会思想」廣瀬幸生ほか編『三層モデルでみえてくる言語の機能としくみ』pp. 179–197. 開拓社.

井出祥子 (2006)『わきまえの語用論』大修館書店.

飯田未希 (2012)「文化人類学における「日本的自我」を読みなおす—文化ナショナリズム批判を超えて」『政策科学』19(4): pp. 103–125.

池上嘉彦 (1981)『「する」と「なる」の言語学—言語と文化へのタイポロジーへの試論』大修館書店.

池上嘉彦 (2006)「日本語は〈悪魔の言語〉か？—個別言語の類型論の可能性」<ccoe. coco-log-nifty-com/news/files/ikegami.pdf>（2018 年 12 月 1 日閲覧）

池上嘉彦 (2007)『日本語と日本語論』筑摩書房.

今井むつみ (2000)「サピア・ワーフ仮説再考—思考形成における言語の役割, その相対性と普遍性」*The Japanese Journal of Psychology* 71(5): pp. 415–433.

今井むつみ (2010)『ことばと思考』岩波新書.

井上逸兵 (2017)「字幕・吹替訳ディスコースの社会言語学—ポライトネス研究の一展開」井上逸兵編『社会言語学』pp. 107–124. 朝倉書店.

井上逸兵 (2018)「社会言語学」日本語用論学会第 21 回大会第 1 回語用論グランプリロ頭発表. 東京. 2018 年 12 月 2 日.

井上京子 (1998)『もし右や左がなかったら—言語人類学への招待』大修館書店.

井上京子 (2002)「絶対と相対の狭間で—空間指示枠によるコミュニケーション」大堀壽夫編『認知言語学 II—カテゴリー化』pp. 11–35. 東京大学出版会.

井上京子 (2005)「空間認知とコミュニケーション」井出祥子・平賀正子編『講座社会言語学第 1 巻 異文化とコミュニケーション』pp. 118–128. ひつじ書房.

Inoue, M. (2006) *Vicarious Language: Gender and Linguistic Modernity in Japan.* Berkley,

CA: University of California Press.

Inoue-Sunakawa, C. (2012) *Virtual "Ie" Household: Transnational Family Interactions in Japan and the United States*. Unpublished Ph. D. dissertation The University of Texas at Austin.

Irvine, J. T. (1974) Strategies of status manipulation in the Wolof greeting. In R. Bauman and J. Sherzer. (eds.) *Explorations in the Ethnography of Speaking*, pp. 167–191. Cambridge: Cambridge University Press.

Irvine, J. (1989) When talk isn't cheap: Language and political economy. *American Ethnologist* 16: pp. 248–267.

岩田祐子・重光由加・村田泰美(2013)『概説社会言語学』ひつじ書房.

イ・ヨンスク(1996)『「国語」という思想―近代日本の言語認識』岩波書店.

Jacobs-Huey, L. (2006) *From the Kitchen to the Parlor: Language and Becoming in African American Women's Hair Care.* Oxford: Oxford University Press.

Jakobson, R. (1960) Closing statements: Linguistics and Poetics. In Thomas A. Sebeok. *Style in Language*, Cambridge, MA: MIT Press.

Johnstone, B. and W. M. Marcellino. (2011) Dell Hymes and the ethnography of communication. In R. Wodak., B. Johnstone, and P. E. Kerswill. (eds.) *The SAGE Handbook of Sociolinguistics*, pp. 57–66. London: SAGE Publications.

Jones, G. and B. Schieffelin. (2009) Enquoting voices, accomplishing talk: Uses of be + like in Instant Messaging. *Language & Communication* 29: pp. 77–113.

Joseph, P. and H. J. Ottenheimer. (1987) *Cousin Joe: Blues from New Orleans*. Chicago: University of Chicago Press.

川島正樹(2005)「住宅と「人種」」川島正樹編『アメリカニズムと「人種」』pp. 194–221. 名古屋大学出版会.

Kataoka, K. (2012) Towards multimodal ethnopoetics. *Applied Linguistic Review* 3 (1): pp. 101–130.

片岡邦好(2017)「言語／身体表象とメディアの共謀的実践について―バラク・オバマ上院議員による 2008 年民主党党員集会演説を題材に」『社会言語科学』20 (1): pp. 84–99. 社会言語科学会.

片岡邦好・池田佳子・秦かおり(2017)『コミュニケーションを枠づける―参与・関与の不均衡と多様性』くろしお出版.

Katriel, T. and G. Philipsen. (1981 [2007]) "What we need is communication": "Communication" as a cultural category in some American speech. In L. Monaghan and J. E. Goodman. (eds.) *A Cultural Approach to Interpersonal Communication: Essential Readings*, pp. 88–102. Malden, MA: Wiley-Blackwell.

Keating, E. and M. Egbert. (2004) Conversation as a cultural activity. In Duranti, A. (ed.), *A Companion to Linguistic Anthropology*, pp. 16–196, Malden, MA: Blackwell Publishing.

Keating, E. and G. Mirus. (2003) American Sign Language in virtual space: Interactions between deaf users of computer-mediated video communication and the impact of technology on language practices. *Language in Society* 32(5): pp. 693–714.

Keating, E. and C. Sunakawa. (2010) Participation cues: Coordinating activity and collaboration in complex online gaming worlds. *Language in Society* 39(3): pp. 331–356.

Keating, E. and C. Sunakawa. (2011) "A Full Inspiration Tray:" Multimodality across Real and Virtual Spaces. In J. Streeck, C. Goodwin, and C. D. LeBaron. (eds.) *Embodied Interaction: Language and Body in the Material World*, pp. 194–206. New York: Cambridge University Press.

Kendon, A. (1990) *Conducting Interaction*. Cambridge: Cambridge University Press.

見城武秀(2006)「第8章「他者がいる」状況下での電話」山崎敬一編『モバイルコミュニケーション―携帯電話の会話分析』pp. 145–164. 大修館書店.

金水敏編(2007)『役割語研究の地平』くろしお出版.

Kita, S. (ed.) (2003) *Pointing: Where Language, Culture, and Cognition Meet.* New York: Psychology Press.

喜多壮太郎・ジェームス・エセグベイ(2005)「ジェスチャーにおける認知と文化―ガーナのタブー・ジェスチャーをめぐって」井出祥子・平賀正子編『講座社会言語学第1巻 異文化とコミュニケーション』pp. 130–155. ひつじ書房.

串田秀也・平本毅・林誠(2017)『会話分析入門』勁草書房.

クラパンザーノ・ヴィンセント、大塚和夫・渡部重行訳(1991)『精霊と結婚した男―モロッコ人トゥハーミの肖像』紀伊国屋書店.

Kövecses, Z. (2005) *Metaphor in Culture: Universality and Variation.* Cambridge: Cambridge University Press.

小山亘(2008)『記号の系譜―社会記号論系言語人類学の射程』三元社.

小山亘(2009)「シルヴァスティンの思想―社会と記号」マイケル・シルヴァスティン著『記号の思想―現代言語人類学の一軌跡―』第一章解説 pp. 10–233. 三元社.

小山亘(2012)『コミュニケーション論のまなざし』三元社.

小山亘(2018)「社会言語学とディスコーダンスの空間―葛藤と合意の絡み合いによる現代世界の編成とプラグマティズムの原義」武黒麻紀子編『相互行為におけるディスコーダンス』pp. 237–260. ひつじ書房.

小山亘・綾部保志(2009)「社会文化コミュニケーション、文法、英語教育：現代言語人類学と記号論の射程」綾部保志編『言語人類学から見た英語教育』pp.9–85.

ひつじ書房.

クリフォード・ジェームス、ジョージ・マーカス編　春日尚樹ほか訳（1996）『文化を書く』紀伊國屋書店.（Clifford J. and G. E. Marcus.（eds.）（1986）*Writing Culture: The Poetics and Politics of Ethnography.* Oakland, CA: University of California Press.）

Kroskrity, P. V. ed.（2000）*Regimes of Language: Ideologies, Polities, and Identities.* Santa Fe, NM: School of American Research Press.

Labov, W.（1966）*Social Stratification of English in New York City.* Washington, D.C.: Center for Applied Linguistics.

Labov, W.（1972）*Language in the Inner City: Studies in the Black English Vernacular.* Philadelphia, PA: University of Pennsylvania Press.

Labov, W.（2006）*The Social Stratification of English in New York City*, 2nd edition. Washington, D.C.; Center for Applied Linguistics.

レイコフ・ジョージ＆マーク・ジョンソン　渡部昇一・楠瀬淳三・下谷和幸訳（1986）『レトリックと人生』大修館書店.（Lakoff, G. and M. Johnson.（1980）*Metaphors We Live By.* Chicago, IL: University Of Chicago Press.）

レイコフ・ジョージ　池上嘉彦・河上誓作訳（1993）『認知意味論─言語から見た人間の心』紀伊国屋書店.（Lakoff, G.（1987）*Women, Fire, and Dangerous Things.* Chicago, IL: University of Chicago Press.）

Lakoff, G.（1991）Metaphor and war: The metaphor system used to justify war in the Gulf, *Peace Research* 23（2/3）: 25–32.

Leichter, H. J.（1984）. Families as environments for literacy. In H. Goelman and A. Oberg eds., *Awakening to Literacy*, pp. 38–50. London: Heinemann.

Levinson, S. C.（1983）*Pragmatics.* Cambridge: Cambridge University Press.

Levinson, S. C.（1995）Interactional biases in human thinking. E. N. Goody（ed.）*Social Intelligence and Interaction: Expressions and Implications of Social Bias in Human Intelligence.* pp. 221–260. Cambridge: Cambridge University Press.

Levinson, S. C.（2003）*Space in Language and Cognition: Explorations in Cognitive Diversity.* Cambridge: Cambridge University Press.

Levinson, S. C.（2006）On the human "interaction engine" In N. J. Enfield, and S. C. Levinson.（eds.）*Roots of Human Sociality: Culture, Cognition and Interaction*, pp. 39–69. Oxford: Berg.

Livingstone, S.（1998）Mediated childhoods: A comparative approach to young people's changing media environment in Europe. *European Journal of Communication* 13（4）: pp. 435–456.

Lucas, C., G. Mirus, J. L. Palmer, N. J. Roessler, and A. Frost.（2013）The effect of new technologies on Sign Language research. *Sign Language Studies* 13(4): pp. 541–564.

Lucy, J. (1992) *Language Diversity and Thought: A reformation of the linguistic relativity hypothesis*. Cambridge: Cambridge University Press.

Lucy, J. (1996) The scope of linguistic relativity: An analysis and review of empirical research. J. J. Gumperz and S. C. Levinson (eds.), *Rethinking Linguistic Relativity*. Cambridge: Cambridge University Press, pp.37–69.

前川啓治(2018)「「人類学的」とはどういうことか」前川啓治ほか『21世紀の文化人類学―世界の新しい捉え方』pp. 13–29. 新曜社.

Malinowski, B. (1935) *Coral Gardens and Their Magic*. 2 vols. London: Allan and Urwin.

松田美佐(2006)「序文：ケータイをめぐる言説」松田美佐・岡部大輔・伊藤瑞子編『ケータイのある風景―テクノロジーの日常化を考える』pp. 1–24. 北大路書房.

松田美佐・岡部大介・伊藤瑞子編(2006)『ケータイのある風景―テクノロジーの日常化を考える』北大路書房.

松木啓子(1998)「ディスコースにおけるテクスト化現象をめぐって―擬似儀礼としてのナラティブ再考―」日本英語学会第16回大会ワークショップ『ことばで切る・ことばを着る：言語人類学からの試み』口頭発表, 11月7日, 東北大学.

松木啓子(1999)「ナラティブアプローチの可能性と限界をめぐって―「異文化」理解の詩学と政治学」『言語文化』1(4): pp. 759–780. 同志社大学言語文化学会.

松木啓子(2001)「ディスコースアプローチにおける言語イデオロギーをめぐって―制度的装置としてのエスノグラフィックインタビュー再考」『言語文化』4(1): pp. 1–20.

松木啓子(2004)「ディスコースと文化の意味」大堀壽夫編『認知コミュニケーション論』pp. 211–242. 大修館書店.

松村圭一郎(2011)『文化人類学(ブックガイドシリーズ基本の30冊)』人文書院.

Mertz, E. (2007) *The Language of Law School*. Oxford: Oxford University Press.

Milroy, L. (1980) *Language and Social Network*. New York: Basil Blackwell.

ミード・マーガレット、畑中幸子・山本真鳥訳(1928 [1976])『サモアの思春期』蒼樹書房.

箕浦康子編著(1999)『フィールドワークの技法と実際―マイクロ・エスノグラフィー入門』ミネルヴァ書房.

光延明洋 (1996)「言語相対論」宮岡伯人編『言語人類学を学ぶ人のために』pp. 201–217. 世界思想社.

宮岡伯人編(1996)『言語人類学を学ぶ人のために』世界思想社.

Miyazaki, A. (2004) Japanese junior high school girls' and boys' first-person pronoun use and their social world. In S. Okamoto and J. S. Shibamoto-Smith. (eds.) *Japanese*

Language, Gender, and Ideology: Cultural Models and Real People, pp. 256–274. New York: Oxford University Press.

宮崎あゆみ (2016)「日本の中学生のジェンダー—人称を巡るメタ語用的解釈—変容するジェンダー言語イデオロギー」『社会言語科学』19(1): pp. 135–150.

水川喜文・秋谷直矩・五十嵐素子編 (2017)『ワークプレイス・スタディーズ—はたらくことのエスノメソドロジー』ハーベスト社.

Moerman, M. (1990) *Talking Culture: Ethnography and Conversation Analysis*. University of Pennsylvania Press.

Monaghan, L. and J. E. Goodman. (eds.) (2007) *A Cultural Approach to Interpersonal Communication: Essential Readings*. Malden, MA: Wiley-Blackwell.

Morgan, M. (2001) Community. In A. Duranti. (ed.) *Key Terms in Language and Culture*, pp. 3–33, Malden, MA: Blackwell.

森山新 (2009)「日本語の言語類型論的特徴がモダリティに及ぼす影響」『御茶ノ水女子大学比較日本学教育研究センター研究年鑑』5: pp. 147–153.

鍋島弘治朗 (2016)『メタファーと身体性』ひつじ書房.

中村桃子 (2005)「言語イデオロギーとしての「女ことば」」『語用論研究』(7): pp.109–122.

中村桃子 (2007)『「女ことば」はつくられる』ひつじ書房.

日経ウーマンオンライン (2010)「2007 (平成 19) 年柳澤厚生労働大臣「女性は産む機械」発言」https://wol.nikkeibp.co.jp/article/column/20100112/105511/ (2018 年 11 月 1 日閲覧)

西出敬一 (2005)「アメリカ史の初期設定と「人種」」川島正樹編『アメリカニズムと「人種」』pp. 36–61. 名古屋大学出版会.

野村康 (2017)『社会科学の考え方—認識論、リサーチ・デザイン、手法』名古屋大学出版会.

Nonaka, A. M. (2014) Language socialization and language endangerment. In A. Duranti, E. Ochs, and B. Schieffelin (eds.), *The Handbook of Language Socialization*, 2nd edition, pp. 610–630. West Sussex: Wiley Blackwell.

野澤俊介 (2018)「「荒らし」と相互忘却」武黒麻紀子編『相互行為におけるディスコーダンス』pp. 217–236. ひつじ書房.

Ochs, E. (1979) Transcription as theory. In Ochs, E. and Schieffelin, B. (eds.) *Developmental Pragmatics*, pp.43–72, New York: Academic press.

Ochs, E. and B. B. Schieffelin. (1984) Language acquisition and socialization: Three developmental stories. In R. Shweder and R. LeVine. (eds.) *Culture Theory: Mind, Self, and Emotion*, pp. 276–320. Cambridge: Cambridge University Press.

Ochs, E. and C. Taylor. (1995) The "father knows best" dynamic in dinnertime narratives. In K. Hall and M. Bucholtz (eds.) *Gender Articulated: Language and the Socially Constructed Self*, pp. 99–122. New York: Routledge.

小田博志(2010)『エスノグラフィー入門―〈現場〉を質的研究する』春秋社.

Ottenheimer, H. J. (2006) *The Anthropology of Language: An Introduction to Linguistic Anthropology*. Belmont, CA: Thomson Wadsworth.

Ottenheimer, H. J. (2012) Writing Cousin Joe: Choice and control over orthographic representation in a blues singer's autobiography. In L. Monaghan, J. E. Goodman, and J. M. Robinson. (eds.) *A Cultural Approach to Interpersonal Communication*, 2nd edition. Malden, MA: Wiley-Blackwell.

Pederson, E., E. Danziger, D. Wilkins, S. Levinson, S. Kita, and G. Senft. (1998) Semantic typology and spatial conceptualization. *Language* 74: pp. 557–589.

Philips, U. S. (1983) *The Invisible Culture: Communication in Classroom and Community on the Warm Springs Indian Reservation*. Long Grove, IL: Waveland Pr.

Poster, M. (1984) *Foucault, Marxism and History: Mode of Production versus Mode of Information*. Cambridge: Polity Press.

Pratt, M. L. (1987) Linguistic utopia. In N. Fabb et al. (eds.) *The Linguistics of Writing: Arguments between Language and Literature*, pp.48–66. Manchester: Manchester University Press.

プラサド・プシュカラ　箕浦康子監訳(2018)『質的研究のための理論入門：ポスト実証主義の諸系譜』ナカニシヤ出版.

Quinn, N. (ed.) (2005) *Finding Culture in Talk: A Collection of Methods*. New York: Palgrave Macmillan.

Raynolds, F. D. (1995) *Heroic Poets, Poetic Heroes: The Ethnography of Performance in an Arabic Oral Epic Tradition*. Ithaca, NY: Cornell University Press.

Reyes, A. and A. Lo. (2008) *Beyond Yellow English: Toward a Linguistic Anthropology of Asian Pacific America*. Oxford: Oxford University Press.

レヴィ゠ストロース・クロード　川田順造訳(1955 [1977])『悲しき熱帯〈上下巻〉』中央公論社.

レヴィ゠ストロース・クロード　荒川幾男ほか訳(1958 [1972])『構造人類学』みすず書房.

Rosaldo, M. Z. (1982) The things we do with words: Illongot speech acts and speech act theory in philosophy. *Language in Society* 11: pp. 203–237.

Rumsey, A. (1990) Wording, meaning, and linguistic ideology. *American Anthropologist* 92 (2): pp. 346–361.

サイード・エドワード　今沢紀子訳（1978［1993］）『オリエンタリズム〈上下巻〉』平凡社．（E. W. Said（1978）*Orientalism*. New York: Pantheon Books.）

Salzmann, Z.（1993）*Language, Culture, and Society: An Introduction to Linguistic Anthropology*. Boulder, CO: Westview Press.

Samuels, W. D.（2015）Ethnopoetics and ideologies of poetic truth. In P. Kroskrity and A. Webster.（eds.）*The Legacy of Dell Hymes: Ethnopoetics, Narrative Inequality, and Voice*, pp. 241–271. Bloomington, ID: Indiana University Press.

Sapir, E.（1921）Language. *Encyclopedia of the Social Sciences*, pp. 155–169. New York: Mc-Millian.

佐藤郁哉（2002）『フィールドワークの技法―問いを育てる・仮説を鍛える』新曜社．

Schieffelin, B. B. and E. Ochs.（1986）*Language Socialization across Cultures*. Cambridge: Cambridge University Press.

Schieffelin, B. B., K. A. Woolard, and P. V. Kroskrity（eds.）.（1998）*Language Ideologies: Theory and Practice*. Oxford: Oxford University Press.

Searle, J. R.（1969）*Speech Acts: An Essay in the Philosophy of Language*. Cambridge: Cambridge University Press.

Searle, J. R.（1976）The classification of illocutionary acts. *Language in Society* 5（1）: pp. 1–23.

ゼンフト・グンター　石崎雅人・野呂幾久子訳（2017）『語用論の基礎を理解する』開拓社．（Senft, G.（2014）*Understanding Pragmatics*. London: Routledge.）

Severi, C. and W. F. Hanks（2015）*Translating Worlds: The Epistemological Space of Translation*, Chicago: HAU Books.

Sherzer, J.（1972）Verbal and nonverbal deixis: The pointed lip gesture among the San Blas Cuna. *Language in Society* 2（1）: pp. 117–131.

Sherzer, J.（1983）*Kuna Ways of Speaking*. Austin, TX: University of Texas Press.

Sherzer, J.（1987）A discourse-centered approach to language and culture. *American Anthropologist* 89（2）: pp. 295–309.

Sherzer, J.（1990）*Verbal Art in San Blas*. Austin, TX: University of Texas Press.

Sherzer, J.（1991）The Brazilian thumbs-up gesture. *Journal of Linguistic Anthropology* 1（2）: pp. 189–197.

Sherzer, J.（2002）*Speech Play and Verbal Art*. Austin, TX: University of Texas Press.

Sherzer, J., B. Johnstone, and W. Marcellino.（2010）Dell H. Hymes: An intellectual sketch. *Language in Society* 39（3）: pp. 301–305.

Sherzer, J. and A. Webster（2015）Speech play, verbal art and linguistic anthropology, *Oxford Handbooks Online*. Oxford University Press. DOI: 10.1093/oxfordhb/

9780199935345.013.33（2018 年 9 月 1 日閲覧）

清水展（2005）「首狩の理解から自己の解放へ」浜本満・太田好信編『メイキング文化人類学』pp. 237–260. 世界思想社.

清水知子「ポスト・コロニアリズム」『日本大百科全書コトバンク』https://kotobank.jp/word/ポスト・コロニアリズム-1594115（2019 年 4 月 30 日確認）

Silverstein, M. (1976) Shifters, linguistic categories, and cultural description. In K. Basso and H. Selby. (eds.) *Meaning in Anthropology*, pp. 11–55. Albuquerque, NM: University of New Mexico Press.

Silverstein, M. (1979) Language structure and linguistic ideology. In: P. Clyne, W.F. Hanks, and C.L. Hofbauer (eds.) *The Elements: A Parasession on Linguistic Units and Level*, pp.193–247. Chicago: Chicago Linguistic Society.

Snow, C. (1977) The development of conversation between mothers and babies. *Journal of Child Language* 4: pp. 1–22.

Stanlaw, J., N. Adachi, and Z. Salzmann (2017) *Language, Culture, and Society: An Introduction to Linguistic Anthropology*, 7th edition. Oxford: Routledge.

Su, H. Y. (2004) Mock Taiwanese-Accented Mandarin in the Internet Community in Taiwan: The Interaction between Technology, Linguistic Practice, and Language Ideologies. In P. LeVine and R. Scollon. (eds.) *Discourse and Technology: Multimodal Discourse Analysis*, pp. 59–70. Washington, D.C.: Georgetown University Press.

Suchman, L. A. (1987) *Plans and Situated Actions: The Problem of Human-Machine Communication*. Cambridge: Cambridge University Press.

Sunakawa, C. (2008) Script choice and its indexical meanings: The usage of instant messaging among Japanise students in U.S. city. 『日本女子大学英米文学研究』43: pp. 139–165.

Sunakawa, C. (2012) Japanese family via webcam: An ethnographic study of cross-spatial interactions. In M. Okumura, B. Daisuke, and K. Satoh. (eds.) *New Frontiers in Artificial Intelligence*, pp. 264–276. New York: Springer.

砂押ホロシタ（2018）「必然性としてのディスコーダンス―在米日系企業における日米工員間の現場でのやり取りの事例」武黒麻紀子編『相互行為におけるディスコーダンス』pp. 31–60. ひつじ書房.

鈴木孝夫（1973）『ことばと文化』岩波新書.

高木智代・細田由利・森田笑（2016）『会話分析の基礎』ひつじ書房.

高田明（2010）「相互行為を支えるプラグマティックな制約―セントラル・カラハリ・サンにおける模倣活動の連鎖組織」木村大治・中村美知夫・高梨克也編『インタラクションの境界と接続―サル・人・会話研究から』pp. 358–377. 昭和堂.

武黒麻紀子編（2018）『相互行為におけるディスコーダンス』ひつじ書房.

竹沢尚一郎（2007）『人類学的思考の歴史』世界思想社.

田辺繁治（2002）「序章　日常的実践のエスノグラフィー―語り・コミュニティ・アイ
デンティティ」田辺繁治・松田素二編『日常的実践のエスノグラフィー―語
り・コミュニティ・アイデンティティ』pp.1–38. 世界思想社.

谷富夫・山本努編著（2010）『よくわかる質的社会調査　プロセス編』ミネルヴァ書房.

Tannen, D.（1990）*You Just Don't Understand: Women and Men in Conversation*. New York:
Ballantine Books.

Tedlock, D. and B. Mannheim（1995）*The Dialogic Emergence of Culture*. Urbana, IL: University of Illinois Press.

坪井睦子（2018）「ニュース・ディスコースにディスコーダンス―語用・メタ語用とし
ての翻訳の織り成す記号空間」武黒麻紀子編『相互行為におけるディスコーダ
ンス』pp. 137–160. ひつじ書房.

Turkle, S.（1995）*Life on the Screen*. New York: Simon & Schuster Paperbacks.

Urban, G.（1991）*A Discourse-Centered Approach to Culture: Native South American Myths
and Rituals*. Austin, TX: University of Texas Press.

Van Dijk, T. A.（2009）*Society and Discourse: How Social Contexts Influence Text and Talk*.
Cambridge: Cambridge University Press.

Vygotsky, L. S.（1978）*Mind in Society: The Development of Higher Psychological Processes*.
Cambridge: Harvard University Press.

Webster, A.（2015）Cultural Poetics（Ethnopoetics）, *Oxford Handbooks Online*, Oxford
University Press. DOI: 10.1093/oxfordhb/9780199935345.013.34（2018 年 9 月 10
日閲覧）

Whorf, B. L.（1956）. *Language, Thought, and Reality: Selected Writings of Benjamin Lee Whorf*
（edited by J. B. Carroll）. Cambridge, MA: MIT Press.

Whorf, B. L.（[1956] 2001）The relation of habitual thought and behavior to language. In
A. Duranti.（ed.）*Linguistic Anthropology: A Reader*. pp. 363–381, Malden, MA:
Wiley-Blackwell.

Wilce, M. J.（2017）*Culture and Communication: An Introduction*. Cambridge: Cambridge
University Press.

Wilce, M. J.（2017）Researching communication and culture as a linguistic anthropologist,
In J. Wilce, *Culture and Communication: An Introduction*. pp. 144–171, Cambridge:
Cambridge University Press.

Wilson, S. M. and L. C. Peterson.（2002）The anthropology of online communities. *Annual
Review of Anthropology* 31: pp. 449–467.

Wodak, R. and M. Meyer (2009) *Methods for Critical Discourse Analysis*, 2nd edition. London: SAGE Publications Ltd.

Woodlard, K. and B. Schieffelin. (1994) Language ideology. *Annual Review of Anthropology* 23: pp. 55–82.

Wortham, S. (2006) *Learning Identity*. Cambridge: Cambridge University Press.

Yamaguchi, M. (2004) *A Critical Study of Discursive Practices of "Othering" in the Construction of National Identities: The case of learners of Japanese as a foreign language*. Unpublished Ph.D. dissertation. University of Georgia.

Yamaguchi, M. (2005) Discursive representation and enactment of national identities: The case of Generation 1.5 Japanese. *Discourse & Society* 16(2): pp. 269–299.

Yamaguchi, M. (2007) Finding metaculture in narrative: The case of diasporic Japanese in the United States. *Sites: A Journal of Social Anthropology and Cultural Studies* 4(1): 122–143.

Yamaguchi, M. (2009) Non-understanding as a heuristic to hypothesizing cultural models: A meta-oriented sociolinguistic strategy. *Journal of Sociolinguistics*, 13(3): pp. 387–410.

Yamaguchi, M. (2013) Reconsidering communicative competence in Web 2.0 environments: "Asians in the library" and four parodic responses on YouTube. *Language & Communication* 33(4) Part A: pp. 376–389.

山口征孝 (2018)「ゴシップに見られるディスコーダンスの分析―衝突に発展させないストラテジー」武黒麻紀子編『相互行為におけるディスコーダンス』pp. 83–110. ひつじ書房.

山下里香 (2016)『在日パキスタン人児童の多言語使用―コードスイッチングとスタイルシフトの研究』ひつじ書房.

山崎敬一編(2006)『モバイルコミュニケーション―携帯電話の会話分析』大修館書店.

Zentella, A. C. (1997) *Growing Up Bilingual: Puerto Rican Children in New York*. Malden, MA: Wiley-Blackwell.

索引

A-Z

AAVE（黒人英語） 158
F陣形 224
SPEAKING モデル 80
YouTube 192

あ

アーカイブ活動 92
あいさつ 81, 82
アイデンティティ 184
アパデュライ, アルジュン 173
アラインメント 175
暗黙知 78

い

位置づけ 189
1.5 世代 69
意図 94, 109
イミック 7
インターネットを介したコミュニケーション 205, 212
インタビュー 55
インタラクション 40
インタラクション・エンジン 42
インタラクションの社会言語学 13

う

ウェブカメラ 217

え

エスノグラフィー 11, 52
エスノメソドロジー 210

炎上 192

お

オークス, エレノア 130
オースティン, ジョン 106

か

会話スタイル 14
会話分析 42, 58
書きことば 214
仮想（バーチャル） 206
語り 167
カテゴリー化 32
観察者のパラドックス 57
間接引用 182
ガンパーズ, ジョン 12

き

ギアーツ, クリフォード 54
記号論 21
儀礼のやりとり 113

く

クイア 91
グリムの法則 6

け

経験的妥当性 110
決定主義 194
言及指示的機能の特権化 181
言語イデオロギー 46, 115, 178
言語運用 10
言語決定論 29
言語習得 129
言語相対論 7, 28
言語能力 10
言語の多機能性モデル 77
現実（リアル） 206
原始的会話 133

謙遜の原理　118

こ

語彙主義　194
行為遂行文　107
交感的機能　8, 82
コード体系　18
ことば観　5
ことばと世界の合致する方向性　108
ことばの民族誌　11
好まれる言い回し　183
コミュニカティブ・コンピテンス　11, 16
コミュニケーション的経済　17
コミュニケーションの6機能　19
コミュニケーション能力　76, 106
コミュニケーションの人類学　210
コミュニケーションの民族誌　11, 75, 152
語用論　14, 106
語用論的能力　106
コンテクスト化の合図　13, 161
コンテクスト主義　194
コンピューター援用協同作業　210

さ

サール，ジョン　108
再コンテクスト化　166
差異の力学　99
サピア，エドワード　28
サピア＝ウォーフの仮説　28
三角測量　60
参与観察　52
参与構造　79
参与者例　184

し

識字活動　142
識字体験　90, 140
自己　93
指示枠　36
自然言語データ　57
失言　190

実践アプローチ　46
実践共同体　69
指標　22
指標性　177, 179
シャーザー，ジョエル　44
社会化の類型的パターン　138
社会言語学　12
社会的実践行為　43
社会的知識の習得　130
社会的に分散化された認知　43
社会ネットワーク理論　17
ジャンル　95
主体　94, 116
象徴　22
象徴性　179
シルヴァスティン，マイケル　181
進化論的社会観　6
人種差別主義者　191
身体化されたやりとり　132

す

遂行的言語イデオロギー　197
スキーマ　200
スタンス　47
ステレオタイプ　190
スピーチ・イベント　44, 78
スピーチ・コミュニティー　16
スピーチ・プレイ　94
スモールトーク　88, 121

せ

誠実性　109
正書法　153
生成文法　9
潜在主義　194

そ

操作領域　224
ソシュール，フェルディナン・ド　9

た

第1段階の言語社会化　129
第2段階の社会化　130
ダイク，ヴァン　200
ダイクシス　226
対等の原理　118
タイプ・レベル　35, 180
代名詞　226
多声的　213
脱コンテクスト化　97
多様な話し方　77

ち

聴者文化　217
直接引用　182
チョムスキー，ノーム　9
沈黙　82

て

ディスコース　43
ディスコース中心の文化へのアプローチ
　40, 75, 152
ディスコーダンス　198
適切性条件　107
テクスト　97
デュランティ，アレッサンドロ　4
テレタイプ端末　218
テレワーク　212

と

同化教育　87
道具　207
トークン・レベル　35, 180
トランスクリプト　58

な

ナラティブ　97, 167

に

人間と道具　208
人称代名詞　163, 188

は

パース，チャールズ　21
バーチャル・エスノグラフィー　222
バーバル・アート　94
媒介　207
ハイムズ，デル　11, 75
白人人種主義　178
バッソ，キース　86
発話行為／スピーチ・アクト　78, 105,
　106, 107
発話状況　78
発話内行為　107
発話媒介行為　107
話し方の経済性　78
パフォーマンス　17, 90, 97, 121
パロール　9, 88
ハンクス，ウィリアム　179
反人種主義的ストラテジー　195
反認知主義　200

ひ

ヒル，ジェーン　178

ふ

フィールドノート　53
風刺　196
普遍性　110
ブラインド・スポット　65
プラン　209
プレイバック・インタビュー　58
フレーム　13, 95
文化　45
文化の翻訳　157
文化モデル（民俗モデル）　200
分類辞　31

へ

平行体 98
ヘテログロシア 162
変異理論 12

ほ

ボアズ，フランツ 7, 27
ポスト・コロニアル 99
ポライトネスの維持 224
ポライトネス理論 118

ま

マリノフスキー，ブラジノフ 7

み

民族詩学 94

め

メタ言語的・再帰的機能 20
メタ語用 166
メタ語用論知識 92
メタファー 33
メディア研究 206

も

モラル・パニック 191

や

ヤコブソン，ローマン 10, 18

よ

養育者の言語行動 129

ら

ラボフ，ウィリアム 12

ラムジー，アラン 182
ラング 9

り

リー・ウォーフ，ベンジャミン 28
隣接応答 120

る

類像 21

れ

レイコフ，ジョージ 33
レヴィ＝ストロース，クロード 10
レビンソン，スティーブン 12, 36
連鎖 42

ろ

ロザルド，ミッシェル 110

わ

わきまえ 227
話者中心主義的言語イデオロギー 178

執筆者紹介

井出里咲子（いで　りさこ）
筑波大学大学院人文社会系国際日本研究専攻教授
［主な著書］『出産・子育てのナラティブ分析―日本人女性の声にみる生き方と社会の形』（大阪大学出版会、2017 年、共著）、*Bonding through Context: Language and Interactional Alignment in Japanese Situated Discourse*（John Benjamin Publishing Company, 2020、共編著）

砂川千穂（すなかわ　ちほ）
Senior Quality Coordinator／元日本学術振興会特別研究員（PD）
［主な著書］「第 5 章　空間をまたいだ家族のコミュニケーション―スカイプ・ビデオ会話を事例に」『コミュニケーションを枠づける―参与・関与の不均衡と多様性』（くろしお出版、2017 年）、Chapter 6. Bodily shadowing: Learning to be an orchestral conductor. *Time in Embodied Interaction: Synchronicity and Sequentiality of Multimodal Resources*. John Benjamins Publishing Company. 2018.

山口征孝（やまぐち　まさたか）
神戸市外国語大学国際関係学科教授
［主な著書］Chapter 5. Social consequences of common ground in the act of bonding: A sociocognitive analysis of intercultural encounters. *Bonding through Context: Language and Interactional Alignment in Japanese Situated Discourse*（John Benjamins Publishing Company, 2020、共著）、Chapter 9. Recontextualizing Black Lives Matter across transnational contexts: A raciolinguistic analysis of online comments on *Living While Black, In Japan*. *Experiencing Digital Discourses: Engagement, Multimodality, Activism*（Palgrave Macmillan, 2024、共著）

言語人類学への招待 —ディスコースから文化を読む

An Invitation to Linguistic Anthropology: Understanding Culture
from Discourse
Ide Risako, Sunakawa Chiho, and Yamaguchi Masataka

発行	2019 年 7 月 31 日　初版 1 刷
	2024 年 9 月 25 日　　　3 刷
定価	2400 円＋税
著者	© 井出里咲子・砂川千穂・山口征孝
発行者	松本功
装丁者	大崎善治
印刷・製本所	三美印刷株式会社
発行所	株式会社 ひつじ書房
	〒 112-0011 東京都文京区千石 2-1-2 大和ビル 2 階
	Tel.03-5319-4916　Fax.03-5319-4917
	郵便振替 00120-8-142852
	toiawase@hituzi.co.jp　https://www.hituzi.co.jp/

ISBN978-4-89476-965-6

造本には充分注意しておりますが、落丁・乱丁などがございましたら、
小社かお買上げ書店にておとりかえいたします。ご意見、ご感想など、
小社までお寄せ下されば幸いです。